오래된 기쁨 속으로
카미노 데 산티아고
Camino de Santiago

이서원

오래된 기쁨 속으로
카미노 데 산티아고

Camino de Santiago

Polvo, barro, sol y lluvia
es Camino de Santiago
Millares de peregrinos
y más de un millar de años
Peregrino ¿Quién te llama¿
¿Qué fuerza oculta te atrae?
Ni el campo de las Estrellas
Ni las grandes catedrales.
No es la bravura Navarra,
ni el vino de los riojanos
ni los mariscos gallegos,
ni los campos castellanos
Peregrino, ¿Quien te llama¿
¿Que fuerza oculta te atrae?

Ni las gentes del Camino
ni las costumbres rurales
No es la historia y la cultura,
ni el gallo de La Calzada
ni el palacio de Gaudi
ni el Castillo Ponferrada
Todo lo veo al pasar,
y es un gozo verlo todo
mas la voz que a mi me llama
la siento mucho más hondo
La fuerza que a mi me empuja
la fuerza que a mi me atrae
no se explicarla ni yo
Sólo el de Arriba lo sabe
E.G.B.

카미노 데 산티아고

먼지, 진흙, 햇볕 그리고 비
이것이 카미노 데 산티아고
무수히 많은 순례자가 있었다
오랜 세월 동안
순례자여, 누가 당신을 불렀는가?
어떤 신비스런 힘이 당신을 이끌었는가?
들판의 별들도 아니고
웅장한 성당도 아니다
용맹스러운 나바란 사람도 아니고
리오하 사람들의 포도주도 아니다
갈리시아의 해산물도 아니고
카스티야의 시골도 아니다
순례자여, 누가 당신을 불렀는가?
어떤 신비스러운 힘이 당신을 이끌었는가?

카미노 길의 사람들도 아니고
시골의 풍습도 아니다
역사와 문화도 아니고
라 칼사다 마을의 수탉도 아니다
가우디의 왕궁도 아니고
폰페라다의 성채도 아니다
지나가면서 보는 모든 것
모든 것을 보는 그것이 기쁨이다
나를 부르는 목소리보다
더 깊이 느껴지는 그것
나를 밀어내는 힘,
나를 이끄시는 힘
난 그것을 설명하는 법을 알지 못한다
오직 위에 계신 그분만이 아실 뿐

– 나헤라 가는 길에 써 있는 싯귀   번역: 자임 2015

작가의 말

어린 시절에는 누구나 먼 나라에 대한 동경을 한다. 내가 어렸을 때는 유난히 오스트리아, 네덜란드, 덴마크에 가고 싶었다. 동화 속 나라일 것 같았다. 세월이 흐르고 세계 여러 나라를 여행하고 나니, 텔레비전에서 여행 프로그램을 봐도 그다지 가고 싶은 생각이 들지 않게 됐다. '사람 사는 게 다 그렇고 그렇지' 라는 생각이 들 나이였다. 그러다 우연히 산티아고 순례길을 알고 부리나케 더 나이 들기 전에 가보자는 생각에 3년 전에 갔었다. 완주에 욕심을 내어 삼십일 만에 산티아고에 도착했을 때, 몸에 무리였는지 여기저기가 아프고 힘이 들었다. 그런데 집에 돌아온 뒤, 그곳은 마치 오래된 고향처럼 그리워지기 시작했다. 사람들이 '산티아고 블루'라고 부르는 것을 나도 경험한 것이다. 뭔가에 이끌리듯이 다시 한 번 산티아고 순례길에 도전해 보기로 했을 때 주위 사람들은 이미 60줄에 들어선 나의 건강을 걱정했다. 하지만 난 3년 전 산티아고 길에서 이미 보았다. 이 길에서 내 나이가 얼마나 젊은 지를 말이다. 유럽 사람 중엔 은퇴 후 이곳을 걷기 시작하여 거의 매년 온다는 70대 커플도 있었다. 혼자 길을 걷는 80대 할아버지도 만났다.

나도 그러고 싶었다. 이곳에서 내가 느낀 행복을 남편과 같이 하고 싶어졌다. 긴 여행은 싫다는 남편을 설득해 다시 나섰다. 이 여행에 꼭 오고 싶어 하던 남편 친구 부부와 동행을 했다.

걷는 것, 이런 천혜의 자연 속을 걷는 것이, 시간을 훌쩍 넘어 중세에 쉽게 다가가는 것이 얼마나 경이롭고 행복한지, 얼마나 많은 것을 용서할 수 있게 하며 사랑의 감정을 솟아나게 하는지, 인간의 가장 기본적인 것에 감사하게 되는지, 만나는 사람들이 얼마나 소중한지, 느끼고 또 느낀다. 다행히 내가 믿는 종교가 가톨릭이어서 이 길을 걸으면서 축복을 빌어주는 미사에 자주 참석할 수 있어 신앙적으로도 행복했다. 또 이 땅의 선조들이 자신의 종교를 지키기 위해 얼마나 큰 희생을 했는지를 알고, 종교가 곧 생활이었을 면모를 보면서 생활과 신앙을 따로 하는 나를 반성했다.

나는 하루하루 감사와 깨달음의 발걸음이었던 산티아고 길에서의 여정을 기록하지 않을 수 없었다. 앞으로 이 여정에 동참하게 될 누군가에게 이 기록이 조금이나마 도움이 되었으면 한다.

목 차

작가의 말		8
머리글 - 카미노 데 산티아고		14
0day	파리 - 생장 피드포르 다시 길 위에 서다	34
1day	생장 피드포르 - 론세스바예스 처음 온 길처럼 너무나 새롭다	41
2day	론세스바예스 - 수비리 없어도 될 물건이 너무 많다	49
3day	수비리 - 팜플로나 영화 속 한 장면이 되어	54
4day	팜플로나 - 푸엔테 라 레이나 끝을 아는 고통은 견디기 쉽다	60
5day	푸엔테 라 레이나 - 에스테야 일상을 털어버리고	67
6day	에스테야 - 로스 아르코스 길에서 만난 사람들	73
7day	로스 아르코스 - 비아나 분홍빛 노을이 지는 성벽 위에서	80
8day	비아나 - 나바레테 실종된 배낭을 찾아서	86
9day	나바레테 - 나헤라 포도 서리의 유혹	93

10day	나헤라 – 산토 도밍고 델 라 칼사다 **기적의 도시에서**	101
11day	산토 도밍고 델 라 칼사다 – 벨로라도 **영혼의 고향, 산티아고 순례길**	108
12day	벨로라도 – 산 후안 데 오르테가 **거센 비바람을 견디며**	115
13day	산 후안 데 오르테가 – 부르고스 **얼마만큼의 사랑이 있어야**	122
14day	부르고스 – 오르니요스 델 카미노 **길 위에서 죽음을 생각하다**	130
15day	오르니요스 델 카미노 – 카스트로헤리츠 **들판에서 관용의 정신을 생각하다**	137
16day	카스트로헤리츠 – 프로미스타 **우리 부부는 서로를 너무 모른다**	143
17day	프로미스타 – 카리온 데 로스 콘데스 **어린 딸을 업고 새벽길을 걸으시던 아버지**	150

18day	카리온 데 로스 콘데스 - 레디고스 난 기적을 믿는다	156
19day	레디고스 - 베르시아노스 델 카미노 오래 머물수록 행복도 길어진다	162
20day	베르시아노스 델 카미노 - 렐리에고스 카미노 길에서 나누는 각양각색의 이야기들	169
21day	렐리에고스 - 레온 소포를 찾으러 우체국에 갔는데	175
22day	레온 - 비르헨 델 카미노 벨기에 보헤미안 가족	182
23day	비르헨 델 카미노 - 오스피탈 데 오르비고 주인은 눈만 마주쳐도 활짝 웃고, 순례자도 덩달아 웃는다	187
24day	오스피탈 데 오르비고 - 아스토르가 시간이 지나자 반달은 슈퍼문이 되었다	193
25day	아스토르가 - 라바날 델 카미노 하느님은 힘드시겠다. 이 소망 다 보듬으시려면	199
26day	라바날 델 카미노 - 몰리나세카 세상 떠날 때 혼자 가야 하는 길	204
27day	몰리나세카 - 비야프란카 델 비에르소 남편이 변한건가? 내 눈이 바뀐 건가?	212
28day	비야프란카 델 비에르소 - 베가 데 발카르세 한마디로 알린다. "꼬끼오~~~~"	220
29day	베가 데 발카르세 - 폰프리아 오 세브레이로 가는 길, 농부의 신심을 생각하다	226

30day	폰프리아 - 사모스 단단히 여며도 들이치는 비를 막을 수 없다	232
31day	사모스 - 페레이로스 자연을 몸으로 맛본다는 건 행복한 일이다	238
32day	페레이로스 - 벤타스 데 나론 빗길에서 예수님의 고통을 묵상하다	245
33day	벤타스 데 나론 - 멜리데 흙길을 걷는 즐거움	251
34day	멜리데 - 아르수아 무엇이 그들을 이 길로 이끄는가	257
35day	아르수아 - 오 페드루소 카미노 길에 어울리지 않는 글	263
36day	오 페드루소 - 산티아고 데 콤포스텔라 카미노를 완성한 날, 모두 친구가 되어 있다	268
37day	산티아고 데 콤포스텔라 - 피니스테레, 묵시아 내 마음 속 다 비우고 찾아보면 언제나 계실 분	279

에필로그	289
일정	296
알아두면 유용할 스페인어 단어 몇 가지	298

머리글

카미노 데
산티아고

산티아고 순례길을 얘기하려면 우선 이베리아 반도의 역사를 알아야 이해가 쉬울 것 같다.

기원전 200년 로마는 이베리아 반도에 들어와 곡물과 광물 자원을 가지고 가기 위해 도로를 건설하고 도시를 세워 근거지로 삼았다. 그때까지 우상숭배가 성행했던 이곳에 예수님 제자들에 의해 크리스트교가 전파되기 시작하였고, 313년 콘스탄티누스 황제의 밀라노 칙령으로 크리스트교가 공인되자, 이베리아 반도에서도 토속신앙을 근절시키고 기독교가 기틀을 잡게 되었다.

476년 로마제국이 멸망하고 게르만 서고트 족이 들어와 지배했으나 서고트 족은 기존의 종교와 생활을 유지하게 하였다. 711년 이슬람 세력의 침입으로 북부 지역 갈리시아와 아스투리아스를 제외하고 이베리아 반도는 이슬람권이 되었다. 무슬림들은 이슬람교로의 개종을 강요하지는 않았지만 개종하지 않은 기독교인에게는 지즈야라는 세금을 내게 했다. 북부 지역에 남은 기독교 세력과 개종하지 않은 기독교 세력이 나라를 다시 찾기 위해 이슬람의 무어족과의 싸움을 계속하는데 이때 프랑스의 샤를마뉴 대제가 이슬람 국가였던 카탈로니아 왕의 초청으로 다른 이슬람 세력과의 전쟁을 도와주러 왔다가 돌아가는 길에 778년 론세스바예스 전투가 일어났다. 이 전투로 그 유명한 서사시, 〈롤랑의 노래〉가 탄생하게 되었다. 하지만 이 전투는 무어족과의 싸움이 아니고 기독교 도시 팜플로나를 파괴하고 약탈했던 샤를마뉴 군사들에 대한 보복으로 그 지역 기독교 세력인 바스크 족과의 전투였다고 한다.

813년 은둔자 펠라요가 잊혀졌던 야고보 성인의 무덤을 지금의 산티아고 데 콤포스텔라 성당 자리에서 발견하였다. 계속되는 무어족과 기독교 세력간의 전투 중 844년 클라비호 전투에서 하얀 말을 탄 야고보 성인이 등장하여 무어인들을 무찔러 기독교 군사들의 사기를 높이고 이기게 되었다. 이로서 무어인의 살육자, 야고보 성인의 이미지가 나오게 되었다. 1469년 카스티야 여왕 이사벨라와 아라곤 국왕 페르난도2세의 결혼으로 에스파냐 왕국이 태어나고, 계속되는 기독교 세력의 국토 회복운동 레콘키스타은 1492년 그라나다 함락으로 끝을 맺었다.

이베리아 반도의 지배 세력이 기독교에서 무슬림으로 바뀌고 다시 기독교로 바뀌었다. 거기에 팔레스타인에서 쫓겨난 유대인들이 같이 섞여 살면서 생긴 이름이 있다.

물라디 Muladi | 이슬람 점령지역에서 이슬람으로 개종한 기독교인

모사라베 Mozárabe | 이슬람 점령지역에서 개종하지 않은 기독교인

모리스코 Morisco | 기독교인의 국토 회복 후 기독교로 개종한 이슬람교인

무데하르 Mudéjar | 기독교인의 국토 회복 후 개종하지 않은 이슬람교인

콘베르소 Converso | 국토 통일 후 기독교로 개종한 이슬람교인 혹은 유대인

세계 3대 크리스천 순례지인 로마, 예루살렘, 산티아고 중에서 산티아고 길은 유럽 어느 곳에서든지 걸어올 수 있어 순례자들이 선호하는 순례지가 됐다. 산티아고 순례

길은 '성 야고보의 길 El camino de Santiago'이란 뜻이다.
산티아고까지의 순례길은 여러 길이 있다.

카미노 프란세스 Camino Francés | 프랑스길. 약 800km. 생장 피드포르에서 산티아고
카미노 데 노르떼 Camino de Norte | 북쪽길. 약 825km. 이룬에서 산티아고
카미노 포르투게스 Camino Portugués | 포르투갈길. 약 610km. 리스보아에서 산티아고
카미노 잉글레스 Camino Inglés | 잉글랜드길. 약 110km. 페롤에서 산티아고

이외에도 여러 곳에서 산티아고를 향해 조가비 모양으로 모아진다.
산티아고 도착후 흔히 땅끝이라고 말하는, 〈카미노 피니스테레 Camino Finisterre 약 90km. 산티아고에서 피니스테레와 묵시아〉까지의 길도 있다.
카미노 프란세스길 즉, 프랑스길은 1993년 유네스코 세계문화유산 지역으로 등재된 이후 더욱 많은 순례자가 밀려들어 성수기에는 줄지어 가는 듯한 느낌이 들 정도다. 우리나라에도 많은 여행기, 순례 후기, 안내서가 있고 블로그에도 소개되어, 산티아고 길에는 아시아인 중에는 한국인이 제일 많다. 유럽 사람들이나 다른 대륙에서 온 순례자가 한국인들을 보면 꼭 하는 질문이 있다. '왜 이렇게 많은 한국인이 이곳에 오는가?'이다. 그 이유를 딱히 한 가지로 설명하긴 힘들 것이다. 넓은 땅에 대한 호기심과 다른 문화에 대한 흥미, 종교적 갈망이나 영적 호기심, 혹은 삶의 지표를 바꿔 보고자 하는 이들이 늘어난 탓일까?

산티아고는 누구인가?
한국인뿐 아니라 세계의 순례자들이 모여들고 있는 산티아고 순례길은 야고보 성인이 선교하던 길에서 유래됐다. 성 야고보는 영어로는 세인트 제임스 St. James이고 스페인어로는 산티아고 Santiago이다. 스페인의 수호 성인이 된 야고보 성인의 이미지

는 두 가지이다. 순례를 이끄는 순례자의 모습과 스페인 국토 회복운동 때의 마타모로스 무어인 살육자의 모습이다. 성경에 제베데오의 두 아들 중 하나인 야고보는 세상 끝까지 복음을 전하라는 예수님 말씀대로 이베리아에 와서 선교했지만 별 성공 없이 오직 일곱 명의 제자만 모을 수 있었다. 야고보가 몹시 상심하여 은둔해 기도하려 할 때 성모마리아가 나타나 그를 위로하고 사라고사에 교회를 짓게 했다. 그 후 예루살렘으로 돌아가 순교한 야고보의 시신은 돌로 만든 배에 노도 닻도 없이 바람과 천사의 인도로 지금의 파드론 Padrón이란 곳에 당도했다. 그의 제자들이 그 배를 발견했고 시신을 옮겨 가까운 언덕에 묻었다는 하나의 전설이 있다.

조금 다른 이야기도 있다. 야고보가 선교에 성공하지 못해 조용한 곳에서 기도할 때 홀연 돌로 된 배에 탄 성모 마리아가 다가와 그를 위로했다. 그 배는 천사가 노를 저었다. 성모 마리아는 야고보가 팔레스타인으로 돌아갈 것이고, 그의 선교는 성공할 것이라 말했다고 한다.

돌로 된 그 배는 묵시아 Muxia에 지금도 있다. 오늘날 묵시아 바닷가에 있는 움직이는 바위가 배 부분이었고, 닻이었던 바위는 콩팥 모양으로 생겨 그 바위 밑으로 9번 기어서 나오면 등의 통증이 완화되고 신장이 아픈 사람이 낫는다고 알려져 있다.

성모 마리아의 위로를 받은 야고보 성인이 예루살렘으로 돌아가 순교한 후 제자들이 돌로 된 배에 시신을 싣고 파드론까지 왔다. 그들이 현 콤포스텔라 지역을 통치했던 다신교 여왕인 루파에게 그를 묻도록 허락해 달라고 요청했으나 그녀는 로마 집정관에게 물어보라고 했고 피니스테레 근처 두히움시에 살던 로마 집정관은 제자들을 체포해 버렸다. 그러나 밤에 천사가 내려와 감옥 문을 열고 그들을 도망시켰고 그들을 쫓던 로마인들은 다리를 건널 때 갑자기 떨어져 물에 빠져 버렸다는 두 번 째 이야기가 있다.

에스파냐 갈리시아 지방의 수도인 산티아고 데 콤포스텔라는 '별이 빛나는 들판의 성 야고보'란 뜻이다. 야고보는 그곳에 묻혔으나 수백 년 동안 사람들에게서 잊혀 있었다. 813년 은둔자 펠라요가 리브레돈 산 위에서 빛나는 별을 보고 그 빛을 따라간 끝에 성 야고보와 그의 제자 아타나시오와 테오도로의 무덤을 발견했다. 테오도미로 주교가 그 유골이 야고보 성인임을 공식 인정했고 알폰소 2세가 그곳에 교회를 짓도록 했다. 829년 첫 번째 교회가 지어졌고, 현재의 대성당은 1075년에 공사를 시작하여 1120년에 완공되었다.

중세 시대부터 순례가 이어져 왔으나 이 길은 줄곧 도둑, 살인자, 악덕 상인들이 득시글거리는 곳이었다. 템플 기사단은 1118년, 샹파뉴의 기사 위그 드 파앵이 순례자 보호와 성지 수호의 목적으로 시작했다. 중세 템플 기사단은 십자군 시대의 성 요한 기사단, 튜튼 기사단과 더불어 기독교 3대 기사단 중의 하나다. 팔레스타인 각지에 성을 쌓고 성지를 방어하는 역할을 하여 십자군 전쟁에 공헌했고, 1128년 수도회로 교황의 인가를 받았다. 템플 기사단은 유럽 각지의 기독교로부터 땅과 금전 등을 기부 받고, 금융업에 손을 대 어마어마한 부를 축적했다. 그 세력이 점점 커지고 부가 집

중되자, 프랑스 왕 필립 4세는 왕권 신장의 수단으로 신성모독과 사탄 숭배의 혐의로 1307년 13일의 금요일에 템플 기사단 최후의 총기사단장인 자크 드 몰레 Jacques de Molay와 더불어 프랑스 각지의 수도원에서 3천 명의 회원을 체포하고 재산을 몰수하여 6년간 이단 심문을 하였다. 그 당시 아비뇽으로 쫓겨간 클레멘스 5세 교황은 종교재판에서 그들의 무고함을 속으로는 인정하면서도, 필립 4세의 권력에 눌려 왕의 음모에 동조하였다. 1314년 3월 자크 드 몰레는 파리에서 산 채로 공개 화형을 당하였다. 그리하여 템플 기사단의 모든 재산을 빼앗고 세력을 없애니, 그 성들은 폐허로 남아 오늘날 순례자들에게 피의 역사 뒤에 남은 공허한 아름다움을 보여주고 있다.

야고보 성인의 이야기는 책마다 나오는 이야기가 달라, 진위가 엇갈린다. 어떤 이는 야고보가 이베리아 반도에서 전교한 적이 없다고까지 주장한다. 야고보가 예루살렘에서 유대왕 헤롯 아그리파 1세에게 참수당한 열두 제자 중 첫 번째 순교자임은 확실하나, 무덤이 실제인가 여부, 레콘키스타 Reconquista—스페인 국토 회복 운동(711~1492년) 때인 844년 클라비호 전투에서 백마를 탄 야고보 성인이 나와 많은 무어인을 죽였다는 이야기의 진위 여부에 대해 의견이 분분하다.

 이런 이야기들이 그 당시 권력자들이 만들어낸 거짓이라고도 보는 시각도 있다. 모든 역사의 진위를 가리기는 어렵다. 더구나 전설처럼 오래된 이야기들은 내려오면서 각색되기가 쉬워, 아마도 전혀 다른 이야기가 되어 있는지도 모르겠다. 하지만 모든 종교가 그렇듯이 머리로 헤아리면 받아들일 것이 없다. 그저 그런 일들이 있었다는 것을 알고, 그 후 가슴으로 느끼는 것들을 받아들이면 된다고 생각한다. 우리가 현재 행하고 있는 것도 보는 이에 따라 다르게 받아들이고, 나 자신조차도 내가 한 일을 객관적으로 파악하기가 어렵지 않은가? 그 시절에 그런 일들이 있었고, 그런 일들을 기념하기 위한 유산이 있으니 산티아고 길을 따라가며, 그 시절의 일들을 그려보고 느끼고, 내 안의 신을 만나면 된다고 생각한다. 머리로 너무 따지지 말고 행복해지자.

중세 교회나 다리, 성채 등을 보면 금세 시대를 초월해 그 시절의 순례자와 교감을 하게 된다. 중세의 순례자들은 지금의 순례자와 다르게 종교적인 이유로 순례를 선택하는 것이 대부분이었다. 성직자나 교회로부터 죄를 진 것에 대한 벌을 받아 순례를 하게 된 사람과 그 벌을 대신해 걸어주는 사람이 있었고, 또는 평범한 농민들이 경건한 신앙심으로 걸었다. 지금처럼 모든 필요한 소지품을 등에 지는 것이 아니라 짧은 망토와 지팡이, 물병, 챙모자, 작은 가죽 배낭이 전부였다. 입을 것, 먹을 것을 걱정하지 말고 길을 떠나라는 예수님 말씀을 따라서다. 이는 순례자 상으로 조각된 중세의 순례자 상을 봐도 알 수 있다. 순례자들은 가리비 조개 껍데기를 지팡이에 매단다. 이는 야고보 성인의 시신을 실은 배가 피니스테레에 닿았을 때 배가 온통 조개 껍데기로 덮여 있었던 데에서 유래한 순례자의 상징이다. 모든 순례자는 사망 후에 무덤 속에 조개를 같이 넣는 경우가 대부분이었다. 유럽에서 발굴된 묘지 중에 조개 껍데기가 나오면 순례자로 볼 수 있기 때문에, 조개 껍데기 수로 그 지역의 순례자 수를 헤아리기도 했다. 카미노 길 표시가 노란 화살표, 가리비 모양의 조개로 되어 있는 것은 가리비에 있는 빗살이 한군데로 모아지는 것처럼 모든 순례길이 산티아고 데 콤포스텔라로 모임을 의미한다.

걷기로 마음을 먹었다면

이 순례여행은 보통의 다른 여행과는 다르다. 하이킹도 아니다. 순례를 떠나고자 하는 사람은 먼저 이 여행을 떠나는 동기를 살펴볼 필요가 있다. 생장 피드포르나 론세스바예스 또는 다른 도시에서 처음 순례를 시작하는 사람은 순례자 사무실에서 나누어주는 설문에 동기를 적어야 한다. 종교적 목적, 영적인 목적, 단순한 육체적 단련, 건강을 위한 것 등이다. 운동을 위한 순례는 순례자 여권 credencial을 발급해 주지 않는다는 말이 있고 발급해 주어도 산티아고에서 순례 완주증 Compostela을 주지 않는다는 말이 있다. 하지만 누가 알 것인가 운동을 목적으로 출발했지만, 그 길에서 영적인 것을 발견할지. 참고로 우리나라 산티아고 협회에서도 순례자 여권 발급이 가능하다. (대한민국 산티아고 순례자 협회 http://caminocorea.org/)

자신이 길을 걷게 된 좋은 의도를 항시 기억하며 그 길에서 만나는 자연과 사물들에 마음을 열어 바라볼 수 있다면 최상의 길이 될 것이다. 스페인과 다른 유럽 국가들의 외교 문제, 또 종교적인 문제가 산티아고 순례를 한동안 시들하게 했지만, 오 세브레이로의 교구 신부인 엘리아스 발리냐 삼페드로 Elías Valiña Sampedro의 헌신으로 1982년 그의 첫 번째 가이드북이 나오고 1985년 그 길의 복원이 탄원되어 그로부터 현재의 카미노길이 생겼다. 첫 번째 알베르게가 생겼고, 노란 화살표가 그려졌다. 1989년 요한 바오로 2세가 산티아고 대성당을 방문하고 카미노 프란세스가 1993년 유네스코 세계문화유산 지역으로 지정되면서 세계 각국으로부터 순례가 이어지고 있다.

순례자 여권을 발급받으면 카미노 길의 모든 알베르게(순례자를 위한 숙소)를 이용할 수 있다. 보통 알베르게에 가면 순례자 여권 credencial과 여권 passport을 동시에 요구한다. (순례자 여권만 요구하기도 하지만 드물다.) 이 순례자 여권에 알베르게, 마을과 도시의 여행 안내소, 카페, 성당 등에서 스탬프를 찍어 주는데, 걸어서는 적어도 산티아고에서 100km 전 지점이나, 자전거로는 200km 이상 떨어진 곳에서부터 스탬프를 받아와야 산티아고 도착 후 순례자 사무실에서 순례 완주증 Compostela을 받을 수 있다.

프랑스길 걷기

순례자들이 가장 많이 선택하는 카미노 프란세스(프랑스길)는 몇 개의 주로 나뉜다.

생장 피드포르에서 로그로뇨까지 – Basque .Navarra 165.5km

로그로뇨에서 부르고스까지 – La Rioja. Castilla 그리고 León 126.5km

부르고스에서 아스토르가까지 – Meseta 지역 229km

아스토르가에서 라 파바까지 – Cantabrian Mtns. El Bierzo 100km

라 파바에서 산티아고까지 – Galicia 163km

산티아고에서 피니스테레 · 묵시아까지 – 86.6km

카미노 프란세스는 전 구간을 걸으려면 생장 피드포르에서 시작한다.
- 파리에서 바욘 Bayonne 까지 기차로, 다시 기차로 생장 피드포르 St-Jean-Pied-de-Port까지
- 마드리드에서 팜플로나 Pamplona까지 버스로, 다시 버스로 론세스바예스 Roncesvalles까지, 다시 버스로 생장 피드포르 St-Jean-Pied-de-Port까지
- 포르투갈 파티마에서 기차를 타고 생장 피드포르 St-Jean-Pied-de-Port까지 올 수도 있다.
- 론세스바예스 Roncesvalles, 팜플로나 Pamplona, 로그로뇨 Logroñó, 부르고스 Burgos, 프로미스타 Frómista, 레온 Le'on, 아스토르가 Astorga, 사리아 Sarria에서도 시작할 수 있다.

시간 계획부터

유럽에서 오는 순례자는 산티아고 길까지 거리가 가깝고 교통수단이 비싸지 않기 때

문에 순례길을 여러 번 나누어 오는 사람도 많다. 일주일이나 보름씩 본인이 걸을 수 있는 만큼 걷다가 집으로 가고 다시 시간이 나면 멈춘 곳에서부터 다시 시작해 몇 번에 걸쳐 완성하는 것이다. 하지만 우리나라나 아메리카 대륙처럼 거리상 너무 멀고 비용도 많이 드는 곳에서 온 순례자는 한 번에 순례를 완성하고 싶어한다. 그러려면 처음부터 완벽한 시간 계획표가 필요하다. 적어도 4주, 길게는 5주 혹은 6주의 시간을 할애하여 자신에 맞게 맞추는 것이 좋다.

길 위에서야 구간을 필요에 따라 늘이고 줄이는 것이 자유로우니 시작하는 날과 돌아가는 날만 정하고 오면 된다. 보통 가이드북에는 30일에서 34일 정도의 코스가 실려 있다. 31일 코스는 하루 평균 25km 정도를 걸어야 한다. 그러나 그 길이 똑같이 평탄한 길이 아니므로 길의 오르내림의 정도에 따라 줄이거나 늘려야 한다.

걷는 시기는 대체로 4월부터 10월까지를 성수기로 본다. 하지만 4월에는 아직 눈이 오는 때가 많아 산을 넘을 때 위험하기도 하다. 5월초~6월 사이나 9월 초~10월 사이가 좋다. 7월만 되어도 낮에는 40도를 넘는다 하니 걷기에는 무리이다.

내가 아는 젊은 순례자는 17일 만에 완주를 두 번이나 했다. 아프지 않았다는 것이 신기했다. 하지만 나처럼 운동량이 부족한 사람이나, 나이가 들었거나, 충분히 여유를 가지고 주변을 즐기면서 걷겠다고 마음먹은 사람이라면 하루 20km 내외가 좋다. 젊은 사람도 자기 페이스를 지켜 천천히 가는 걸 보면 참 대단해 보인다. 벌써 자신을 절제할 줄 아는 것이 부럽기조차 하다. 카미노에서는 자칫 다른 순례자들에 휩쓸려 자기 페이스를 잃을 수가 있기 때문이다.

어디에 머무르나

알베르게 Albergue는 순례자를 위한 숙소로 레푸히오 refugio 혹은 오스피탈 hospital이라고도 한다. 그곳은 알베르게의 관리인 오스피탈레로 hospitalero가 책임을 지고 운영한다.

- 공립 알베르게 Municipal.Muni: 지방자치단체에서 운영하는 숙소로 가장 저렴하다. 예약되지 않으며 도착순으로 자리를 배정받는다.
- 교구 알베르게 Parochial.Par: 교회에서 운영하며 이곳도 예약이 안된다. 많은 교구 알베르게는 기증 Donativo에 의해 운영되므로 순례자들은 5유로 정도를 내거나 돈이 없으면 안 내기도 한다. 이곳은 수녀님이나 봉사자가 운영하며 가끔 특별한 행사를 진행하는 곳도 있다.
- 협회 알베르게 Association.Assoc: 국제 카미노 협회에서 운영하는 곳이며 순례를 마친 순례자가 봉사자로 활동하는 곳이 많다.
- 사설 알베르게 private.priv: 개인이 사업으로 운영하는 알베르게로 다른 숙소에 비해 편의 시설을 많이 갖춘 곳이다. 예약도 가능하며 1인실, 2인실, 4인실을 운영하는 곳도 있다.

대부분의 알베르게는 4월부터 10월까지는 운영하나 그 외 시간에는 닫는 곳이 많다. 지자체나 교구 알베르게는 연중 내내 연다. 알베르게는 적은 인원이 한방을 쓰는 곳도 있지만, 대부분의 공립이나 교구 알베르게는 아주 큰방에 '벙크 베드'라 해서 2층 침대, 드물게 3층 침대가 놓여 몇 십 명씩 들어간다. 여자 남자 구분해 배정받기도 하지만 대체로 오는 순으로 배정하기 때문에 침대 선택권이 없어, 2층 침대에 배정받지 않기를 간절히 바라기도 한다. 오르내림이 정말 힘들기 때문이다.

이곳에서 문화와 배경이 다른 각국의 순례자들이 좁은 공간을 같이 이용하다 보면 깜짝 놀랄 일도 있고 눈살을 찌푸릴 일도 종종 발생하게 된다. 따라서 지켜야 할 에티켓 정도는 알고 가는 것이 좋다. 기본적으로 너무 떠들면 안 되고 소등 시간엔 불을 켜도 안되며 아침 일찍 부스럭거리는 소리가 커도 안 된다. 하지만 누군가가 잠잘 때 코를 골거나 이를 갈아도 귀마개나 안대를 이용하지, 비난하지는 않는다. 단지 마음을 열고 친절한 마음으로 대하면 된다. 알베르게에서는 밤 10시에 불을 끄고 아침 6시에서 8시 사이에 퇴실해야 한다. 그래야 봉사자들이 다음에 들어올 순례자를 위한 정리정돈을 할 수 있다. 하루만 머물 수 있지만, 몸이 아픈 사람은 예외다.

마을 입구에 가면 대부분 마을 지도에 알베르게, 상점 등의 위치 표시가 되어 찾기가 쉽다. 아니면 노란 화살표 카미노 표시를 따라 걷다 보면 알베르게 가는 표시가 나와 있다. 그것도 아니면 그냥 물으면 된다.

자신에게 맞는 예산 짜기

보통 알베르게를 공립을 이용하고 손빨래를 하고 저녁을 지어 먹고 아침, 점심을 슈퍼마켓에서 사서 이용한다면 하루 15유로 정도.

사설 알베르게도 이용하고 기계 세탁하고 아침은 카페에서 해결하고 점심을 사먹고 저녁은 순례자만을 위한 정식인 페레그리노 정식을 먹는다면 30유로 이상, 가끔 알베르게에 비해 비싼 오스탈 hostal이나 호텔에서 묵거나 배낭을 운송회사를 이용해 옮기고 점심 저녁을 모두 사 먹는다면 하루에 적어도 50유로를 계산해야 한다. 여기에 여분의 예비비는 꼭 필요하다.

무엇을 먹을까

스페인의 아침 식사는 간단하다. 커피나 주스에 크루아상이나 토스트가 전부다. 스페인은 점심 식사를 매우 중요하게 여겨 오전을 before lunch 오후를 after lunch라 할 정도다. 순례자는 보통 해가 뜨기 전부터 움직이기 때문에 길을 나서고 한 시간쯤 지난 뒤 만난 마을에서 커피와 빵을 먹거나 출발 전 간단히 사놓은 음식을 먹기도 한다. 점심은 간단한 샌드위치와 커피로 할 때가 많다. 때로 느긋한 순례자는 라시오네스 raciónes라고 적힌 여러가지 음식을 1인분 접시에 담아내오는 것을 먹기도 한다. 고기, 감자튀김, 샐러드 등이 조금씩 있거나 달걀, 베이컨, 감자튀김이 나오기도 한다. 때로 토르티야라는 감자와 달걀로 만든 스페인식 오믈렛을 먹기도 한다. 저녁이 되면 순례자들은 삼삼오오 한 식구가 되어 파스타를 만들거나 때론 스페인식 쌀 요리 파에야 해물, 고기 등을 넣고 끓이다가 쌀을 넣어 완성한 요리를 만들어 나누어 먹기도 한다. 한국인들이야 단연 인심이 좋으니 우리 식으로 해물탕을 만들거나, 찌개를 끓이거나, 닭백숙을 만들어 나누어 먹는다.

요리하기 싫거나 피곤한 사람들은 근처 레스토랑에 예약하고 저녁 7시 정도에 모여 페레그리노 정식 menu del peregrino이라는 이름의 약식 코스 요리를 먹기도 한다. 빵과 포도주가 나오고, 첫 번째 요리 primero로 수프 sopa, 샐러드 ensalada, 혹은 파스타 pasta 중에 선택할 수 있다. 두 번째 요리 segundo에는 생선이나 육류와 함께 감자튀김이 곁들여 나오고, 후식 postre에는 아이스크림, 과일, 푸딩 등이 나온다. 포도주는 원하는 사람에게 1인 반 병 정도 준다. 물을 원하면 물을 주는데 이곳은 포도주나 물이나 값이 같다. 포도주는 알코올 도수가 11도 정도로 약한 것이 많아 그다지 취하지는 않는 것 같다. 보통 페레그리노 정식은 시간을 정해 놓고 있어 배가 고프거나 동행이 많으면 굳이 페레그리노 정식을 먹지 않고 각기 다른 음식을 시켜 나누어 먹어도 좋은 것 같다. 식당에서는 채식주의자를 위해 꼭 물어보고 따로 준비해준다. 채식주의자일 경우 미리 이야기해 두는 것도 좋겠다.

슈퍼마켓에서 음식 재료를 자주 사게 되는데 작은 마을일수록 비싸다. 과일 한 개에 보통 1유로, 감자도 한 개 1유로씩 하기도 하며, 주인 맘대로다. 대도시 슈퍼마켓은 정말 싸다. 사과 4개 1.4유로, 커다란 복숭아도 4개 1.4유로, 고기는 대도시나 큰 마을을 가야 생고기를 살 수 있는데 삼겹살이 1kg에 8유로 조금 넘는 수준이다. 순례자 특성상 과일 한 개도 등짐으로 가면 무겁게 느껴져 사서 가져갈 수 없으므로 다음 머무를 곳과 지나가는 곳에 있는 가까운 큰 슈퍼마켓을 가늠해 미리 사가는 것도 좋겠다. 또 하나 스페인의 낮잠 시간 시에스타 siesta는 꼭 고려해야 한다. 오후 두 시 이후에 쇼핑할 수 없는 곳이 많고 다섯 시 이후에 모든 상점이 다시 문을 여니 필요한 것이 있다면 시에스타를 피해 도착 전이라도 미리 사두는 것이 좋다.

전화와 인터넷 이용하기

인천공항에서 아예 휴대폰을 정지시키고 오는 사람도 있지만 이 방법은 좋지 않다. 응급 상황에 사용해야 하기 때문이다. 인터넷 사용을 위해 데이터를 사오는 경우도 있지만, 걷는 도중 데이터 쓸 일은 그다지 없다. 숙소에 도착하면 와이파이(스페인 발음- 위피)가 공립 알베르게 몇 개를 빼고는 다 되니 비번을 얻어 쓰면 된다. 알베르게에서 안되면 근처 카페에서 할 수 있다. 혹시 데이터 용량이 많이 필요한 사람이나 현지 전화를 자주 쓰려고 하면 스페인 유심칩 Spanish sim card-10유로을 사서 충전해서 쓰면 비용 절감이 된다. 모든 알베르게에는 컴퓨터가 있어 코인을 넣고 쓰게 되어 있다. 보통 1시간 1유로이나 알베르게에 따라 비싼 곳도 있다.

우체국 이용법

휴대폰이 없던 시절에는 지인에게 도착 지점을 미리 알려주어 우체국이나 순례자 안내소를 이용하여 소식을 주고받기도 했다. 요즘도 드물게 휴대폰을 안 가져 오는 사람들은 이 방법을 이용하기도 한다. 우체국에 보낸 편지는 30일까지 보관된다. 소포일 경우 걷다가 필요 없는 것들을 미리 정리하여 목적지인 산티아고 데 콤포스텔라의 우체국으로 보내거나, 한국 민박으로 보내 놓기도 한다. 걷는 동안 필요한 물품들을 다음에 도착할 마을에 있는 숙소나 우체국으로 보내놓는 경우도 많은데, 이때는 꼭 본인이 우체국correos에 들러 직원의 도움을 받아 보내도록 하자. 분명 우체국으로 보냈는데 그곳으로 오지 않고 SEUR라는 택배회사로 보내져, 찾는데 애를 먹기도 했다. 보낼 때 찾는 곳 주소와 도착 날짜를 미리 알아두고 부친다면 실수가 없겠다. 소포 보관기간은 15일이다.

소포에 쓸 정보의 예: Ja Im (여권에 있는 이름)

　　　　Lista de correos (받을 우체국)

　　　　15780 Santiago de Compostela A Coruna (주 이름)

※ 우체국에 가서 꼭 직원의 도움을 받아 보낼 곳의 우체국 주소를 확인하는 것이 좋다.

배낭 운송하기

카미노 길은 첫날 생장 피드포르에서 론세스바예스까지 26km 구간과 그 외 몇

인도 요기 같은 스페인 순례자

구간이 오르내림이 심해 건강하지 않은 사람에겐 무리일 수 있다. 그럴 경우 배낭을 부치고 보조 배낭에 꼭 필요한 용품과 비상식량, 물 등만 지고 걷는다.

배낭을 부치는 비용은 3년 전엔 5유로였으나 이번엔 하코트란스 Jaco trains라는 산티아고와 피니스테레까지 전 구간 운송이 가능한 회사의 경우 한 구간이 7유로에서 8유로였다. 주마다 몇 구간만 운송하는 몇몇 회사 또는 택시는 최대 무게 12kg, 거리 25km 이내는 5유로도 가능하고 아주 적은 거리는 3유로인 곳도 있다. 짐을 부칠 때는 꼭 알베르게 관리인 오스피탈레로 Hospitalero에게 부탁해 운송회사에 연락을 대신하게 하거나 아니면 직접 전화를 해야 한다.

운송 봉투에 보내는 사람의 이름과 전화번호, 도착지 알베르게와 마을 이름을 적어서 배낭에 매달아 놓아야 한다. 처음 공립 몇 군데 알베르게는 배낭을 보내고 받는 것을 도와주었으나 프랑스길 나바레테 Navarrete부터는 공립 알베르게에서 배낭을 받아주지 않아 근처 카페나 레스토랑으로 찾으러 가야 한다. 꼭 배낭을 보내야 하는 사람은 사설 알베르게로 보내고 그곳 숙소를 예약하면 편하다.

화장실 이용법

산티아고 순례길에 공중 화장실은 없다. 필요하면 마을에 있는 카페를 이용해야 한다. 하지만 그것도 어려울 때는 자연 화장실을 이용한다. 길을 걷다가 앞사람 뒷사람과 거리를 두고 있을 때 안 보일 만한 공간에 들어가면 그곳에는 어김없이 이미 많은 사람이 이용한 흔적이 있다.

하지만 문제는 그곳에 버려진 휴지이다. 휴지를 쓸 일이 있으면 비닐봉지에 챙겨 담았다가 가까운 마을에 있는 휴지통에 넣으면 좋겠다. 여성일 경우 작은 가제 수건을 가지고 다니길 권한다. 그날 쓰고 저녁에 깨끗이 세탁하면 몸에도 좋고 자연 훼손도 하지 않는다.

여행자 보험

여행자 보험은 보통 환전 시 드는 것으로 충분하다고 생각하기 쉽다. 하지만 순례여행은 어떤 사고가 있을지 모르는 장기 여행이고, 체력 소모가 큰 여행이므로 꼭 개인적으로 보험을 들고 가길 권한다. 병원은 큰 도시에서는 24시간 여는 곳도 있지만, 작은 마을에 있는 병원은 아침 8시부터 오후 3시면 닫는다. 카미노에서 주로 생기는 물집이나 무릎 통증, 벌레 물림, 알레르기 등은 약국에 가서 상의해도 좋은 약을 얻을 수 있다. 위급 시에는 112로 전화하면 경찰과도 연락되어 도움을 받을 수 있다. 첫날 피레네를 넘을 때 프랑스와 스페인 국경을 지나면 112전화가 매 50m마다 설치되어 있다.

가이드북

우리나라에도 좋은 가이드북이 많이 나와 있지만, 무게가 문제다. 미쉐린 Michelin에서 나온 〈Camino de Santiago〉는 생장 피드포르에서 산티아고까지 프랑스길을 안내한 1cm=1.5km 척도의 아주 가벼운 가이드북이다. 유럽 여러 나라말로 되어 있지만 지도와 그림만 보아도 쉽게 내용을 파악할 수 있다. 총 34일 루트로 지형의 높낮이, 힘든 정도가 표시되어 있고, 마을마다 알베르게 전화번호, 침대 수, 오픈 시간, 오픈 날짜 정보와 관광 안내소, 약국, 버스나 기차, 상점, 마을 사이의 거리 등이 잘 나와 있어 한눈에 파악할 수 있고, 주변 마을과 도로 지도도 상세히 나와 있는 훌륭한 책이다. 생장 피드포르나 론세스바예스 등 큰 도시 서점에서 쉽게 구할 수 있다.

준비물

- 배낭 – 몸무게의 10%가 적당한 배낭 무게이다. 보통 짐을 넣고 5–10kg 정도를 진다. 여름철 배낭은 30~50L, 겨울철 배낭은 40~60L로 선택하고, 신발과 함께 제일 중요한 물품이므로 기능에 맞는 좋은 걸로 사야 한다.

- 보조 배낭 – 가벼운 것으로 큰 배낭을 다음 도착할 마을로 부치고 난 후에 꼭 필요한 소지품을 넣고 다닐 수 있는 것.
- 작은 배낭 – 앞 허리에 매는 것. 주머니가 많으면 좋다.
- 신발 – 꼭 본인이 평소 신는 사이즈보다 두 사이즈 큰 것, 신발 깔창을 하나 더 깔고, 두꺼운 등산 양말을 신을 수 있도록 바닥이 두꺼운 것, 발목을 보호할 수 있는 중등산화 정도가 좋다.
- 보조 신발 – 가벼운 슬리퍼가 좋으며 숙소 도착 후 샤워실과 마을을 돌아다닐 때 쓰는 바닥이 너무 얇지 않은 것을 선택한다.
- 스패츠 – 가볍고 비올 때 신발을 온전히 덮을 수 있는 것으로 준비하면, 먼지와 물기를 막는데 도움이 된다. 현지에 가면 그곳에 맞는 기능성을 사기 쉽다.
- 배낭 덮개 – 비 올 때 비옷을 입어도 덮개를 따로 씌우는 것이 좋다.
- 모자 – 챙이 넓은 것을 추천. 바람이 불 때를 대비해 끈 달린 것이 좋다.
- 선글라스
- 물병 – 재사용할 수 있는 것
- 스틱
- 장갑 – 면장갑이 좋으나 추울 때는 울 장갑을 착용한다.
- 침낭 – 계절과 관리인에 따라 다르나 알베르게에서 담요를 주는 곳도 많다. 하지만 벼룩 등 베드 버그가 염려되면 본인 침낭으로 해결하는 게 좋다. 500g 정도의 오리털이나 거위털 침낭이면 아주 추운 겨울을 제외하고 사용 가능하다.
- 헤드 램프 – 꼭 준비한다. 비상시를 위해 휴대폰 속에 플래시를 다운로드해 놓는다.
- 가이드북 – 한국에서 구입한 가이드북은 필요한 곳만 절단해 가져가고 루트의 시작 도시에 도착해 미쉐린 Michelin에서 나온 가이드북을 준비하면 좋다.
- 비옷 – 가급적 몸과 배낭을 다 덮을 수 있는 것. 카미노 길의 큰 도시에 가면 기능성 비옷을 판매하는 곳을 찾을 수 있다. 너무 싼 것은 금방 찢어진다.

- 바람막이 점퍼 – 항상 입는 옷. 비 오는 철이면 방수용이면 좋다.
- 긴 팔 티셔츠 2장 – 땀 배출이 잘 되는 기능성
- 바지 2장 – 기능성
- 평상복 한 벌 – 숙소 도착 후 착용
- 내복 가벼운 것 한 벌, 등산용 양말 2켤레, 보통 양말 1켤레, 스포츠 브라 2개, 팬티 3장
- 가벼운 오리털 패딩이나 플리스 재킷 – 보온용
- 등산용 가벼운 조끼 – 항시 입을 것
- 탄력 무릎 보호대 – 무릎 보호대는 두꺼운 것을 오래 착용하면 피부 트러블이 나타나므로 약국에서 파는 탄력 보호대를 착용하면 좋다.
- 수건 – 잘 마르는 스포츠 타월
- 복대 – 돈 보관용으로 필히 배에 차거나 어깨로 걸쳐 몸 속에 넣을 수 있는 것으로 준비하고 맨 살에 닿을 수 있으므로 면이 좋다.
- 현금 – 스페인 시골 마을에서 쓸 수 있도록 20유로 이하나 최고 50유로짜리로 준비
- 화장품, 세제 – 영양크림, 선크림, 샴푸 조금, 가루비누 조금 플라스틱 약통에 넣어오면 된다. 부족하면 현지 조달
- 세숫비누, 치약, 칫솔
- 약, 의료용품 – 밴드, 바셀린, 안티푸라민, 파스, 근육 염증약 처방받을 것, 벌레 퇴치 뿌리는 약, 설사약, 기타 본인이 필요한 약
- 비상식량, 일회용품 – 일회용 비닐장갑, 비닐, 가벼운 본인용 수저, 가볍고 작은 코펠 요리후 따로 담아둘 용도, 밥이나 국을 먹을 수 있는 플라스틱 볼 부엌에 접시는 많으나 볼이 적다, 초콜릿이나 기타 본인이 좋아하는 비상식은 항상 가방에 있는 게 좋다.
- 기타 – 포켓 나이프, 손톱깎이, 작은 가위, 실, 바늘, USB 메모리, 음악 저장 휴대폰에 미리 다운로드할 것, 이어폰, 휴대폰, 휴대폰 줄 분실 방지를 위해 가방에 연결한다, 귀마개, 눈가리개, 옷핀, 빨래집게, 휴대폰 충전기, 여행용 티슈, 가제수건

산티아고를 향하여

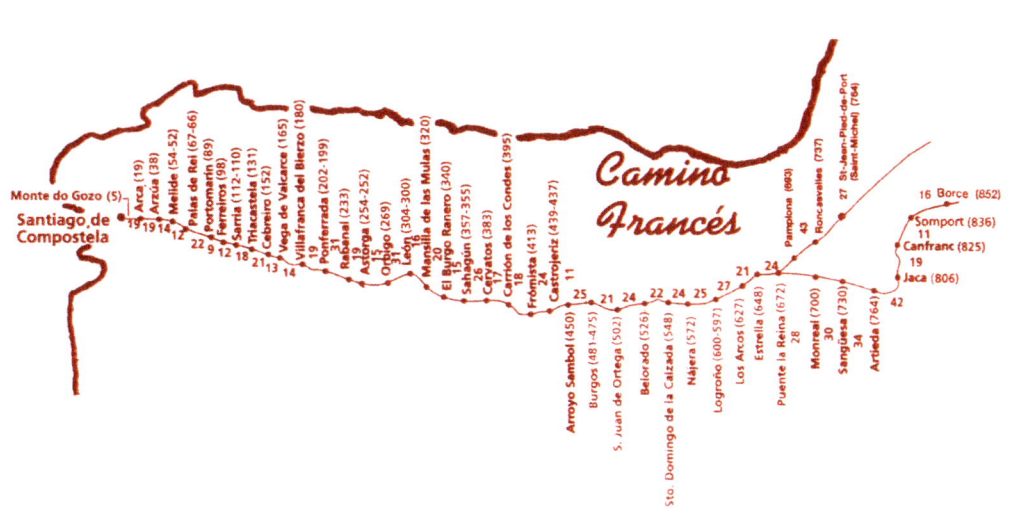

파리 ▶▷▷▷▶ 생장 피드포르

0 day   다시 길 위에 서다

9월 1일, 산티아고 길에 가기 앞서 프랑스 파리에 도착했다. 저녁 여섯 시 반쯤 도착했는데 아직 여름이라 날이 상당히 환하다. 그래도 온도는 약간 낮아 점퍼를 입지 않고 나서니 쌀쌀하게 느껴진다. 몸에 익은 일상으로부터 벗어난다는 건 몸도 마음도 편치 않은 일이다. 여행을 시작할 때마다 느끼는 것이지만 흥분과 설렘보다는 긴장감이 먼저 온다. 3년 전 산티아고 프랑스길을 지인들과 함께 걸었던 나는 이번엔 남편과 남편 친구 부부 시몬 씨와 크리스티나 씨와 함께 두번째로 산티아고로 향하게 됐다. 한번 와 본 경험이 있던 내가 자연스레 길 안내를 맡게 됐다. 이번 여행에서 회계를 자청한 남편은 새로운 화폐 단위가 익숙지 않아 헤매고 있다. 그래도 그 부분을 맡아주니 나로선 홀가분하다.

비행기 안에서 옆자리에 앉은 일본인 내외와 얘기를 나눴다. 30년 전 잠깐 살았던 곳으로 추억 여행을 간다고 했다. 아직 젊고 예뻐 보이는데 그렇게 오랜 결혼 생활을 했나 싶다. 나와 남편에겐 어떤 추억의 장소가 있을까? 신혼 시절 남편이 다니던 회사는 장호원읍에서 30분을 차로 들어가야 있는 산속에 있었다. 27살의 나이에 사택에서 아이를 낳아 키우던 나에게는 답답하고 힘겨웠던 그곳이 우리의 추억의 장소일지…
파리의 숙소에서 창 밖으로 보이는 공동묘지가 암울하기는 커녕 싱그럽다. 언젠가 나에게도 닥칠 죽음을 이렇게 낯선 땅에서도 마주치게 된다. 살아 움직이는 모든 것은 죽음을 밟고 산다. 지구가 생성되고 오랜 세월이 지나 지금의 내가 있다면 난 그 수많은 죽음 위에 잠깐 스쳐 지나가는 에너지일 뿐이다. 파리 시내 알마교 근처에 영국 다이애나 왕세자비가 의문의 사고를 당한 지하차도가 있다. 지하차도 위에 세워진 조각상 '자유의 불꽃' 밑에서 비운의 황태자비를 향한 애도의 마음들을 읽었다. 살아 있다면 두 손주를 가진 할머니였을 아름다운 여인. 그녀의 나이 스무 살에 했던 정략결혼은 여왕과의 불화, 남편 찰스 왕세자의 외도로 파경에 이르렀고, 그녀는 몇 년 뒤 결국 의문의 죽음을 맞았다. 하지만 살아서도 죽어서도 그녀에 대한 대중의 사랑은 변함이 없다. 이곳에 오니 화려함 뒤에 가려졌던 그녀의 외로움과 단절감이 느껴진다. 사람은 서로 따뜻한 에너지를 나누지 않는다면 마음의 병을 앓게 된다. 다이애나 왕세자비의 왕실 생활 동안 따뜻함을 전해줄 누군가가 있었다면… 그녀의 인생은 조금 달라지지 않았을까.

유람선 바토무슈를 타고 센 강 위를 흘러가다 보니 강변으로 알렉산더교, 아트교, 퐁네프교 등 많기도 한 다리 위로 삶의 아름다운 순간을 만끽하고 있는 사람들이 보인다. 주변 세상을 잊어버린 듯이 둘만의 사랑에 빠진 커플도 보이고 가족끼리 친구끼리 행복한 기운을 나누는 모습도 보인다. 그 중 몇몇은 우리를 향해 손을 흔들고 나도 마주 보며 손을 흔들다 보면 입가에 미소가 절로 지어진다. 이런 것이 사랑의 전이가 아닐까? 우린 사는 곳도 다르고 얼굴색도 다르고 언어도 다르지만 손을 잠깐 흔드는 것만으로 행복을 전할 수 있다. 넓은 세상, 장구한 세월 속에 같은 시간 같은 공간을 스쳐 지나간다는 건 얼마나 대단한 일인가.

파리에서 3일을 머문 후, 9월 4일 오전 10시 28분 파리 몽파르나스역 출발 바욘 행 테제베 TGV를 탔다. 오늘 처음 메

생장가는 버스를 기다리는 순례자들

어 본 배낭 무게는 10kg 정도. 내 체중의 10%가 적정 무게라면 4~5kg 가량이 넘친다는 얘기다. 하지만 괜찮다. 배낭 속에 잔뜩 넣은 먹을 거리는 내일 피레네 산맥을 넘을 때 기력을 보충하는데 사용하면 된다. 기차역에서 만난 50대의 한국인 남자분은 정말 가볍게 짐을 꾸려왔다. 눈대중으로 보았을 때 5~6kg 정도, 필요한 최소한의 것만 챙겨왔나 보다.

　　　　　행복하게 걸을 것
　　　　　기도를 많이 할 것
　　　　　되도록 느긋해질 것

이번 산티아고 순례 동안 내가 지켜야 할 마음가짐을 되새기는 동안 기차가 굴을 지난다. 갑자기 모든 풍경이 단절되면서 캄캄해진다. 순간 창으로 기차 안의 모든 것들이 보인다. 캄캄해진 순간 오히려 못 보던 사물을 관찰할 수 있게 되었듯이, 밖에 있는 모든 것에 대한 나의 관심을 끊어버리면 내 안의 것을 볼 수 있진 않을까? 가끔 내가 정말 원하는 것이 무엇인지 난 현재 어떤 모습인지 객관적으로 보았으면 좋겠다는 생각이 든다. 이번 여행이 나를 제대로 볼 수 있는 기회를 줄지도 모른다. 그래서 내가 이 여행을 또 오게 된 것일까?

기차를 타고 달리니 풍경이 빠르게 달아난다. 풍경 속을 걷고 있었다면 그 안에서 나무와 풀과 공기와 작은 벌레들의 이야기도 들을 수 있었을 텐데. 지금 난 그들 밖의 이방인일 뿐이다. 하지만 내일이면 땅과 하나 되어 '그들' 속의 내가 될 것이다.

잠깐 걱정이 된다. 바욘 Bayonne에서 생장 피드포르 St. Jean Pied de Port 까지 기차편이 있었는데 지금은 파업 중이라고 한다. 택시를 타야 하나? 바욘에 도착하니 다행히 프랑스 철도 S.N.C.F 측에서 임시 버스를 주선하여 기다리던 예비 순례자들을 생장 피드포르까지 데려다 주었다. 왁자지껄 사람들 틈에 끼여 함께 순례자 사무실로 가니 그 시각이 저녁 7시. 아직 휴식시간으로 8시에 다시 연다고 되어있다. 주변 상점들도 거의 문을 닫았다. 내일 피레네를 올라갈 때 먹을 아침과 점심을 준비하려고 마을로 되짚어가니 햄버거 가게만 열려 있다. 저녁거리와 내일 점심용으로 햄버거를 사고 순례자 사무실 근처 사설 알베르게에 들러 숙소 예약을 하니 8시가 다 되었다.

순례자 사무실에 줄이 꽤 길다. 차례가 되어 양식을 작성하고 2유로를 내니 순례자 여권, 크레덴시알 Credencial을 준다. 이와 함께 알베르게 정보와 34일로 나누어진 루트 정보, 내일 올라갈 피레네 산에 오르는 입구 안내서를 받고 날씨 예보를 들었다. 그곳에서 1유로씩 기부하고 카미노의 상징인 가리비 조개를 가져와 배낭에 달았다. 순례자 사무실 여는 시간에 골목 안 상점들도 다시 열었다. 서점에 들러 미쉐린 Michelin에서 나오는 얇은 가이드북을 사고, 그 옆 상점에서 과일과 물 등을 준비했다.

생장 순례자 사무실 가는 길

순례자 사무실은 08:00~12:30, 16:00~19:00에 열리나 늦은 시간에도 순례자가 있을 땐 열어주고 있다. 오늘 묵을 숙소는 오베르쥬 뒤 페레린느 Auberge du pelerine로 숙박비는 17유로다. 생각보다 비싸 깜짝 놀랐는데, 생장에서는 공립 빼고 사립은 다 비슷한 가격이란다. 숙소에 등록을 한 다음엔 배낭을 부치려고 운송회사 봉투를 얻어 8유로를 넣어 두고, 새벽에 배낭을 놓고 갈 장소가 어디인지 알베르게 주인에게 확인해 둔다. 카미노 길에는 배낭을 운송해주는 업체들이 생겨 다음 숙소를 도착지로 해서 배낭을 따로 부쳐놓을 수 있다. 배낭 운송비는 3년 전 5유로씩이더니 많이 올라 이곳에서 론세스바예스까지 8유로였다. 다음 마을인 피레네 산 넘어 론세스바예스 알베르게에서는 배낭을 받아 주지 않는다. 마을 입구에 있는 라 파라다 La Parada라는 레스토랑으로 배낭을 부쳤다. 숙소로 가기 전 그곳에 들러 짐을 찾아 가야 한다.

내일 루트는 두 곳으로 갈린다. 목동들의 수호자이신 성모님 상이 있는 나폴레옹 루트와 롤랑의 노래로 유명한 롤랑의 기념비가 있는 알토 데 이바녜타 Alto de Ibañeta를 지나는 발카를로스 루트가 있다. 겨울철이나 아주 나쁜 날씨에는 도로를 따라 걷는 발카를로스 루트를 선택하는 게 좋다. 피레네의 날씨는 예측할 수 없을 정도로 변화가 심하기 때문이다. 날씨가 좋은 날엔 거리가 멀고 가파르지만, 조용한 도로를 걸으며 빼어난 경치를 감상할 수 있는 나폴레옹 루트가 좋다. 피레네의 산을 넘을 땐 필히 비옷, 배낭 덮개, 갈아입을 옷, 비상식량과 물을 준비해야 한다.

26km의 여정이 힘든 사람은 발카를로스 코스를 택해 11.6km 지점, 중세 시대부터 있던 순례자 숙소와 교회가 있는 발카를로스 마을에서 하루를 묵고 나머지 여정을 다음날 하는 것도 좋다. 길은 빨강, 흰색의 스트라이프 무늬와 노랑과 파랑의 조개 모양, 노란 화살표로 되어 있으니 길을 잘 보며 따라가면 된다.

산티아고의 출발점 생장 피드포르에는 1998년 유네스코 세계문화유산으로 등재된 상쟈크 문 Porte de San Jacques과 14세기 고딕교회인 다리 끝의 노트르담 교회 Notre-Dame-du-Bout-du-pont 1212년 Las Navas 전투를 기념하기 위해 헌정됐다 가 있다. 강을 따라 로마시대의 아름다운 다리도 볼 수 있다. 월요일마다 전통 장인들이 만든 음식을 파는 시장과 가축시장이 선다. 산마을 장을 구경할 좋은 기회였지만, 순례길을 앞둔 우리에겐 하루를 더 머물 여유가 없다.

행복하게 걸을 것
기도를 많이 할 것
되도록 느긋해질 것

1	2
3	4
	5

1. 바욘역
2. 바욘역 앞 성당
3. 생장 순례자 사무실 가는 길
4. 로마시대 다리가 보이는 생장풍경
5. 카미노 길표시

생장 피드포르 ▶▷▷▷▶ 론세스바예스

1 day 처음 온 길처럼 너무나 새롭다

숙소에 론세스바예스로 부칠 배낭을 맡기고 새벽길을 떠났다. 한번 와본 곳이니 자신 있게 마을을 지나 도로 길로 접어들었다. 3년 전 봄에 나폴레옹 루트를 걸었기 때문에 이번에는 발카를로스 루트를 택했다. 도로 길이 발카를로스 루트로 이어진 길이라 생각하고 10분 이상을 걸었는데, 어째 느낌이 이상하다. 갈수록 내 기억 속에 있던 카미노 길과 많이 다르다. 마주 오는 차를 억지로 세워 물었다. "카미노?" 카미노는 길이란 뜻이다. 이곳에선 산티아고 가는 길로 통한다. 순례자끼리는 순례자도 카미노라 부르기도 한다 라고 물으니 여자 운전자는 손사래를 치며 아니라고 한다. 허겁지겁 왔던 길을 돌아가니 잠깐 망설였던 갈림길에서 산길로 접어들어야 했었던 모양이다. 순례자 사무실에서 주는 지도만 참고했어도 이런 일은 없었을 일이다. 지도는 잘 표시되어 있다. 한번 와본 곳이라는 나의 자만이 문제였다.

다시 방향을 수정해 산길로 한참 걸었지만, 이번엔 이곳이 발카를로스 루트가 아닌 나폴레옹 루트임을 알았다. 첫 번째 만난 마을이 나폴레옹 루트의 첫 번째 기점인 운토Huntto였기 때문이다. 발카를로스 루트로 돌아가긴 틀렸다. 동행한 남편과 시몬 씨와 크리스티나 씨에게는 처음 걷는 길이니 다행이다. 그런데 놀라운 건 내게도 초행길같이 느껴진다는 점이다. 처음 온 길처럼 너무나 새로워 어리둥절할 정도다. 봄과 가을의 차이인가? 어쨌든 나는 예기치 않게 두 번째로 나폴레옹 루트를 걷게 됐다. 날씨는 그리 덥지도 춥지도 않고, 바람은 살살 불어와 얼굴을 간질인다. 조금씩 올라

피레네

1,429m의 고지를 향해 가니 양도 보이고, 양은 양인데 얼굴이 검은 라챠 Latxa도 무리 지어 풀을 뜯고 있다. 이국적이면서 평화로운 풍경이다. 갑자기 사람들이 먼 곳을 가리키며 소리친다. 쳐다 보니 독수리 떼다. 피레네 높은 바위 산에 무리 지어 있다가 날아올라 하늘을 천천히 선회한다. 그 고고함이라니.

피레네는 나무가 있는 산도 있지만 우리가 지나가는 대부분의 봉우리는 목초지로, 키 낮은 풀들과 작은 야생화들로 아름답다. 그래서 산봉우리들이 훤히 보이는 오름이 넓게 퍼져 장관이다.

오리손 Orison을 지나 계속 오르니 통나무들을 잘라 이곳 저곳에 놓아 만든 순례자 쉼터가 있다. 그곳에서 쉬고 있는 순례자들의 모습도, 쉼터를 만들어 준 누군가의 마음도 곱다. 사진을 찍다가 잠깐 고개를 돌리니, 뒤쪽 돌산 위에서 양치는 목동들의 수호자이신, 루르드에서 가져왔다는 성모님 상이 나를 바라본다. 가슴이 뛰었다. 한두 방울 떨어지는 비구름을 배경으로 바라본 성모님 상은 너무나 신비롭게 보였다. 비바람에 낡은 모습의 성모님 상 앞에서 순례자들이 저마다의 자세로 기도를 하고 있다. 그곳에 남겨진 묵주와 기념물들은 간절한 기도의 흔적들이다. 동행하던 한국인 수사님이 성모님께 묵주를 걸어드린다. 옆에 서서 그 모습을 지켜보고 있자니 가슴이 뜨거워지며 눈이 흐려진다. 그 순간에 나도 두 손 모아 기도를 한다. 지금 내가 보고 있는 모든 것, 이 자리에 설 수 있음에 감사하지 않을 수 없다.

벅찬 가슴을 뒤로하고 조금 더 거세진 바람을 맞으며 산을 올라 프랑스와 스페인 국경을 지났다. 조금씩 피로가 밀려오기 시작한다. 제대로 걷는 첫날이니 당연한 일이다. 이제 내리막이 나올 만도 한데… 기대와 달리 다시 오르막이 기다리고 있다. 그렇게 서너 개의 고개를 지난 다음에야 양쪽으로 화살표가 되어있는, 발카를로스 루트와 만나는 지점이 나왔다. 순례자 사무실에서 알려준 대로 오른쪽으로 접어드니 이제 드디어 내리막길이다. 그런데 그 길을 거꾸로 오르는 사람이 있다. 산티아고 데 콤포스텔라에서 생장 피드포르로 돌아가는 순례다. '산길을 이 시간에 어찌 가려나…' 걱정이 된다. 하지만 생각해 보니 그 사람이 앞으로 갈 길은 내리막이 될 것이니 빨리 갈 수도 있겠다 싶다. 그리고도 7km를 더 걸으니 갑자기 마을이 시작됐다. 목적지 론세스바예스에 도착한 것이다. 해냈다! 첫날 고지를.

발카를로스가 아닌 나폴레옹 루트로 가게 되는 바람에 놓친 것이 있다. 발카를로스 정상에는 〈롤랑의 노래〉로 유명한 롤랑의 기념비가 있는데 보지 못한 것이다. 〈롤랑의 노래〉는 프랑스 봉건 제도의 이상인 기사의 영웅성을 예찬하기 위해 쓰인 대서사시로 이에 얽힌 이야기는 인구에 회자되고 있다. 8세기 말경, 이슬람 국가 카탈로니아 왕의 요청으로 스페인에 온 샤를마뉴 프랑스 대제의 군사는 스페인에서 6년 동안 무슬림 간

의 전쟁에 참여하는 동안 기독교 도시인 팜플로나의 성벽을 파괴하고 이슬람 도시 사라고사를 공격했다. 하지만 사라고사를 완전히 정복하지 못하고 스페인을 떠나게 되면서 후방부대를 조카인 롤랑과 이복 형제 가네롱에게 맡기고 떠난다. 롤랑을 질투한 가네롱의 배반으로 롤랑은 778년 8월 15일에 기독교지역 약탈과 파괴에 대한 보복으로 그 지역 기독교인들 나바로족과 바스크족의 공격을 받아 싸우다 장렬히 전사했다. 이 글을 쓰기 얼마 전, 프랑스 파리에서 2015.11.13-현대판 13일의 금요일이슬람 무력 단체 IS의 폭탄 테러가 있었다. 이 테러로 현재까지 166명 이상의 사망자와 300명이 넘는 심각한 부상자가 생겼고 그 중 80명은 위독한 상태다. 목숨을 잃은 아기를 안으려고 하는 사진 속 아기 아빠의 절규가 가슴에 화살처럼 박힌다. 종교가 무엇이길래, 신이 어떤 존재이길래… 이런 악행을 저지르는가? 사랑을 버린 종교는 악마의 장난임을 모르는 걸까? 왜 시대를 이어오며 끊이지 않는 앙갚음으로 고귀한 죄 없는 생명들을 희생시키는 걸까? 그들은 신의 이름으로 테러를 자행했다. 테러범들은 이 행위가 자신을 천국으로 보내줄 것이라 믿었을 것이다. 하지만 그들은 악마의 손을 잡고 바로 지옥을 향했을 터이다. 한 순간에 희생당한 고귀한 희생자들은 신의 이름 때문에 목숨을 잃었으니 당연 천국 행이다. 이제 끝내야 한다. 돌고 도는 신을 앞세운 테러들을. 사랑만이 답이다. 사랑 없는 종교는 신이 없는 빈 껍데기에 불과하다.

그 시절 롤랑은 서사시에 있는 대로 무슬림을 상대로 한 종교전쟁을 치른 건 아니었다. 그 전투는 프랑스 샤를마뉴 대제가 스페인에 들어와, 무슬림 정복을 핑계삼아 영토파괴를 한 것에 대한 그 지역 주민들의 보복이었다.

롤랑은 뿔 나팔을 불어 삼촌에게 알릴 수 있었음에도 불지 않고 혼자 힘으로 적과 대적하다, 적의 공격으로 깊은 상처를 입고서야 관자놀이가 터지고 나팔이 깨어질 정도로 뿔 나팔*을 불었다. 그는 검이 적의 수중에 들어가지 않도록 부수려고 바위를 내려쳤으나 바위가 갈라졌다고 한다.

* 17세기 말 이곳을 지나간 이탈리아 성직자 라피는 론세스바예스에 있는 작은 수도원에서 롤랑의 뿔 나팔을 보았다고 기록했다. 또 근처 마당에 그 바위가 있었다 한다.
―리 호이나키의 카미노 순례기에서―

오늘날엔 론세스바예스 뮤지엄에 가면 롤랑의 뿔 나팔을 볼 수 있다. 우린 론세스바예스 마을 입구 레스토랑 라 포사다 La Posada에서 배달된 배낭을 찾고 2011년에 새로 열었다는 성당 옆 교구 알베르게로 갔다. 시간이 오후 4시 반이 넘어 걸음이 빠른 사람들이 이미 위층에 있는 숙소는 차지해 버렸고, 우린 지하에 있는 임시 숙소로 배정받았다. 임시 숙소는 야외에 있는 간이 화장실과 샤워장을 이용해야 했다. 시간이 늦고 날씨가 우중충해 빨래를 바깥에서 말리기 어렵겠다 싶었는데, 다행히 기계 세탁과 건조기 봉사를 하는 분들이 있어 3유로를 내고 맡겼다. 하지만 늦게 샤워를 한 남편은 봉사 시간이 지나는 바람에 손빨래를 해 건물 안에 널어 말려야 했다. 숙소에는 의료봉사를 하는 선배 순례자, 페레그리네로들이 돌아 다닌다. 물집 생긴 발이나 부은 다리를 치료해주고 걷는 방법을 설명하며 카미노 길의 야생화 씨앗도 전한다. 카미노 길에서 선배 순례자와의 첫 번째 따뜻한 교감이다.

저녁 8시, 론세스바예스의 산타 마리아 성당의 순례자를 위한 미사에 갔다. 스페인 수녀님 순례자 세 분을 만났다. 그 중 한 분은 대전 수녀원에 계신 분이어서 한국말에 능숙했다. 한국 사람을 만난 걸 무척 반가워하신다. 우리도 덩달아 반갑다. 순례자 미사에서 신부님은 순례자들이 앞으로 어려움 없이 순례를 마칠 수 있도록 도와달라는 기도를 한다. 그 성당 제단에 13세기 조각상 론세스바예스의 성모마리아 상이 있다. 이 성모상은 예전에는 커튼 뒤에 있어 큰 행사 때만 볼 수 있었으나 지금은 항시 볼 수 있다.

알베르게 건물 옆에 있는 뮤지엄에는 역사적 유물들과 성인의 뼛조각, 예수님이 쓰셨던 가시관의 가시 두 개가 들어있는 금으로 만든 성 유물함, 롤랑의 뿔 나팔 등을 볼

피레네

수 있는 곳이어서 꼭 가보고 싶었으나 알베르게 도착 후 정리하고 나가보니 오픈 시간 10am~2pm, 3~6pm이 지나 있었다.

하루 일과를 마치고 알베르게에 들어오니 첫날 26km 피레네 산을 넘어 걸어온 피로가 밀려왔다. 배를 채워야 한다는 생각이 간절한데, 이곳 알베르게 근처에 상점이 없어 음식 재료를 살 수 없다. 그렇다면 배낭 속에 늘 함께 했던 라면이 실력 발휘를 할 차례. 알베르게 부엌에서 라면 네 개를 끓여 둘러앉았다. 집에서 준비해온 누룽지를 끓인 라면에 넣으니 훌륭한 한 끼 식사다. 그 모습을 지켜보던 한 이탈리안 순례자는 조금 맛보고 싶다고 한다. 라면 한 그릇을 덜어주니 후루룩 한 입 먹고, 바로 엄지 손가락을 쳐들며 '굿'을 연발한다.

생장 피드포르   26km   론세스바예스

가슴이 뛰었다.
한두 방울 떨어지는 비구름을 배경으로 바라본 성모님 상은 너무나 신비롭게 보였다.

1	2
3	4
	5

1. 피레네
2. 오리손 산장 안내
3. 피레네 산 독수리
4. 피레네 산 순례자 대피소
5. 피레네, 목동들의 수호성모님상

론세스바예스 ▶▷▷▷▶ 수비리

2day 없어도 될 물건이 너무 많다.

론세스바예스에 빨래한 옷, 바지 하나, 티셔츠, 양말, 팬티, 수건들을 놓고 왔다. 이른 아침 짐 꾸릴 때 소리내지 않으려고 모든 짐을 빨래방으로 가져간 게 잘못이었다. 남편은 옷가지를 잃었다고 날카롭다. 말로는 괜찮다지만 짜증이 나나 보다. 몇 개 안 되는 최소한의 것을 잃었으니 그럴 만도 하다. 가는 길에 사서 보충하자고 했더니 그냥 버텨보겠단다. 그래서 남편에게는 매일 입는 옷 빼고 비옷 바지와 티셔츠 하나, 양말 한 켤레, 팬티 한 장, 수건은 얇은 스포츠 타월 한 개가 남았다. 사실 이 길을 걸어보면 정말 최소한의 것으로 살 수 있다는 걸 알 수 있다. 매일 입는 옷, 갈아 입을 옷, 비옷, 신발 한 켤레, 갈아 신을 신발, 세면도구 정도면 된다. 한 달 넘게 이런 생활을 하고 집에 돌아오면 너무나 많은 소유에 놀란다. 없어도 될 물건들이 너무 많다. 옷도 가재도구도 음식도 다 욕심이다. 살면 살수록 내 욕심이 많이 늘어나고 있는 걸 본다. 욕심을 버린 상태, 무소유가 곧 자유이자 행복임을 이 길에서 느낀다.

론세스바예스를 떠나 2.4km 지점에는 헤밍웨이가 머무르면서 〈태양은 다시 떠오른다〉를 썼다는 부르게테 호텔이 있다. 어니스트 헤밍웨이의 소설 〈태양은 다시 떠오른다 The Sun Also Rises〉는 1차 세계대전 후 허무와 절망에 빠진 '잃어버린 세대'를 대변하는 젊은이들의 삶을 그린 얘기다. 전쟁 때 부상으로 성 불구가 된 신문기자 제이크 반즈가

수비리 공립 알베르게

수비리 가는 길, 봄

화자가 되는 1인칭 소설로, 투우를 삶의 한 단면으로, 결국 비참한 죽음을 맞이하는 소의 운명을 인간에 투영시킨 이야기다. 제이크를 사랑하지만 성적 욕구를 채우지 못해 여러 남자들을 전전 하지만 결국 다시 제이크에게 돌아오는 여주인공 브렛 애쉴리는 다시 떠오르는 태양이 되었다.

부르게테 마을이 예뻐 이곳저곳 사진 찍으며 가는데 'Santander'라는 간판에 목욕탕 표시가 있다. '이곳에도 공중탕이 있나 보다' 생각하며 지나가는데 뒤에서 휘익 휘파람 소리가 들린다. 돌아보니 우리 뒤를 따르던 그 많던 순례자들이 없어졌다. 한 순례자가 손짓하며 우리에게 길을 알려준다. 정신을 다른 데 팔고 있다가 노란 사인을 놓친 것이다. 나중에 'Santander'라는 간판이 많아 누군가에게 그 뜻을 물어보니 목욕탕이 아니고 은행이라고 한다. 하필 왜 김이 나오는 목욕탕 디자인을 해 놓았을까? 어제의 긴 여정에 지친 다리를 위해 오늘은 수비리 까지만 가기로 했는데, 막상 걸어보니 짧은 길은 아니다.

수비리 Zubiri 마을에 들어서니 아름다운 로마 시대 다리가 우리를 맞는다. 라비아 다리 Puente de la Rabia는 가축들을 세 번 건너게 하면 공수병으로부터 보호할 수 있다고 알려진 다리다. 이 믿음은 15세기에 다리를 세울 때, 바위 속에서 산타 키테리아 Santa Quiteria (공수병의 수호성녀) 성녀가 묻혀 있는 걸 발견한 데에서 생겨났다고 한다. 공립 알베르게에 숙소를 정하고 상점에 가니 문이 닫혀 있다. 시에스타 더위를 피해 쉬는 낮잠시간 2시-5시 때문이려니 하고 샤워와 빨래를 끝내고 다섯 시에 다시 가서 문 열기를 기다렸다. 한참을 기다리다 문에 쓰인 오픈 시간을 보니, 오늘은 일요일이라 오후 2시까지만 연다고 되어 있다. 된장찌개를 끓여 먹으려던 희망이 사라졌다. 아침부터 빵으로 식사를 했으니 저녁은 밥을 먹으려던 것인데 실망을 하고 숙소로 돌아와 배낭 속 비상식량으로 둔 누룽지를 끓여 김, 멸치와 함께 먹었다.

나에겐 여행 때마다 앓게 되는 고질병이 있다. 음식이 맞지 않아 배탈이 나는 것인데,

특히 기름진 음식을 먹었을 때 고생을 많이 한다. 현지에선 현지의 음식을 먹는 게 좋겠지만, 화장실 사정도 좋지 못한 이곳에서는 음식을 가려 먹는 것이 좋다. 나 같은 사람에게는 집에서 가져온 누룽지와 양념, 한국 반찬들이 필수 사항이다.

수비리 공립 알베르게는 3년 전보다는 많이 깨끗해져 있었다. 와이파이도 가능하다. 하지만 순례자들이 넘쳐, 늦게 도착한 순례자들은 창고의 매트리스를 배정 받았고, 그보다 더 늦게 도착해 자리가 없을 즈음 도착한 순례자는 먼저 온 순례자들의 동의 하에 바닥에 본인의 얇은 매트를 깔고 자야 했다.

카미노에서 알베르게는 하루 종일 힘들었던 몸을 회복시키는 중요한 공간이다. 조금이라도 편한 잠자리를 얻으려면 일찍 도착해야 하는데 젊은 사람들은 늦게 출발해도 어느새 먼저 가 있다. 건강하니 기운차게 걸어서일 것이다. 서양인 순례자는 동양인 순례자보다 확실히 빠르다. 다리가 길어 느리게 걸어도 성큼성큼 간다. 그러니 우리는 새벽부터 종종걸음으로 열심히 달려도, 가보면 거의 끝부분 침대일 때가 많다. 그런 이유로 하루 걷는 거리를 조금 줄이거나, 안되면 예약이 되는 사설 알베르게를 이용하는 것도 편안한 잠자리를 위한 방법이 될 수 있을 것 같다. 수비리 공립 알베르게는 순례자들 사이에서는 베드버그가 있는 숙소로 소문이 나있다. 사설 알베르게에 가보니 자리가 없어, 할 수 없이 공립 알베르게로 와야 했다. 다행히 예전보다는 깨끗해 보였고 일회용 시트도 깔게 해서 안심이 되었다.

잠자리에 누우니 남편이 놓고 온 그 옷은 어떻게 됐을까 궁금하다. 누군가에게 꼭 필요한 물건이 되었을 것이다. 론세스바예스 알베르게 한 쪽에는 놓고 간 물건들을 진열해 놓고, 필요한 누구라도 가져가게 하고 필요 없는 물건은 그 곳에 두고 갈 수 있게 되어 있다.

다음날, 벌레들이 특히 좋아하는 내 피부가, 수비리 공립 알베르게 베드버그들의 공격을 피할 수 없었음을 알게 되었다.

욕심을 버린 상태,
무소유가 곧 자유이자 행복임을 이 길에서 느낀다.

1. 수비리 가는 길
2. 나귀와 함께 가는 순례자
3. 카미노길 표시 (부르게테 마을)
4. 부르게테 마을
5. 수비리 마을

수비리 ▶▷▷▷▶ 팜플로나

3day 영화 속
한 장면이 되어

새벽 6시에 마을을 출발하니 몹시 어둡다. 어제 마을 초입에서 만났던 라비아 다리를 지나 오른쪽 집들 사이를 지나니 숲길이다. 우리보다 조금 앞선 여성 순례자는 헤드라이트를 켜고 용감하게 혼자 간다. 숲을 벗어나 마그네슘 공장지대가 보일 즈음 노란 사인을 찾기가 약간 어려운 곳이 있다. 오른쪽 밑으로 내려가는 계단으로 길이 나 있는데 자칫 직진하기 쉬운 곳이다. 앞선 여성 순례자가 잘못 가고 있다. 이번엔 우리가 '올라'스페인어로 안녕 인사말. 어이 부르는 말 를 외쳐 부른다. 그녀는 고맙다고 하며 돌아와서, 아침을 먹을 카페에 도착할 때까지 우리와 같이 걸었다. 그녀는 프랑스에서 혼자 순례를 왔다고 한다.

남편과 나는 짐을 줄이려고 헤드라이트를 챙겨오지 않았다. 휴대폰 플래시는 성능은 좋으나 전기 소모가 많아 뚝뚝 떨어지는 충전 량을 보면 휴대폰으로 사진을 찍어야 하는 나로서는 가슴이 두근두근한다. 그래서 조금이라도 보이는 곳에선 폰 플래시를 끄고 갔다. 우리는 앞서가는 그녀 덕분에 한동안 잘 갈 수 있었고, 그녀는 우리 덕에 길을 헤매지 않고 잘 온 것이다. 하지만 오늘이라도 당장 플래시를 준비해야겠다는 생각이 든다. 봄보다 해가 늦게 떠서 플래시가 필요한 시간이 길기 때문이다.

새벽에 알베르게를 나설 때 대부분의 순례자들은 헤드라이트를 켜고 길을 비춘다. 앞서서 길을 열어주고, 어둡고 갈 길을 헤매는 사람에게 길잡이가 되면서, 앞서거니 뒤

팜플로나 도시 입구

서거니 마음의 끈을 이어 간다. 그것이 먼저 이 길을 지나간 옛 순례자와의 끈일 수도 있고, 지금 이순간 앞 뒤를 가는 동시대의 순례자와의 끈일 수도 있다. 같은 경험을 가짐으로써 이어지는 교감의 느낌은 시대를 넘어 묘한 감동을 준다. 어두운 길 가다 뒤돌아보면 길 따라 점점이 반짝이며 줄을 잇는 모습은 카메라에 담고 싶을 만큼 진귀하고 아름답다. 마치 망망대해에서 등대를 보는 것처럼, 틀리지 않은 길을 가고 있다는 위로도 된다. 유난히 맑은 이곳 하늘에서 쏟아지는 별 또한 길잡이다. 달은 앞쪽에서 별은 뒤에서 길을 안내하다 동이 틀 무렵 슬며시 사라진다.

18.5km 걸은 다음 만나는 팜플로나의 서브 도시, 트리니다드 데 아레 Trinidad de Arre 는 아름다운 옛 로마 길이 있는 도시다. 도시 입구에 여섯 개의 아치가 있는 로마네스크 다리가 있다. 다리와 다리 밑 방앗간, 다리 끝에 있는 카페는 잘 어우러져 멋진 사

팜플로나 알베르게   트리니다드 아레 도시입구 카페

진을 찍기에 좋은 곳이다. 그 다리를 지나자마자 중세풍의 고풍스러운 교구 알베르게가 있다. 11세기 아레의 법에는 주민들에게 순례자를 위해 1년에 0.5파운드의 빵을 내게 했다. 순례자 입장에선 고마웠겠지만 주민들은 어떤 마음으로 그 법을 지켰을까? 자선도 본인의 자유 의사가 아니면 즐겁지 않았을 것 같다.

계속해서 걸어가면 피크닉을 할 수 있는 휴식 공간이 나오고 막달레나 다리가 나온다. 오래된 담을 따라 있는 도로를 걷다 보면 팜플로나에 들어선다.

팜플로나는 팜플로나의 첫 번째 주교였으나 황소에 받쳐 순교한 성인, 산 페르민을 기념하는 〈산 페르민 축제〉로 유명하다. 매년 7월 6일-14일 열리는 이 소몰이 축제는 어니스트 헤밍웨이의 작품 〈태양은 다시 떠오른다〉의 소재가 되어 더욱 알려졌다. 축제 기간에는 아침 8시에 사육장에서 나온 여섯 마리의 황소를 구시가지 골목길에서 사람들과 함께 달리게 해 투우장으로 들어가는 엔시에로스 Encierros 라는 소몰이 행사가 있다. 19세기까지는 지금처럼 소가 거리를 달리지 않았다고 한다. 전 세계에서 온 모험심이 강한, 자신은 절대 다치지 않을 거라 생각하는 스릴을 즐기는 사람들의 놀이다. 아니면 죽고 싶은 사람이 달리 죽을 방법을 몰라 달리는 건 아닌지 모르겠다. 지금은 이 축제 기간에 3백만 리터의 와인이 소비될 정도로 성황이다. 하지만 축제 기간엔 알베르게가 문을 닫는다 하니 순례자들에겐 좋은 시기는 아니다. 그 기간에 이곳을 지나간다면 잠깐 도시를 구경한 후 다음 마을까지 가는 게 좋겠다.

팜플로나는 로마 장군 폼페이우스가 세운 도시로, 도시를 방어할 목적으로 바스크 야영지에 세워졌다. 대성당 밑에서는 로마시대 폐허가 발굴됐다. 718년~799년 바스크 족이 무슬림을 쫓아내기까지 무슬림이 지배했고 778년 프랑스 샤를마뉴 대제가 무슬림을 정복하기 위해 스페인에 왔을 때, 팜플로나를 포위하고 성벽을 파괴해 바스크 족과 나쁜 감정의 고리를 남긴 곳이다. 바스크인들은 지금도 독립을 주장한다, 카미노 길 곳곳에서 스페인으로부터 바스크의 분리를 선언하는 글귀를 많이 볼 수가 있다. 'Freedom of Basque'

이곳에 〈헤수스 이 마리아 Jesús y María〉라는 공립 알베르게가 있다. 20년 전 이곳을 지나간 미국인 순례자 리 호이나키가 모든 것이 소박하고 단정하고 깨끗하다고 표현한 곳이다. 그 당시엔 숙박비 300페세타 2달러 50센트정도의 헌금만 내면 되었다고 한다. 그 분위기가 몹시 궁금했다. 도시에 들어와 알베르게 안내 표시를 찾지 못해서 눈에 띄는 알베르게로 들어가 묻고, 길에서 또 물어가며 골목 속에서 〈헤수스 이 마리아 Jesús y María〉를 찾았다

그 시절의 알베르게는 아니었다. 단정하고 깨끗한 건 같지만 편리한 시스템으로 재정비한 것 같다. 건물 한쪽으로 벙크베드가 죽 놓여있고 사이사이 간이 벽이 있어 안전하고 안락한 느낌을 준다. 사람들이 침대를 지나 샤워실, 화장실, 부엌으로 이동하지만 전혀 불편함이 느껴지지 않는다. 침대 맞은편 벽에는 옷과 소지품을 걸 수 있게 해

놓았고 침대 옆에 배낭 보관이 가능하다. 알베르게 부엌에서 늦은 점심을 해먹고 거리로 나선다. 황소가 내달린다는 골목을 지나니 내가 영화 속에 들어온 듯하다. 헤밍웨이의 〈해는 다시 떠오른다〉는 타이론 파워, 에바 가드너 주연으로 영화화 되었다. 그 영화 장면들이 골목 안 건물벽들에 그려져 있다. 헤밍웨이는 10년 동안이나 산 페르민 축제에 참가할 정도로 광 팬이었다 한다. 헤밍웨이, 찰리 채플린이 머물렀다는 호텔 〈라 페를라 La Perla〉도 궁금하고 산타마리아 데 레알 대성당도 궁금한데 발이 아프다. 너무 무리하지 않기로 했다. 천천히 거리를 산책하다, 돼지고기 넓적다리를 소금 간하여 생으로 말린 하몽 파는 상점을 보았다. 숙성된 하몽을 걸어 놓았는데 보기에도 신선하고 맛있게 보여 작게 포장된 하몽을 샀다. 하몽 Jamon은 돼지 뒷다리를 생으로 소금에 절여 1년~3년 동안 통풍이 잘 되는 건조한 그늘에서 말린 숙성 음식이다. 이 하몽 중 최고로 치는 것이 하몽 이베리코 데 베요타Jamon Iberico de Bellota인데 이 하몽 이베리코는 도토리를 먹여 키운 돼지고기로 만든 것이다. 그러고 보니 산티아고 길에는 도토리 나무가 천지였다. 우리처럼 도토리 묵을 만들 리는 없고, 돼지 먹이로 쓰는 것이었나 보다. 하몽 전문 집에는 돼지고기 뒷다리로 만든 하몽만 파는 것이 아니었다. 다른 부위의 소금 숙성제품도 파는데, 이름은 하몽이 아니고, 부위마다 다른 이름으로 부른다고 한다. 맛은 비슷하다. 질이 좋은 하몽은 포도주와 같이 먹으면 입안에서 살살 녹는다. 또는 달콤한 메론 등과 같이 먹기도 한다. 질이 떨어지는 하몽은 고기 비린내가 나서, 처음 먹어보는 사람에겐 치즈처럼 입맛 들이기가 쉽지는 않다.

거리에서 직접 갈아 기름을 낸 오가닉 오일 아르간 푸로 Argán puro도 사서 햇볕에 그을린 얼굴과 다리에 발라준다. 시청 앞 콘시스토리알 광장 Plaza Consistorial거리 카페에 앉아, 커피 한 잔을 시켜놓으니 다시 영화 속 한 장면이다.

어두운 길 가다 뒤돌아보면
길 따라 점점이 반짝이며 줄을 잇는 모습은 카메라에 담고 싶을 만큼 진귀하고 아름답다.

1. 카미노길 낙서-더 많이 사랑하세요
2. 팜플로나
3. 직접짜서 파는 오가닉 오일
4. 팜플로나
5. 팜플로나 가는 길

팜플로나 ▶▷▷▷▷▶ 푸엔테 라 레이나

4day   끝을 아는 고통은
         견디기 쉽다

팜플로나 시내를 지나 타코네바 Taconeva 공원을 따라 걷다, 나바라 대학을 지나 작은 언덕을 올랐다. 시수르 메노르 Cizus Menor다. 3년 전 인상 깊게 머물렀던 알베르게 〈파밀리아 론칼 Familia Roncal〉을 다시 찾아보니 넓은 정원과 정겨운 의자들은 그대로인데, 우리가 머물렀던 건물 앞엔 예쁜 꽃나무를 심어 아늑하게 해놓았다. 모두들 떠났는지 조용하다. 여주인 도나 마리벨 론칼은 미국인 순례자 리 호이나키가 걸었던 20년 전이나 3년 전이나 똑같은 열정과 사랑으로 순례자들을 도와왔다. 저녁이면 물집이 생기거나 몸이 아픈 사람은 정원에 앉아 그녀의 정성 어린 보살핌을 받았다. 숙소도 아늑했고 편안했었다. 대문 앞 금잔화가 푸근한 그녀의 모습처럼 주황빛 웃음을 띈다.

시수스 메노르에는 말타의 성요한이 1135년 세운 수도원의 현재까지 남은 유일한 유적, 산 미겔 성당 Iglesia de San Miguel이 있다. 미겔은 대천사 미카엘의 스페인어이다. 이곳은 중세시대부터 알베르게가 있었던 곳이기도 하다.

시수르 메노르를 지나 오늘의 목적지인 푸엔테 라 레이나로 향했다. 이 구간은 해를 가릴 나무가 없다. 관목과 포도밭, 해바라기 밭, 추수 후의 밀밭이 펼쳐진다. 밀 경작지와 해바라기 밭에는 거의 사람을 보기 힘들다. 어쩌다 트랙터만 눈에 띌 뿐이다. 사람의 손으로 경작이 불가능할 만큼 넓다. 넓으니 당연히 단일 품종의 경작이다. 계속

페르돈 고개 순례자상

단일 품종만 경작하면 땅이 산성화 되기 쉽다는데. 쓸데없는 걱정까지 사서 하게 된다. 내 걱정을 해소시켜주듯 며칠 후 벌판에 하얀 먼지를 날리며 석회를 뿌리고 있는 트랙터를 보았다. 그것으로 땅이 황폐해지는 것을 막을 수 있다면 다행이다.

용서의 고개인 페르돈 고개를 향할 때 멀리 보이는 풍차들이 세르반테스의 돈키호테를 떠올리게 한다. 세르반테스 시대에는 지금 같은 풍차는 아니었을 테지만 줄지어 산에 세워진 풍차는 충분히 소설의 소재가 될 만큼 강한 인상을 남긴다. 돈키호테는 풍차가 긴 팔을 가진 거인이라고 믿었다. 현실적인 시종 산초의 충고를 무시하고 불쌍한 애마 로시난테를 몰아, 세찬 바람에 움직이는 풍차를 공격하니 창은 산산조각이 나고 말과 기사도 내동댕이쳐졌다.

풍차가 많은 이유는 당연히 바람이 세기 때문이다. 페르돈 고개를 오르니 바람은 점

사리키에기 가는 길

점 거세어져 사진 찍기도 어렵다. 바로 옆 가파른 언덕에 한 남자가 두 발과 지팡이 하나로 세찬 바람을 마주하고 떡 버티고 서 있다. 무얼 생각하고 있을까? 용서할 일과 용서받을 일을 생각하는 것일까? 이곳에선 맺힌 인간 관계를 반드시 풀어야 한다는 생각이 든다. 용서의 고개이기 때문이다.

풍력으로 전기를 만드는 에너지 회사에서 페르돈 고개 정상에 중세 순례자들의 모습을 철판으로 만들어 놓았다. 바람을 마주하고 줄지어 걸어가고 있는 순례자들. 이 조각상에 한 가지 이상한 모습이 보인다. 모든 순례자의 옷은 앞에서 불어오는 바람 때문에 뒤로 날리는데 작은 깃발은 앞으로 나부끼고 있는 것이다. 지금 우리의 앞을 바람이 막아서듯이, 순례길은 평탄한 것만은 아니다. 앞으로 나부끼는 깃발은 힘든 여정에도 꺾이지 않고 앞으로 나아갈 우리의 용기를 말하는 걸까.

그곳에서 내려다본 풍경은 가슴까지 뻥 뚫리게 한다. 이제 숨 한번 크게 쉬고, 운동화 끈 다시 잡아매고 다음 행보를 시작해야 한다. 거기부터 가파른 내리막에 굵은 자갈길은 우테르가 Uterga에 이르는 3.7km를 걷는 동안 우리의 인내를 실험한다. 발바닥부터 전해 오는 은근한 고통은 저절로 기도가 나오게 한다. 갈수록 예민해져 가는 발바닥과 발목 때문에 한계점에 도달하는 느낌이다. 어느 순간 난 그 고통을 기쁨이라고 생각하기로 했다. 고통을 견디는 내 발에게 연민이 느껴지고 감사함이 생겼다. 위도 옆도 앞도 볼 여유가 없이 다만 발 밑 자갈들과 조심스럽게 타협을 하며 한 발 한 발 떼다 보니 반갑게도 우테르가가 눈앞에 있다. 육체의 고통은 때론 정신의 건강을 준다. 이 순간 내 마음속엔 그 어떤 잡다한 생각도 사라진다. 말초신경의 찌릿함이 온몸을 감아 정신을 투명하게 만든다. 이제 고통이 끝이 났다. 끝을 아는 고통은 견디기가 쉽다. 삶 속에서 만나는 고통은 끝을 예측할 수 없어 더욱 고통스럽게 느끼는지도 모르겠다. 만약 이런 고통의 순간이 온다면 오늘처럼 앞도 뒤도 보지 말고 무조건 견뎌보자. 그로 인해 감사함도 배우지 않는가? 우테르가를 지나 내리막길을 내려오면 마을 오바노스 Óbanos*에 이른다.

* 푸엔테 라 레이나 2.5km 전 오바노스엔 14세기의 전설이 있다. 아키텐의 공작 기예르모와 그의 여동생 펠리시아 얘기다. 산티아고 순례 후 돌아오는 길에 펠리시아는 경건함에 압도되어 은둔자가 되겠다고 한다. 기예르모는 여동생의 마음을 돌리려고 했지만 되지 않자 화가 나 여동생을 찔러 죽게 했다. 그는 곧 깊이 후회를 하고 산티아고를 다시 갔다가 돌아오는 길에 오바노스에 남아 여동생을 평생 애도하며 지냈다. 기예르모는 남쪽 언덕 위, 아르노테키Arnotequi에 은신처를 세우고 평생을 순례자와 가난한 사람을 위해 살았다고 한다. 오바노스 마을 입구에는 오빠가 동생을 찌르는 그림이 '오바노스의 미스터리'라는 글과 함께 세워져 있다.

이제 가을이라고 해바라기들이 씨를 안고 고개를 숙이고 있다. 우리나라에서는 해바라기를 그저 꽃을 보기 위해 심고 덤으로 씨앗을 먹는 줄만 알았더니, 이곳은 보기 위해 심는 게 아니다. 해바라기 씨앗을 맛있는 간식으로 먹거나, 또는 기름을 짜기 위해 농사로 짓는 것인데, 그 광경이 장관이다. 밀밭은 이미 수확이 끝나 황량하다. 카미노 길의 마을에서 만나는 성당 종탑 위에서 종종, 유럽에서는 아기를 가져다 준다고 믿는 황새가 만든 둥지를 볼 때가 있다. 지난번 순례 때는 봄이어서 그런지 둥지 속에 있는 황새를 많이 봤었는데 이번엔 황새들이 아기 황새들을 키워 먼 길을 떠났는지, 빈 둥지만 덩그러니 보인다.

순례자의 노력들이 가상하다. 힘이 덜 들도록 바퀴 달린 배낭을 만들어 끌고 오는 사람. 아예 작은 수레를 끌고 집에서부터 왔다는 사람. 나름 머리들을 써서 조금이라도 짐의 무게로부터 해방되고 싶어한다. 그러나 바퀴 달린 배낭들을 끄는 순례자들은 경치 좋은 숲길이나 흙 길을 택하지 않고 도로 길을 주로 택해야 하므로 제약이 많다. 오늘은 쨍쨍 내리쬐는 햇볕으로부터 해방되려고 편 우산을 배낭에 꽂아 해를 가리고 오는 사람을 보았다. 그 우산 무게도 만만치 않을텐데.

오늘 길에서 무덤을 보았다. 콕스 프란스라는 이름의 벨기에 사람의 무덤으로 무덤 앞에 사진이 놓여있다. 60세 정도, 건강해 보이는 남성 순례자의 얼굴이다. 카미노 길에는 이 길을 걷다가 죽은 사람들의 무덤이 많이 있다. 나이 든 순례자들은 이 길에서 죽는 것이 소원이라고 말하고 다니기도 한다. 어디 출신이든 이 길을 걷다가 죽으면 이 길에 묻어 준다. 묻는 건 아닐 테고 기억하기 위해 자리를 마련한다고 봐야겠다. 그들은 이 길이 생의 마지막이 되리라는 것을 미리 알 수 있었을까? 마지막 순간 그들은 어떤 마음이었을까? 짐작하기 힘들지만, 이 길에서 죽는 것이 그리 나쁘지는 않을 것 같다. 가장 평온한 순간에 죽었을 것이고 죽은 후에도 많은 순례자들이 기도를 해주기 때문이다.

푸엔테 라 레이나에 들어섰다. 푸엔테 라 레이나 다리 이름는 산초 엘 푸에르테의 아내 라 마요르 왕비 혹은 그의 딸 에스테파니아가 아르가 Arga 강에 세우게 한 6개의 아치가 있는 로마네스크 다리다. 다리 이름이 도시 이름이 되었다. 이 다리가 생긴 후부터 순례자들은 비싼 배를 타지 않고도 다리로 강을 건널 수 있게 됐다. 다리 한가운데에 움푹 들어간 벽감에 성모마리아 상이 있다. 전해오는 얘기로는 작은 새 쵸리 Txori가 와서 성모님의 얼굴을 깨끗하게 만들곤 했다고 한다. 이는 이 도시 사람들에게 좋은 징조로 여겨졌다. 카를리스트 Carlist 전쟁 때, 한 백작이 마을 사람들이 이 작은 새에게 봉헌하는 것을 보고 비웃었고 두 주일 후 그는 전쟁에서 졌다. 사람들은 신이 내린 벌이라 생각했다고 한다.

도시에 있는 성당 몇 곳을 들렀다. 산티아고 성당 Iglesia de Santiago은 무데하르 Mudéjar- 7~15세기까지 국토 회복운동 때 기독교도의 지배아래 있게 된 지역에 거주했던 이슬람교도영향이 보이는 교회로, 야고보 성인의 삶이 그려져 있는 바로크 제단화가 있다. 또 블랙 산티아고 Beltza Santiago로 알려진 고딕 시대 조각상도 있는데, 웅장하고 장식이 화려해 보인다. 반면 수도원 부속 성당 Iglesia y Convento은 정말 소박하다. 여러 성당과 박물관을 다니다 보면 화려한 곳보다는 소박한 곳에 마음이 끌린다. 화려한 성당에는 눈길이 가고 예술적인 솜씨에 감탄하지만, 소박한 곳에 가면 마음이 가라앉고 기도가 앞서게 된다.

용서할 일과 용서받을 일을 생각하는 것일까?
이곳에선 맺힌 인간 관계를 반드시 풀어야 한다는 생각이 든다. 용서의 고개이기 때문이다.

1	2
3	4
	5

1. 푸엔테 라 레이나. 봄
2. 오바노스 마을
3. 페르돈 고개 가는 길. 봄
4. 우테르가 가는 길
5. 사리키에기 가는 길

푸엔테 라 레이나 ▶▷▷▷▷ 에스테야

5day 일상을 털어버리고

남편은 조금씩 순례에 익숙해지는 듯 보였지만, 오는 길에 집에 있는 가족 걱정을 한다. 잘들 지내고 있을까? 이렇게 물리적으로 멀리 떨어져 있어도 걱정의 끈은 매어 있나 보다. 난 그곳은 그냥 잊자고 한다. 여긴 스페인이고 우린 순례 중이니 여기만 생각하자고. 하지만 결국 내가 문자 메시지로 안부를 묻는다. 잠시 후에 딸들로부터 잘 지내고 있다는 답이 온다. 지금이 어떤 세상인가? 온 세상이 작은 핸드폰 속 인터넷 망으로 연결되어 세속과 떨어지기란 어렵다, 절대 고독의 시간을 갖기는 물론 더 어렵다. 알베르게에서 와이파이가 되는 경우 궁금한 뉴스와 축구 경기 소식도 쉽게 알아볼 수 있다. 두고 온 일상을 놓기가 쉽지 않다.

순례를 떠날 때는 무엇보다 버릴 줄 아는 용기를 가져야 한다고 생각한다. 일상을 털어버리고 기존 관심사에서 관심을 끊고 벌떡 일어나 한발을 내디뎌야 한다. 나도 이곳에만 집중하려고 애를 쓰고 있다. 지금 걷고 있는 곳의 공기, 하늘, 풀, 나무, 사람, 음식, 길에… 내 소식도 굳이 알리고 싶지 않고, 이곳을 같이 순례하는 이들과 잠시 가족이 되어 발끝부터 머리까지 전해오는 온갖 감각과 때론 고통이 되는 느낌조차도 놓치지 않고 기도로 바치고 싶다. 그 기도가 두고 온 가족과 친구, 내가 모르는 이들을 위한 작은 기도가 되었으면 한다. 이 길을 걷는 동안만이라도.

아침식사를 위해 들린 카페에서 이탈리아 순례자 살바도르와 루이지를 만났다. 몇 번 같은 알베르게에 묵게 되어 어느새 만나면 반가운 가족 같다. 살바도르는 27세의 잘생긴 청년이다. 첫날 피레네 산을 넘을 때 한국 아가씨와 친구가 되어 오더니 론세스바예스 부엌에서 우리의 라면을 먹고 싶어서 같이 먹었었다. 이번엔 이탈리아 사람들과 동행하여 걷고 있다. 같이 가고 있는 루이지가 워낙 사교성이 좋아 사람들과 잘 어울리니 약간 수줍어하던 살바도르도 이제는 잘 어울린다. 루이지는 60세 정도의 잘 웃고 마음씨 좋아 보이는 아저씨다. 영어를 하지 못하는 루이지는 열심히 이탈리아어로 얘기한다. 우린 영어로 묻고 대답하고, 그는 이탈리아어로 묻고 대답한다. 어떻게 대화가 통하지 싶지만, 통한다!

시라우키에 가까이 오자 포도밭과 올리브 밭이 계속됐다. 동틀 무렵, 중세 마을 시라우키는 갑자기 시야에 둥 떠오른다. 이야~~~ 와우~~~ 어느 감탄사가 어울릴까? 가슴이 울렁이는 장면이다. 난 그 순간 중세의 순례자가 되어 있다. 시라우키 마을을 한 바퀴 돌아 흙길로 접어들면 산딸기가 지천에 먹기 좋게 익어 있다. 아침을 먹었으니 후식으로 한 움큼 따먹고 기운을 낸다. 남편은 산딸기 나무에 매달려 있는 내 모습이 점잖은 체면에 금이라도 갈까 싶은지 저만치 떨어진다. 에이구 전형적인 구시대 한국 남성이라니.

주변 경치와 너무나 잘 어울리는 돌로 만든 아름다운 옛 로마교와 로마 길을 지나니 포장된 도로 위를 육교처럼 시멘트로 만든 수로 Canal de Alloz가 지난다. 그곳에 물고기가 사는지 새떼가 몰려있다. 그 물고기들은 자기들이 하늘에 살고 있다는 것을 알까? 로르카에 가기 전 살라도 강 위에 놓인 중세 다리를 지난다. 살라도 강은 12세기 순례자 에메릭비코의 순례기 〈순례자의 서〉에 실린 '나쁜 나바란 사람'의 이야기가 있는 곳이다. 이 나바란 사람은 순례자들을 속여 강물에 독이 있는데도 순례자가 타고 온 말에게 물을 먹이게 하고 말이 죽기를 기다려 가죽을 벗겨갔다고 한다. 살라도라는 말이 짜다는 뜻이므로 짠물이었나 보다.

에스테야 산토 세플크로 성당 앞에서

비야투에르타 Villatuerta를 지나 15분쯤 걷다가, 왼쪽으로 200m쯤 떨어진 곳에 에르미타 데 산 미겔 Ermita de San Miguel이 홀로 우뚝 서있다. 이 성당 안에 놓인 책상에는 각 나라 말로 성인에게 바치는 기도문이 빽빽하게 쓰여있다. 곧 12세기 전설이 있는 에가Ega*강이 나온다.

* 1170년 나바라 왕국의 공주 레오파스는 가스통 데 베아른 백작과 결혼했다. 남편이 죽은 뒤 임신 사실을 알게 됐으나 유산이 되었다. 후손이 없던 베아른 가문은 그녀가 고의로 낙태했다고 의심해 고소를 했고 그녀는 손과 발이 묶여 예가 강으로 던져졌다. 이에 레오파스는 성녀 로카마도르에게 결백을 밝혀달라고 빌었고, 그녀의 몸이 가라앉지 않고 모래밭에 가 멈추자 이 광경을 목격한 군중이 그녀를 성으로 데려갔다고 한다.

카미노길 시계꽃

에가강의 전설은 900년이 지난 오늘날의 상식과 너무나 다르다. 남성 중심 사회에서 여성은 오직 후손을 만들기 위한 도구로 쓰이던 시절, 왕의 딸임에도 이런 시련을 겪어야 했다니, 그 시절 여성들의 삶이 얼마나 척박했을지 짐작이 간다.

하기야 아침에 카페에서 본 텔레비전 뉴스에도 스페인 어느 지방에선가 여동생을 죽인 남성의 얘기가 나오고 있었다. 가끔 이슬람 국가에서 가문의 명예를 훼손시켰다는 이유로 여자 형제나 딸을 살해했다는 뉴스는 보았다. 카톨릭 국가인 스페인에서조차 지나친 마초이즘 남성 우월주의의 생각을 가진 이들이 있다는 것이 놀랍다. 성녀 로카마도르가 공주 레오파스를 보호해준 전설은 그것이 단지 전설일 뿐이라도, 지치고 소외된 이들을 신이 외면하지 않을 것이라는 기대를 갖게 한다. 시대를 넘어 이어지는 여성들의 고된 생에 신앙은 한 줄기 빛이다.

곧이어 산토 세풀크로 Iglesia de Santo Sepulcro성당이 보이면 에스테야다. 이 성당의 앞 벽면에 예수님의 열두 제자 조각상이 있고, 앞에 야고보 성인의 상도 보인다. 성당 앞에선 축제 때 댄스대회가 있는지 생기발랄한 여학생들이 연습에 한창이다. 회색빛 육중한 돌로 된 중세의 성당 앞에서 형형색색의 옷을 입은 싱그러운 그들의 모습은 천 년의 세월을 한데 엮는다.

1085년 산초 라미레스 왕이 별똥별의 인도로 동굴에 있는 마리아상(이 마리아상은 에스테야의 바실리카 델 푸이에 보관되어 있다)을 발견한 후, 산초 왕은 이곳에 프랑스 이민자들을 정착시켰고, 에스테야는 농업, 섬유산업 함께 순례자 도시로 번성했다. 지금은 '아름다운 에스테야Estella la bella'라고 불릴 만큼 부유하고 종교적인 도시가 되었다. 에메릭 비코는 〈성 야고보의 서〉에서 에스테야가 순례자들이 잘 먹고 휴식할 수 있는 최고의 장소였다고 썼다. 나바로인, 프랑코인, 유태인들이 어울려 살았는데, 14세기에는 유태인의 수가 늘어 인구의 10%를 유태인이 차지하게 되었다. 1328년의 폭동과 15세기의 종교재판, 더 블랙 프라그 The Black Plague-1664-65 페스트에 의한 희생로 인구수는 14세기 수준으로 돌아갔다. (참고: Hiking The Camino de Santiago-Anna Dintaman, David Landis)

에스테야는 수호성인으로 성 안드레를 받든다. 그리스의 한 주교가 산티아고 순례를 오면서 성 안드레의 어깨뼈를 가져왔는데 그는 순례 중 에스테야에서 병들어 죽게 되었다. 그의 가슴속에 숨긴 안드레 성인의 뼈와 몇 가지 성물이 들어 있는 상자도 함께 교회 묘지에 묻혔고, 그곳에 신비한 빛이 밤마다 비추었다고 한다. 사람들이 무덤을 열어보니 성 안드레의 뼈가 들어 있어 이후 에스테야는 성 안드레를 수호성인으로 받들게 된 것이다. 성 안드레의 뼈는 산 페드로 델 라 루아 Iglesia de San Pedro de la Rua성당에 있다. 믿어지는가? 성인의 뼈와 신비한 빛? 이곳을 걸어보시라. 새벽녘에 하늘 가득한 별들 중에 가끔은 유난스레 빛나는 별들도 있으니까.

성인의 뼈와 신비한 빛? 이곳을 걸어보시라.
새벽녘에 하늘 가득한 별들 중에 가끔은 유난스레 빛나는 별들도 있으니까.

1	2
3	4
5	6

1. 시라우키 가는 길
2. 비야투에르타 가는 길
3. 산토 세플크로 성당
4. 에스테야 가는 길 알베르게 포스터
5. 에스테야 가는 길
6. 에스테야 알베르게

에스테야 ▶▷▷▷▷ 로스 아르코스

6day 길에서 만난 사람들

어젯밤 같은 방에 묵었던 덴마크 아줌마 벤테는 65세로 이번이 두 번째 순례길이란다. 밤에 코골이가 무척 심해 순례길이 그녀에게 얼마나 힘든 것인지 짐작하게 했다. 새벽길을 나설 때 혼자 온 벤테 아줌마는 동틀 때까지 동행을 청한다. 우리는 흔쾌히 그녀와 함께 길을 나섰다. 그녀는 초등학교 선생님을 퇴직한 그 다음날로 혼자 순례를 왔다고 했다. 걷는 걸 좋아하지 않는 남편을 남겨두고 혼자 나선 길. 그 뒤 가끔 숙소에서 보면 혼자 잔디에 앉아 손주들에게 엽서를 쓰거나 눈을 감고 바람을 느끼고 있거나 책을 읽고 있다. 이 길을 즐기는 사람이다.

지난 순례 때 만났던 아일랜드 순례자 앤디가 생각난다. 앤디는 말쑥한 인상의 신사 같은 순례자였다. 아일랜드 경기가 좋지 않아 하던 일을 접었을 무렵 우연히 산티아고 길을 걷는 사람들에 대한 영화 〈The Way〉를 보고 길을 나섰다고 했다. 우리 일행은 걷다가 길에서 예쁜 인형을 하나 주웠다. 가만 보니 앤디가 가지고 다니던 것이었다. 도착할 무렵 앤디를 만나 인형을 주니 손주 것이라면서 고마워했다. 그날 앤디는 포도주를 사와 우리가 만든 수제비를 먹으며 세상 사는 얘기를 했다. 그의 말 속에 사업을 접은 뒤의 불안이 보였다. 앞으로 어떻게 살 것인가를 생각해 보려 이곳에 온 것이다. 이야기를 나누다 보면, 아일랜드 사람들에겐 어쩐지 우리와 비슷한 정서가 있다. 아일랜드인이 영국에 대해 가지는 불편함, 분노의 감정은 우리나라 사람들이 일본에 대해 느끼는 것과 비슷하다는 생각이 든다. 그들은 걸을 때도 배낭 뒤에 국기를 매달고 다닐 정도로 애국심이 남다른 사람들이었다.

그 뒤 길에서 앤디를 만나지 못하고 궁금해하고 있을 때 피니스테레에서 아일랜드 국기를 매단 사람을 우연히 만났다. 앤디를 아느냐고 물으니 안다고 했다. 우리는 그에게 이메일 주소를 전해달라고 부탁했었는데, 바로 연락이 닿지는 않다가. 한국에 오니 앤디에게서 메일이 와 있었다. 앤디가 순례 후 집에 돌아갔을 때 친구들이 고된 순례길을 잘 끝낸 것을 기념하는 파티를 열어주었다고 했다. 그 자리에서 5,000유로의 모금이 이루어져 자신은 또 다른 순례길을 떠날 예정이라고 했다. 앤디는 사업가에서 전문 순례자가 되려나 보다.

프랑스 부부 순례자가 있었다. 두 사람 다 머리가 하얗고 나이가 들어 보이는 부부다. 나이에 비해 두 사람이 참 씩씩하고 무척 다정해 보였다. 어느 날은 지나가던 마을 벤치에 남편은 앉아 쉬고 부인은 남편의 무릎을 베고 누워 있었다. 보기만 해도 행복이 묻어나는 모습이었다. 그날 저녁 알베르게에서 얘기를 나눴다. 자기들은 이 순례를 매년 한 번씩 휴가를 내어 오고 있다고 했다. '아직도 일하고 계세요?' 하고 물으니 그건 아니란다. 자녀가 한 명 있는데 태어나면서부터 장애를 많이 가진 아이여서 지금까지도 집에서 그 아이를 돌보고 있단다. 그들의 눈에 저절로 눈물이 고인다. 그 아이로 인한 고통이 너무 커서 이곳을 다녀가지 않으면 견딜 수가 없단다. 그러면서 덧붙인다. '이 길을 걷는 사람들 대부분이 가슴속 고통을 한 가지씩은 갖고 있지 않을까요?'

에스테야를 떠나 2km 더 가면 만나는 아예기 Ayegui 마을은 아주 작은 마을이다. 지난 순례 때 머문 공립 알베르게는 제법 크고 페레그리네로 관리인는 친절했지만 베드가 지하에 있어 눅눅하고 베드버그에 물린 기억이 있다. 이번에는 지나가는 마을이어서 확인할 수는 없지만, 환경이 개선되어 있길 바란다. 아예기 마을을 벗어나면 금방 이라체 와인 양조장 Irache winery을 만난다. 이곳에는 한 번쯤 꼭지를 돌려보고 싶은 와인 샘이 있다. 수도꼭지 한쪽에선 물, 한쪽에선 와인이 나온다. 아침 8시부터 저녁 8시까지 물은 콸콸 나오지만 와인은 쫄쫄… 나온다는 사실. 마시고 싶다면 여러 잔을

매년 한 번 씩 순례를 오는 프랑스 순례자 부부

몬 하르딘 가는 길. 봄

마실 수도 있겠지만, 언제나 뒷사람이 대기하므로 적당히 한 모금 마시는 게 예의다. 와인을 좋아하는 사람이라면 와인 뮤지엄 10am~2pm을 들러 보고 가도 좋겠다.
아스케타 Azqueta 마을을 지나고 약간의 자갈길과 흙길을 따라 가을걷이가 끝난 넓은 밭들을 지나면 무어인들의 샘이란 뜻의 로스 모로스샘 Fuente de los Moros이 나온다. 좀 지루하게 이어지는 들길 끝에, 예쁜 마을 비야마요르 몬하르딘 Villamayor de Monjardín에 도착, 식수대에서 물을 채웠다. 예스럽고 깨끗해 보이는 성당 앞 오스탈 Hostal에서 막 떠난 손님의 침대시트를 빨아 널고 있다. 정갈하고 아름다워 보인다. 1200년부터 행렬 때 쓰는 십자가가 있다는 산 안드레스 성당 Iglesia de San Andrés이 문이 닫혀 외관만 감상하고 지난다.
다음 로스 아르코스 Los Arcos까지 12.6km동안 식수대도 카페도 상점도 없다고 가이드북에 나와 있다. 하지만 그 길에는 상술인지 고마운 배려인지 자동차 이동 카페가 생겨, 자동차 앞 파라솔 밑에선 지친 순례자들이 쉬고 있었다. 이동 카페들은 주로 성수기에 순례자들이 많이 지나가는 시간만 잠깐하고 사라진다. 이 길에서 론세스바예스에서 만났던 스페인 수녀님 세 분을 다시 만났다. 여전히 밝고 깨끗한 모습들이시다. 대전에 계시는 모니카 수녀님은 스페인으로 잠시 피정 카톨릭에서 일상생활에서 벗어나 성당이나 수도원 같은 곳에서 묵상이나 기도를 통하여 자신을 살피는 일하러 오신 거란다. 피정 후 시간이 남았는데, 마침 동료 수녀님들이 산티아고 순례를 하실 거라 해서 며칠이라도 같이 해 보려고 론세스바예스에서 시작하신 거란다. 어디까지 갈지는 아직 모르고 시간이 허락하는 때까지 걷다가 돌아가실 예정이시란다. 나의 편견인지는 모르겠지만 수도자는 일반인과 같은 옷을 입고 있어도 티가 난다. 얼굴이 해맑다고 해야 할까? 웃음을 잃지 않는 그분들 모습이 아름답다.

로스 아르코스로 오는 길 내내 길가에 흔들리는 마른 꽃들이 가을을 실감케했다. 엉겅퀴는 여름에 만들었던 가시 속에 부드러운 솜털 씨앗을 안고 있다. 상처받은 사람처럼 날을 세웠지만 그 밑에 감춘 부드러운 속살이 연약함을 보여준다. 키가 큰 흰 갈대는 추장의 관처럼 품위가 있다. 가녀린 마른 들꽃의 날렵한 선이 삶의 행보가 달라져 버린 친구의 손을 떠오르게 한다. 문득 아련하다.

로만 도시였던 로스 아르코스 Los Arcos에는 활과 관련된 역사가 있다. 아르코는 활이란 뜻이다 914년 나바론, 카스티야, 아라곤 세 곳이 싸우게 됐는데, 나바론 사람들 중에는 활 솜씨가 뛰어난 궁예가 많아 나바론이 승리했다. 그때부터 이곳의 기사들은 옷 속에 활을 지니고 다녔는데 그로 인해 지금의 도시 이름이 되었다고 한다.

알베르게 도착 전 성모승천 성당 앞 광장과 골목에는 커피와 맥주로 목을 축이며 여유로운 시간을 가지고 있는 여행자와 순례자로 북적이고 있다. 성당에 들어가 보니 제단 장식이 정말 화려했다. 여기에 크리스탈 눈을 가진 성 야고보상도 있다.

로스 아르코스의 공립 알베르게에는 한국인 순례자가 열맷 명은 되는 것 같다. 근처에 슈퍼마켓이 없어 작은 상점에서 참치캔과 야채를 사다 찌개 끓이고 내일 점심용으로 주먹밥을 만들었다. 저녁식사 후 마당으로 나가보니 처음 보는 기계가 있다. 가만 보니 손빨래 후 물기를 짜는 기계다. 남자 순례자들은 빨래를 손으로 비틀어 짜는데 익숙지 않아, 빨래를 짜도 물기는 뚝뚝 떨어지기 마련이다. 아마도 몇 십 년은 넘었을 그 기계를 보니 재미는 있다. 하지만 성능에서는 우리나라 짤순이를 따를 수 없을 것 같다.

우리나라도 세탁기 나오기 전에 손빨래 후 통돌이로 물기를 짜내는 짤순이라는 이름의 그 시절엔 대단히 놀라웠던, 가전제품이 있었다.

성당 종이 일곱 시를 알린다. 인구 천 명이 조금 넘는 마을의 평화가 내게도 찾아왔다. 이곳으로 걸어오는 동안 너무 마음이 상해 걸을 의지를 잃어버린 여성 순례자를 만났다. 용기를 내 조금 더 걸어보라고 해도 더 이상 걸으면 죽을 것 같은 느낌이란다. 이곳에서는 누구의 도움도 쉽게 기대해서는 안 된다. 자신을 감내할 수 없다면 시작할 수 없는 곳이기 때문이다. 어떤 위로도 도움이 되지 않을 것을 알기에 지켜만 본다. 같은 알베르게에 머문 그녀는 결국 내일 집으로 돌아가겠다고 말했다. 삶은 때로 자신이 의도한 대로 흘러가지 않기도 한다. 부디 그녀가 약속한 대로 다시 돌아올 수 있기를…

로스 아르코스로 오는 길에 이라체 와인 양조장을 지나자마자 직진하여 루킨 Luquin으로 가는 대체 루트도 있다. 이 길은 에스테야 전 마을 비야투에르타에서도 올 수 있지만 그러면 에스테야를 지나지 않고 바로 로스 아르코스로 가야 한다.

루킨의 바실리카성당 Basílica de Nuestra Señora de los Remedio에는 한 농부가 밭을 갈다 발견한 두 성모상이 있는데, 처음에 그 중의 한 분을 비야마요르 Villamayor에 모시기 위해 나누었다가 두 번째 성모님이 피를 흘리며 계속 루킨에 나타나 결국 두 분을 같이 모시기로 했다는 전설이 있다.

에스테야   22km   로스 아르코스

그러면서 덧붙인다.
'이 길을 걷는 사람들 대부분이 가슴속 고통을 한 가지씩은 갖고 있지 않을까요.

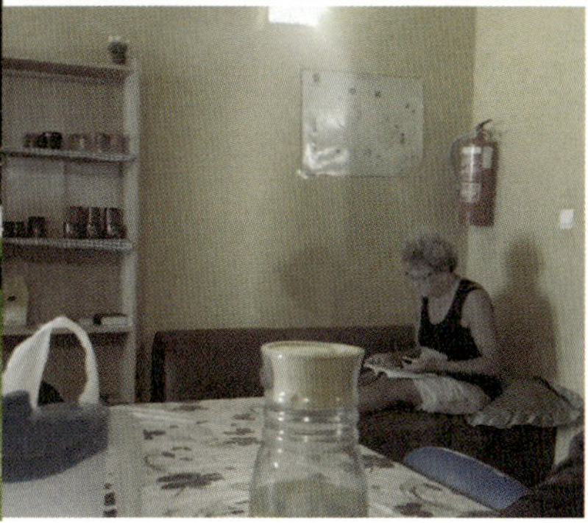

1	
2	3
	4

1. 아스케타 마을 입구
2. 로스 아르코스
3. 성모 승천 교회
4. 벤테 아줌마

로스 아르코스 ▶▷▷▷▶ 비아나

7day 분홍빛 노을이 지는 성벽 위에서

길을 나선지 두 시간. 막 도착한 산솔 Sansol 알베르게에서 아침을 먹기로 했다. 이곳은 알베르게가 깨끗하고 정원이 예뻐서 하루쯤 머무르고 싶은 곳이다. 이른 시간인지 달걀 프라이와 베이컨을 시키니 지금은 안된단다. 할 수 없이 카페에 남은 빵과 커피를 시켜 정원에 앉아 식사를 한다. 잔을 갖다 주러 가니 달걀 프라이와 베이컨을 담은 접시를 다른 순례자가 들고 간다. 왜? 내가 눈을 동그랗게 뜨니 아까는 재료가 없어서 그랬단다. 간발의 차이로 먹고 싶은 아침을 놓쳤다. 산 소일로 San Zoilo 성당이 보이는 계단에 한국 아가씨들이 쉬고 있다가 손을 흔들며 인사를 한다.

걷다가 남편이 말한다. "다음에 올 때는 양념 같은 건 가지고 오지마" 순간 내 귀를 의심했다. 남편 입에서 '다음에 올 때'라니… 오. 마이. 갓. '우리 남편이 변했어요!' 소리치고 싶다. 이 순례길 오자고 1년 넘게 조르고 또 졸라 마지못해 온 사람이 또 올 생각이 든 것이다. 걷기 시작한지 일주일이 지났을 뿐인데… 집을 오래 떠나 있는 걸 너무나 싫어하는 남편의 성향을 아는 내겐 기적 같은 생각이 든다. 처음 같이 순례를 하자고 했을 때, 남편은 무조건 싫다고 했다. 난 조심스럽게 제안을 했다. '그럼 모든 비용 내가 다 낼게'. 남편은 이 말에 약간 솔깃했던 모양이다. 기간이 긴 여행이니 돈이 많이 들거라 생각한 것 같다. 어쨌거나 조금 마음의 문을 연 남편은 갑자기 오랜 여행으

비아나

로 부부갈등이 심해질까 봐 싫다고 했다. 그래도 조르니, 남편은 자기 친구들과 함께 라면 가겠다고 마음을 바꿨다. 생각지 않은 일이었지만 나도 별로 싫지 않아 그러자고 했다. 그리고도 몇 달이 지나는 동안 남편은 간다 안 간다 수없이 마음을 바꿨다. 그때마다 나는 화를 냈고, 어느 날 비행기표를 예매하면서 완전히 결정 난 듯 했지만, 남편은 그 후로도 몇 번 비행기표를 취소하겠다고 속을 썩였다. 한번 결정한 일은 무슨 어려움이 있어도 하고야 마는 나와, 무슨 일이든 언제라도 상황에 따라 바꿀 수 있다고 생각하는 남편은 정말 맞추기 어려운 부부였다. 순례 오기 전부터 마음의 수련을 단단히 받은 셈이었다.

기운을 내어 리나레스강 산티아고 순례길에 나오는 강의 대부분은 이름만 강이지 개울이다. 을 지나니 아름다운 마을 토레스 델 리오 Torres del río가 한눈에 들어온다. 산솔과 토레스 델 리오는 바로 옆이다. 마을 입구로 들어서는 다리는 새로 만들어 깔끔하다. 마을이 이제 막 하루를 시작하는지, 삐에로 비슷한 재미있는 복장을 한 소방관이 물로 알베르게 카사 마리엘라 앞 도로를 청소하고 있다. 이 알베르게는 지난 순례 때 머물렀던 곳인데 그동안 수리를 한 모양이다. 부엌이 협소해 불편했는데, 여전히 부엌은 그대로이다. 카미노 길의 한 집에선 물과 과일을 대문 앞에 내놓고 무인 판매를 하고 있다. 과일 한 개 40센트라는 메모와 함께.

이곳엔 템플 기사단과 연관이 있는, 산토 세풀크로 Iglesia del Santo Sepulcro 팔각형 성당이 있다. 지금은 이른 시간이라 문이 닫혀 있다. 이 마을은 영화 〈The Way〉에도 나온다. 이 마을은 인구 150명 정도의 작은 마을이지만, 중세의 느낌을 충분히 즐길 만큼 집들이 예쁘다. 작은 성모성당이 있는 포요 Poyo 고개를 지나니 주변의 돌을 주워 작은 탑들을 쌓아 놓았다. 다시 포도밭과 올리브 밭, 황량한 들이 계속되는 이 길에도 간이 카페가 생겨 있다. 그 흙길 끝에 아름다운 도시 비아나 Viana가 모습을 드러낸다.

〈 A ANDRÉS MUÑOZ 〉	〈 안드레스 무뇨스에게 〉
DE PAMPLONA, LA VIRGEN DEL CAMINO	카미노의 성모마리아여. 팜플로나로부터
CON UN HILO DE VOZ	끊임없는 절규로
ME HA TRAÍDO UN MENSAJE SANTIAGUINO	산티아고인의 전언이 왔네
"HA MUERTO ANDRÉS MUÑOZ"	안드레스 무뇨스가 죽었다.

Félix Cariñanos. Marzo. 1992

1992년 비아나를 지나간 순례자 펠릭스 카리냐노스가 쓴 '순례자의 시'가 걸려있는 비아나의 알베르게 〈무뇨스 Muñoz〉는 산 페드로 성당 터 Iglesia de San Pedro옆에 있다.

비아나,눈의 성모님 축제 전야제

산 페드로 성당 폐허

이 고딕 성당은 폐허를 그대로 보존하여 성당 벽, 회랑과 기둥이 천장 없이 노출되어 있다. 성당 뒤쪽은 지자체의 공원 Parque de San Pedro이 되어 있었는데, 옛 성벽과 묘지를 보존하고 있다. 순례자들은 넓은 잔디가 깔린 이곳에 빨래도 널고, 여기저기 누워 사랑스런 바람결을 만끽하고 있다. 하느님의 손길처럼 따뜻하고 부드러운 바람결. 저 아래쪽 신 시가지 마을을 내려다보며 중세 시가지가 높이 떠 있다. 높게 쌓아올린 성벽 위에 한 청년이 앉아, 하늘 아래 오직 혼자인 것처럼 마을을 내려다본다. 저녁 노을과 함께 어우러지는 멋진 모습이다. 동네 여학생들은 까르르 까르르 웃으며 주위를 밝게 만든다. 저녁 나절 이 공원에서 바라보는 분홍빛 이상하게도 여긴 노을이 분홍이었다 노을은 고즈넉한 저녁 분위기, 따뜻한 바람과 어우러졌고, 그곳에서 사람은 풍경의 일부가 되었다.

마을 주 도로로 나가니 거리가 완전히 사람들로 꽉 차 있었다. 눈의 성모님 축제 Fiesta de la Virgen de Nieva란다. 9월 12-16일이라니 오늘은 전야제인 거다. 내일 이곳에 머문다면 멋있는 축제를 볼 수 있는 건데 아쉽다. 주민들이 모두 성장을 하고 가족들과 함께 나와 카페에서 와인을 나누며 와자지껄한 모습이다. 성모승천성당 Iglesia de Santa Maria de la Asunción 앞 광장에는 음악 축제가 열려, 아기들과 엄마들이 몸을 들썩이며 춤을 춘다. 전야제 시작은 10시부터란다. 더 보고 싶지만 내일 새벽에 출발해야 하고, 알베르게가 문 닫는 10시 전에는 돌아가야 하므로 돌아서야 했다. 비아나는 예쁜 카페가 특히 많이 있다. 인상적인 것은 좁은 골목에 양옆으로 있는 카페들에서 모두 야외의자를 내놓거나 테이블을 내놓아 골목은 골목이 아니고 하나의 커다란 연회장이 된다.

저녁 나절 이 공원에서 바라보는 분홍빛 노을은 고즈넉한 저녁 분위기,
따뜻한 바람과 어우러졌고,
그곳에서 사람은 풍경의 일부가 되었다.

1	2
3	4
	5

1. 비아나 성벽위 소녀들
2. 비아나 성벽에서 본 석양
3. 토레스 델 리오
4. 산 페드로 공원
5. 토레스 델 리오 알베르게

비아나 ▶▷▷▷▶ 나바레테

8day 실종된 배낭을 찾아서

새벽, 비아나의 알베르게를 나서니 약한 비가 내리고 있다. 어제 보아둔 빵집에서 막 구워낸 맛있게 생긴 크로와상을 아침으로 사고, 치즈와 햄, 바게트도 점심으로 준비했다. 돌아 나오면서 보니 어젯밤 축제의 열기는 어디로 갔나 싶다. 새벽까지 소리지르고 떠드는 소리가 들렸었는데 도시는 다시 일상으로 돌아왔다. 오늘이 축제 시작일이니 오늘 점심 때가 지나면 또다시 들뜬 거리가 될 거다. 길가에 있는 풀 줄기에는 달팽이가 줄을 이어 달려 달팽이 나무처럼 보인다. 이 길은 철새 도래지 pantano de las Cañas로 유명하다는데 새벽길엔 그저 앞이 뿌옇게 보일 뿐이다. 동굴의 삼위일체 성당을 지나니 이제 인구 15만의 도시 로그로뇨 Logroño 근처, 리오하Rioja-나바레 Navarre경계지역으로 들어왔다. 리오하 지역은 로마 시대부터 와인 생산을 했고, 이 지역에 들어와 정착한 프랑스인들에 의해 더 발전한 지역이다. 와인 양조장이 500개가 넘는 이 지역은, 스페인에서 매우 높은 수익을 올리는 지역이다. 이 지역에는 붉은 흙에 경작된 밀과 아스파라거스, 채소, 올리브 나무가 흔하다. 이 지역을 지날 땐 꼭 매운 초리소 돼지고기 소시지가 든 감자 수프와 코르데로 레찰 cordero lechal-포도주를 발라 불에 구운 어린 양고기, 와인 소스에 절여 구운 사과와 복숭아 디저트를 맛보길 권한다. 나의 경우 고기음식은 위장이 힘들어 해서 먹어보지 못했지만 와인에 절인 과일 디저트는 정말 최고다.

로그로뇨 가는 길

로그로뇨

작은 집 담장에 예쁜 시계꽃이 한창이다. 씨를 받아 보려고 잠깐 멈추어 씨 주머니 하나를 땄다. 돌아 나오니 할머니 한 분이 테이블에 산티아고의 상징인 조가비와 손으로 만든 작은 기념물들을 팔고 있다. 그 분의 어머니 도냐 펠리사 Doña Filisa때부터 해오던 거란다. 지금은 그 딸이 이어받아 하고 있는데 딸도 할머니다. 그런데 '올라'하고 인사를 해도 반가워하는 얼굴이 아니다. 너무 많은 순례자들을 만나서일까, 우리가 아무것도 사지 않아서일까? 그녀가 찍어주는 스탬프엔 작은 것들, 물, 사랑을 제공한다고 적혀 있던데.

드디어 로그로뇨의 웅장한 돌다리가 나온다. 그 뒤로 성 바르톨로메 성당 Iglesia de San Bartolomé과 둥근 탑이 바늘처럼 생겼다고 '바늘'이라고 불리는 산타 마리아 성당

Santa Maria de Palacio과 두 개의 뾰족탑이 있는 라 레돈다 대성당 La Redonda Cathedral 이 보인다. 옛날길 La Rúa Vieja로 가면 바로크 양식의 순례자 오스텔이 여러 개 있고, 길을 따라 가면 지금은 지자체 고문서 보관소로 쓰이는, 성 야고보 성당이 있다. 성당에는 야고보 성인에 대한 풍성한 자료와 다양한 야고보 성인의 바로코 이미지가 있고, 그 중 무서운 '무어인의 살육자'의 이미지가 외관을 장식하고 있다. 성당 제단 근처에는 순례자 모습의 야고보 상이 있다. 카미노 길의 한 건물 벽에는 온몸에 카미노 길의 스탬프를 찍은, 스탬프 맨의 그림이 지나가는 순례자를 지키고 있다. 돌로 된 바닥에는 산티아고 마크와 함께 노란 화살표가 예쁘게 장식되어 바닥을 보고 따라가면 역사적인 오래된 문을 통과해 도시를 나올 수 있다. 나무가 있는 도시 근교의 산책길을 따라가니 조깅하는 사람들이 많이 있다. 이 길이 끝나는 곳에 그라헤라 Grajera공원이 나온다. 이 벤치에서 싸온 점심을 먹고, 맑고 깨끗한 호수에서 노니는 백조와 새들을 감상한다. 여기에는 도시 주민들도 와서 쉬고 있다.

나바레테 가기 전 아스팔트 옆 길, 철조망에는 순례자들이 소원을 빌며 만들어 놓은 십자가들이 계속된다. 길가 언덕 위에 만들어 놓은 소 모습의 조형물을 지나자, 반가운 나바레테 Navarrete 마을이 보인다. 이 마을 주변 언덕에서 볼 수 있는 작은 문들은 지하저장고 Bodegas로, 땅속에 와인이나 버섯 등을 보관하는 곳이다. 마을이 시작되기 전 왼쪽으로, 12세기 순례자 숙소였던 산 후안 데 아크레 순례자 병원 San Juan de Acre pilgrim's hospital의 폐허가 보존되어 있다. 이 허물어진 옛 순례자 병원의 창문과 외벽은 지금은 나바레테 마을 묘지의 문으로 쓰고 있다.

나바레테는 와인과 버섯, 붉은 진흙으로 만든 도자기로 유명한 곳이다. 나에겐 이 마을에 3년 전의 추억이 있다. 공립 알베르게를 지나 카미노 길을 가다 보면 호텔 〈페레그리난도〉가 있다. 입구부터 심상치 않아 눈길을 끄는 곳이다. 오래되고 묵직한 나무문이 열린 틈으로 들여다 보면, 엔틱스런 소품들로 멋스럽게 꾸며있어 저절로 발을 들

여놓게 되는 곳이다. 3년 전, 너무 지친 채 이 앞을 지나다 '오늘은 좀 좋은 곳에서 자보자'며 이 집 문을 두드렸었다. 우리는 잘 꾸민 가정집에 초대된 듯, 조용한 방에 우리만의 침대가 있는 공간에 들어섰다. 거실엔 예쁜 소품들과 그림들로 장식이 되어있고, 꽃으로 향기롭게 꾸며진 목욕탕엔 깨끗한 타월들이 놓여 있어, 우리는 환호했었다. 지친 우리를 대신해 페레그리네로는 빨래를 가져가더니 깨끗하게 빨아 말린 옷을 단정히 개어 돌려주었다. 그때는 요즘처럼 알베르게에 세탁기가 비치되지 않았던 터라 그날의 호사는 지금까지 잊을 수 없다.

페레그리네로는 그림과 조각품들이 놓인 거실을 마음 놓고 이용하게 하고, 다음날 아침 일찍 출발하는 우리를 위해 새벽부터 아침을 준비해 주었다. 이곳 페레그리네로는 산티아고 길을 걷다가 이 길에 남아 봉사하기로 마음먹고 정착한 남미에서 온 화가였다. 그가 보여준 친절과 봉사는 뇌리에 오래 남았다. 이번 순례길 때도 꼭 들리고 싶었으나 그 알베르게로 배낭 운송이 쉽지 않아 포기하고 말았다.

그런데 드디어 일이 터졌다. 오늘 아침 비아나에서 이곳 나바레테 공립 알베르게로 배낭을 부쳤었다. 나바레테 공립 알베르게로 와보니 여기에서는 짐을 받아주지 않고, 아마 근처의 레스토랑에 와 있을 거란다. 그곳을 찾아가니 짐이 도착하지 않았다고 했다. 페레그리네로에게 부탁하여 운송 회사와 연락을 해봤는데 전화를 받지 않는다. 짐을 받아 준다는 레스토랑 주인은 문자를 보내놓았으니 기다리라고 했다. 한 20분 레스토랑에서 기다려도 연락이 없어, 다시 오겠다고 말하고 이번엔 여행안내소에 갔다. 사정을 얘기하니 여행 안내소 직원이 전화를 해보지만 운송회사에서 답이 없다고 한다. 그러다 숙소까지 다 차면 문제겠다 싶어, 일단 공립 알베르게로 가서 숙소 배정받고, 다시 페레그리네로에게 연락을 부탁했다. 이미 오후 4시가 가까운 시간. 배낭

속 양념이 없으니 밥해 먹긴 틀렸고 저녁은 사먹기로 했다. 문득 혹시? 하는 생각에 페레그리네로에게 비아나의 알베르게에 우리 배낭이 남아 있는지 알아봐 달라고 부탁했다. 혹시나가 역시나였다. 우리 배낭이 그곳에 있다는 것이다. 연락이 닿지 않던 운송회사에서 드디어 연락이 왔다. 운송회사에서는 아침에 비아나에 있는 알베르게에서 배낭이 있다는 얘길 못 들었다며 어쩔 수 없다는 것이다. 내 실수다. 매일 운송회사가 다녀가니 연락을 하지 않아도 된다는 알베르게 봉사자들의 말을 철썩 같이 믿었으니… 확인을 했어야 했다. 하지만 이미 엎질러진 물, 어떻게 해결할까가 급선무다. 택시를 알아보니 왕복 90유로나 든단다. 운송회사 직원이 다음날 도착하는 마을, 나헤라 Najera까지 보내줄까 하고 묻길래 그것도 괜찮을 것 같아 그러자고 했다. 그런데 씻고 나와 보니 페레그리네로가 좋은 방법이 하나 있다고 한다. 운송회사 직원과 아는 사람이 비아나에 사는데 20유로에 우리 배낭을 가져다 준다는 것이다. 물론 감지덕지. 우린 열 번 넘게 감사 인사를 했다.

저녁은 아까 신세를 졌던 그 레스토랑에서 먹었다. 자기 알베르게에 머무르지도 않는 순례자들을 위해 본인의 전화까지 쓰면서 최선을 다해 알아봐 주려고 하던 식당 주인의 모습이 너무 감사했다. 페레그리노 정식을 시켰다. 와인에 빵과 샐러드, 비프 스테이크나 생선구이에 감자튀김, 그리고 후식으로 아이스크림, 충분히 맛있었다. 오는 길에 빵집 들러 케이크 하나를 알베르게 페레그리네로에게 줄 선물로 샀다. 케이크를 건네니 그는 느닷없이 '고맙습니다'라고 한국말을 한다. 깜짝 놀라니 한국 순례자에게서 배웠단다. 예전에도 우리처럼 배낭 잃어 헤맨 사람이 있었나?

이곳에선 우리가 배낭 문제로 우왕좌왕 하느라 늦게 등록을 해서 특별히 남은 다락방으로 안내를 받았다. 그런데 이게 웬 행운인가! 모두 일층 침대로 공간도 벽으로 막아 아늑하다. 한가지 흠이라면 샤워를 다른 층 다른 사람 방으로 가야 하는 것. 그래도 우린 만족스러웠다. 얼마 후 친절한 스페인 젊은 부부가 낡은 차에 우리 배낭을 싣고 왔다. 여벌 옷가지와 침낭, 세면도구, 양념이 들어 있는 배낭이 새삼 소중한 하루였다.

꽃으로 향기롭게 꾸며진 목욕탕엔 깨끗한 타월들이 놓여 있어, 우리는 환호 했었다.
지친 우리를 대신해 페레그리네로는 빨래를 가져가더니 깨끗하게 빨아 말린 옷을 단정히 개어 돌려주었다.

1	2
3	4
	5

1. 나바레테 가는 길, 포도밭
2. 나바레테 가는 길
3. 로그로뇨 가는 길
4. 나바레테 전통축제
5. 산 후안 데 아크레 순례자 오스피탈 폐허

나바레테 ▶▷▷▷▶ 나헤라

9day 포도 서리의 유혹

나헤라는 강을 사이에 두고 두 구역으로 나뉘어 있는 도시다. 예약한 알베르게는 도시에 들어서고 한참을 지나 다리를 건너서야 도착했다. 어제 미리 예약하고 와보니 여럿이 쓰는 방이 아닌 4인실이다. 드라이어는 없고 세탁기만 있다. 마침 비가 내리고 있어 바깥에서 빨래를 말리지 못하니 방안 가득 빨래가 널린다. 어제 배낭이 늦게 도착해 빨래를 못했으니 두 배다. 부엌엔 가스 레인지가 없고 전자 레인지만 있어 저녁은 사서 먹기로 했다.

숙소에는 한국인 단체 순례자들이 우리와 같이 머물고 있었다. 가이드가 구간 안내를 해주고, 숙소도 예약해 주고, 배낭도 보내주고, 아침에 각자 출발해서 저녁에 숙소에서 만나는 식이다. 혼자 오기 힘든 순례이니 가이드가 있으면 좋을 것 같기도 하다. 하지만 34일 스케줄에 꼭 맞추어야 하므로 사람에 따라서는 따라가기 힘들 수도 있다. 예전에는 유럽 순례자들이 이런 한국인 단체 순례자들과 같은 알베르게에 머물고 싶지 않아 했다. 시끄럽게 떠들고 부엌을 단체로 점령하는데다 폰을 아무데서나 시끄럽게 쓴다고 흉을 보았다. 이번에 보니 오기 전 에티켓 교육을 철저히 받은 것 같고, 또 의식이 높은 분들이 많아 보기에 좋았다. 한국에 가면, 산티아고 순례를 하고는 싶지만, 혼자 오기가 겁나거나, 또는 어떻게 와야 할지 모르는 사람들에게 이런 단체 순례를 소개해도 좋을 것 같다.

나헤라 가는 길. 봄

아르떼 Arte 지역을 지나는 길에 보니 흙길 양 옆이 모두 포도밭이다. 포도나무엔 포도가 무겁게 보일 정도로 주렁주렁 매달려 있다. 〈라사리요 데 또르메스의 생애〉스페인 카를 5세 치하의 음울한 서민 생활상을 간결한 필치로 묘사한 작자 미상의 작품에 나오는 주인공 라사로가 섬기는 장님이 그랬듯이, 가다 지칠 때쯤 바위에 걸터앉아 포도 한 송이 알을 세며 먹어보고 싶다. 나 한 알, 너 한 알, 나 두 알, 너 두 알. 옛 순례자는 당연히 하느님의 것이라 생각하고 따 먹었으리라.

지난 순례 때엔 체리의 계절이었다. 체리나무 과수원을 지나다, 수확하고 있던 주인에게 좀 팔 수 없냐고 물으니 와서 따라고 했다. 봉지 가득 따서 담고 얼마냐고 물으니 선물이라면서 가져 가란다. 그 봉지는 열 사람이 먹고도 남을 만큼 큰 비닐 봉지였다. 너무 감격해 익숙지 않은 스페인식 볼 인사를 절로 하게 됐었다. 이번 길엔 포도밭에 사람이 없는 게 아쉽다. 살 수도 없고 따 먹자니 마음에 걸리고, 남편은 슈퍼에서 사 먹으라고 한다. 하지만 슈퍼에서 파는 포도와 밭에 매달린 포도는 한눈에 보기에도 그 싱싱함과 탱탱함이 천지 차이다.

다른 순례자들도 다 나 같은 마음인지, 눈치를 보며 몇 알씩 따서 맛 본다. 결국 나도 남편의 만류에도 불구하고, 남편을 앞서 걷게 하고 몇 알을 몰래 따서 입에 넣었다. 꿀맛이다. 알은 작지만 씨도 없고 달콤하고 싱싱하다. 그렇게 몇 번을 맛보면서 걷자니 한 포도밭에서 노인 한 분이 포도밭 옆 도토리나무에서 떨어진 열매를 줍고 있다. 내가 다가가니 그 열매를 건넨다. 난 그거 말고 포도를 사고 싶다고 했다. 그 노인은 서슴없이 포도밭으로 가더니 아주 큰 송이를 따서 내민다. 돈을 드리니 손을 저으며 아니라고 한다. 언제나 뒷말은 '부엔 카미노'이다.

이렇게 선물로 받고 보니 갑자기 마음이 떳떳해지며 포도송이를 자랑스럽게 들고 먹게 됐다. 지나쳐가는 순례자에게 먹어보라고 권하기도 한다. 같이 먹고 있던 동행, 크리스타나 씨는 다른 순례자가 오해할까 봐 계속 설명한다. '포도밭 주인이 주었어요.' 조금 지나니 길가에 있는 무화가 나무에 열매가 주렁주렁하다. 익은 걸 몇 개 따서 먹었다. 달콤하고 배도 부르다. 생각해 보니 중세시대부터 가진 것 없이 걷던 순례자들은 이런 계절에 이런 길을 걸으면 자연스럽게 과일들로 배를 채웠을 것 같다. 포도밭 주인들도 길가에 있는 몇 그루 나무들은 자선하는 기분으로 포기했을 성 싶다. 그런데 남편은 내가 하는 포도서리를 몹시 못마땅해했다. "옛날 순례자들도 다 이렇게 먹었을 거야." 내 궁색한 변명이었다.

사 먹지 않고 포도밭에서 얻어 먹는 것은 어디까지 허용될까? 포도에 대한 내 욕망과 갈등에 대해 생각해 본다. 추억, 인심이라는 이름 아래 포도서리를 해도 되는가? 하느님은 어디까지 허용하실까? 몇 알? 몇 송이? 아니다. 모든 일에는 중도가 없다. 한 알을 훔쳐도 도둑질은 도둑질이다. 우리가 살아가면서 저지르는 죄 중에 많은 부분이 '이 정도까지는 하느님 보시기에 괜찮을 거야' 하며 자기 합리화시켜 짓는 죄다. 어찌 보면 남편 말이 맞다. 그건 다 남의 것이라는 말. 그런데 어쩌지? 이 넓은 포도밭 길에 주렁주렁한 포도는 내 입안에 침만 고이게 하는데…

흙길을 따라 걷다 시멘트 굴을 만난다. 그곳엔 '알라신은 위대하다 ALLAH É GRANDE' 라는 낙서가 있다. 이슬람교를 믿는 사람이 이곳을 순례했나 보다. 이 순례길은 예전에야 당연히 기독교인들의 전유물이었을 거다. 기독교 부흥을 위한 길이었으니까, 근래에는 여러가지 다른 이유를 가지고도 걸을 수 있는 길로 바뀌었으니, 누군들 못 다니겠는가? 알라를 믿는 이 낙서의 주인공은 이 길을 걸으며 어떤 기도를 했을까? 조금도 짐작할 수 없는 그 마음이 궁금하다.

모두 각자에게 주어진 길을 걷는다

나바레테에서 한 시간 반쯤 왔을 때, 길이 갈린다. 벤토사로 가는 길이 있고, 가던 큰 길로 계속 갈 수도 있다. 이번에는 지난번 순례길에 걷지 않았던 벤

토사 쪽으로 걷기로 했다. 벤토사 가는 길에서 만난 한국 아가씨 둘은 아주 약해 보였다. 아프냐고 물으니 원래 무릎이 안 좋다고 말한다. 순례길에 어울리지 않는 정말 약해 보이는 사람들이었다. 두 사람은 하루 10km씩만, 길이 아름다운 곳을 골라 걷고 나머지 마을은 택시로 이동한다고 했다. 그만한 용기도 대단해 보인다. 무조건 걷는 것만이 능사가 아님을 아는 것이다. 자신의 몸의 한계를 시험하며 걷는 것도 좋지만, 이 두 사람처럼 자신들에게 꼭 맞는 스케줄로 이동하는 것도 현명한 일이 아닐까? 벤토사에서 커피 한 잔의 휴식을 끝내고 다시 출발, 포도밭이 많은 지역을 지난다. 도로를 건너면 포요 데 롤단 Poyo de Roldan 쉼터가 나온다. 롤단은 중세 샤를마뉴 대제의 기사로 거인 페라구트 Ferragut와의 싸움으로 전설이 되었다.

나헤라 가는 길

오늘은 일요일. 나헤라에 들어 섰을 때 두 시 전이라 상점들이 문을 열고 있었지만, 씻고 나가 보니 모두 문을 닫았다. 알베르게에 도착했을 때 토뇨 Toño 운송회사 사람이 있었다. 그 사람과 이야기를 나눠보니 부르고스까지만 그 회사를 이용할 수 있단다. 이유는 하코트란스 Jaco trans처럼 산티아고 전 구간에 운송망을 갖추지 못했기 때문이다. 전 구간 운송이 가능한 하코트란스는 7~8유로, 토뇨는 5유로이다.

산타마리아 성당*의 일곱 시 반 순례자 미사에 갔다. 오늘의 성서 말씀은 포도주의 기적이었다. 예수님께서는 아직 때가 오지 않았다고 말씀하시지만 어머니의 뜻에 순종해 포도주가 떨어진 잔칫집에서 물로 포도주를 만드는 첫 번째 기적을 행하셨다. 성모님은 이미 예수님의 능력을 알고 계셨던 것이다. 능력만 아신 것이 아니고 앞으로 닥칠 고난까지도 아셨을 텐데, 성모님의 생애를 묵상하면 어머니로서 그 큰 고통을 어찌

나헤라 마을(산타 마리아 성당 앞)

견뎌내셨을까 가슴이 아프다. 미사 도중 신부님이 내려오셔서 미사에 참여한 모두에게 평화의 악수를 해 주신다. 표정이 무척 평화로운 분이어서 그 평화가 내게도 오는 느낌이었다.

비아나에서 한번 마주치고 이 미사에서 다시 만난 사람이 있다. 미국 펜실바니아 출신 여성 순례자인데 턱이 없다. 그 모습이 어색해 인사를 할까 말까 망설였는데, 오히려 그녀 쪽에서 반갑게 인사하고 다음 스케줄을 물어왔다. 겉모습이 어떻든 적극적이고 밝은 내면을 가진 그녀를 보면서, 카미노에 어울리는 사람이라는 생각을 하게 된다.

호주에서 온 또 다른 여성 순례자는 미사 후 우리 곁으로 와 반가워 하면서 물었. "카미노 길에선 한번도 마주치지 않는데 미사에선 꼭 만나네요. 어디서 왔어요?" "코레아요." "어떤 코레아? 남쪽? 북쪽?" "남쪽" 예전에 외국 여행을 할 때에 비해 한국을 아는 사람들이 많아졌다. 10년 전엔 프랑스에서 '삼성', '현대'하면 알아도 '코레' 하면 모르는 사람이 많아, 꼭 88올림픽 얘기를 해야 했었다. 외국인은 '코레아'라고 하면 나라가 남과 북으로 나뉘어 있는 것에 대해 관심을 가진다. 사실 그들의 관심사는 북쪽이다. 그들은 남과 북 중 어디에서 왔느냐고 묻지만, 북이라고 대답하는 사람은 거의 만나지 못했을 것이다. 북쪽에 관해 우리에게 묻는다면 대답할 말이 없다. 같은 민족이고 한 나라의 백성이었지만, 지금은 세상에서 가장 먼 사람들이 되어버린 북한 사람들에 대해 우리는 아무것도 알지 못하기 때문이다. 그래서 그들이 이 이야기를 꺼내면 말수가 줄어들고 만다. 그들이 북한 주민들의 인권 상황에 대해 이야기를 꺼낼 때에는 맞장구를 칠 수도, 부연 설명을 할 수도 없는 남한 출신 여행자의 입장이 부끄럽게 느껴진다.

* 나헤라의 산타 마리아 라 레알 수도원엔 팜플로나-나헤라 왕국의 귀족과 왕이 묻혀있다. 이곳은 1056년 산타 마리아에게 봉헌 된 곳으로, 돈 가르시아왕 king Don Garcia에 관한 전설이 있다. 왕이 그의 매와 함께 꿩을 잡으러 동굴에 들어섰을 때 아기를 안은 마리아상을 발견했다. 그곳에는 꽃병에 있는 하얀 백합과 불을 밝힌 램프, 두 마리의 새가 조용히 앉아 있었다. 당시 무어인들이 칼라오라 지역을 다스리고 있었는데, 왕은 이 상황을 무어인과의 싸움을 위한 축복으로 받아 들였다. 돈 가르시아 왕은 이 지역을 정복한 후, 그 동굴 위에 수도원을 짓게 했다고 한다. 지금도 이곳에 가면 아기 예수님을 안은 마리아 상과 무릎 꿇은 가르시아 왕의 상을 볼 수 있다.

가다 지칠 때쯤 바위에 걸터앉아 포도 한 송이 알을 세며 먹어보고 싶다.
나 한 알, 너 한 알,
나 두 알, 너 두 알.

1	2
3	4
	5

1. 나헤라 가는 길
2. 나헤라 가는 길, 봄
3. 산타 마리아 성당 내부
4. 나헤라 가는 길에 적힌 시와 카미노 길 표시
5. 아르테 지역 카미노 길 표시

나헤라 ▶▷▷▷▷ 산토 도밍고 델 라 칼사다

10day 기적의 도시에서

        나헤라를 출발해 동이 터올 무렵, 아소프라 Azofra 마을에 도착하니, 에스파냐 광장 옆 레스토랑에서 순례자들이 바깥 테이블에 앉아 아침식사를 하고 있다. 아침에는 추워서 안쪽 테이블을 선호하는 우리와 바깥 테이블을 좋아하는 서양 사람들은 체감 온도가 다른가 보다. 우리도 아침을 먹고 다시 길을 나섰다.

오늘 길은 높은 산이 없이 끝없이 펼쳐진 대지와 넓은 하늘이 만나 저 멀리 지평선을 만든다. 눈이 시원하게 열리는 이런 풍경은 순례자의 마음을 즐겁게 하기에 충분하다. 붉은 흙과 노란 추수가 끝난 들판, 가끔 초록의 채소밭은 구름이 예쁜 하늘과 함께 안정된 색조를 이루어 그림같이 펼쳐진다. 포도밭과 농작물 밭이 양쪽으로 툭 트인 들판에 펼쳐져 있다. 채소를 심어 놓은 밭에 낮은 분수처럼 물안개를 일으키며 자동 물뿌리개가 돌아가고 있다. 멀리서 보니 장관이다.

시루에나 Cirueña 마을은 시골 같지 않게, 질서정연하고 깨끗한 건물들을 지어놨는데, 집은 많으나 사람은 그림자도 안 보인다. 겨우 마을 끝에 정원을 예쁘게 꾸민 집이 하나 보인다. 사람의 손길이 보이는 정원을 보니 사람이 살기는 하나 보다. 그런데 이런 마을에도 알베르게는 있다는 점이 놀랍다.

시루에나를 지나자 광활한 대지의 길이 펼쳐졌다. 아침부터 세차게 불어오는 바람에 걸음을 내딛기가 쉽지 않다. 귀에 이어폰을 꽂고 음악이 흘러 나오자 몸은 어디로 갔

산토 도밍고 가는 길 봄

산토 도밍고 도시 입구

는지 바람과 음악과 마음만이 둥둥 떠간다. 나도 모르게 눈물이 나온다. 이 세상에 오직 대지와, 하늘과 나만이 존재하는 듯하다. 대지에 발을 딛고 하늘을 이고 절대자가 만들어 놓은 아름다운 세상 속을 걸어가고 있다. 나보다 앞서 갔던 옛 순례자들은 무엇을 느끼며 걸었을까? 문득 돌아서면 뒤에선 아름다운 구름이 어서 가라고 손짓한다. 저절로 살아 있다는 것에, 걷고 있다는 것에 감사하게 된다.

아침에 길을 나설 땐 유난히 맑은 별 하나가 눈에 뜨이더니 해가 얼굴을 내밀자 조용히 하늘 저편에 머무른다. 주변엔 여전히 포도밭이다. 잠시 포도에 홀려 길을 놓쳤다. 아침 간식으로 포도 몇 알 따먹다 보니 표지가 보이지 않는다. 앞서가던 몇 사람과 뒤에 오던 사람도 마찬가지다. 어리둥절해서 지나가던 사람에게 물어보니 카미노길이 아니라고 한다. 우린 오던 길로 다시 돌아섰다. 10분쯤 걸으니 맞은 편에서 오는 순례자들이 보인다. 다들 거기서 오른쪽으로 꺾어 돌아간다. 그 자리를 가보니 발 밑에 돌을 놓아 만든 조그만 화살표가 있다. 자칫 놓치기 쉽게 생긴 작은 돌 화살표를 따라 돌아서니, 이제는 헷갈릴 일없는 똑바른 길이 이어져 기적의 도시, 산토 도밍고 델 라 칼사다로 들어간다.

산토 도밍고 델 라 칼사다 santo Domingo de la Calzada는 일찍이 은둔자 도밍고가 은거하던 곳이다. 그는 이곳을 지나는 순례자들의 고통을 알고 그들을 위해 헌신하기로 마음먹었다. 길을 넓히고, 오하 Oja강 위에 다리를 놓고 자신의 집을 오스피탈 순례자 숙소로 만들었다. 이후 이곳을 지나던 알폰소 6세로부터 땅을 하사 받아 더 많은 일을 했다. 산토 도밍고가 죽은 후에도 계속 산토 도밍고 형제회가 그의 사업을 이어 지금의 도시가 되었다. 카사 델 산토 Casa del Santo는 산토 도밍고 형제회가 아직까지 운영하는 알베르게이다.

산토 도밍고가 보이기 시작한 후 거의 한 시간을 더 걸은 뒤에야 알베르게에 도착했다. 오늘은 한국 단체 순례자들과 섞여 알베르게에는 온통 한국인 순례자이다. 북적이는 부엌에 들어가니, 캐나다에서 온 순례자에게 스페인 순례자가 파에야 고기, 해산

 물, 야채 등에 쌀을 넣어 만든 스페인 요리 만드는 법을 가르치고 있다. 닭고기, 토끼 고기를 기름에 튀긴 후, 콩 껍질을 섞어 끓이다 소스와 쌀을 넣고 또 오랫동안 끓여 만든다. 그런데 보고 있자니 쌀을 씻지도 않고 불리지도 않고 마른 쌀을 바로 냄비에 넣는다. 저러니 쌀이 익지 않고 딱딱한 맛이었나 보다. 스페인 사람들은 우리처럼 찰진 밥맛을 좋아하지 않는다 한다. 요란스레 만들더니 우리에게도 두 접시를 건넨다. 먹어보니 음식점에서 먹은 파에야보다 짜지 않고 맛이 있다.

부엌 식탁에서 저녁을 먹고 있는데 외국인 순례자 한 사람이 한국말로 말을 건다. '맛있어요?' 모두 놀라서 쳐다보니 자기 소개를 한다. 미국에서 온 캔이라고. 어떻게 한국말을 하느냐고 물으니 용산에서 군인으로 근무 했었다고 한다. 우리는 반가워서 같이 밥을 먹겠느냐고 물었다. 캔은 무조건 OK란다. 좀 매울거라고 했더니 가끔 집에서 김치도 먹는단다. 부인이 한국 분이라서. 그렇게 캔아저씨는 우리와 같은 알베르게에 머물 때는 한 식구가 되어 밥을 같이 먹었다.

순례 첫날 내가 제안을 했다. 숙소에 도착하면 혼자서 이 일 저 일 다 맡아서 하기 힘이 드니, 밥은 남자들이 맡아 주면 좋겠다고. 남편은 일언지하 거절이다. 다행히 남편 친구, 시몬 씨가 하겠다고 나선다. 나와 크리스티나 씨는 설거지를 맡기로 했다. 남편은 장 보는 걸 맡았다. 몇 번을 해보니 아직은 밥 짓는 솜씨가 미숙한 시몬 씨가 밥을 태우기 일쑤다. 답답하니 할 수 없이 손 빠른 여자들이 밥을 짓게 되었다. 시몬 씨가 그럼 설거지를 맡겠다고 한다. 내가 남편에게 그럼 같이 설거지를 해달라고 하니 손을 내밀어 보여준다. 부엌일과는 하등 관계없는 우리 남편 손이 주부습진에 걸린 것처럼 갈라져 있다. 아이구, 시킬게 없다. 하는 수 없이 남편 대신 내가 같이 서둘러 설거지도 하게 된다.

시루에냐 가는 길

그런데 오늘은 식사 후 남편이 나선다. 마른 행주로 그릇을 닦기라도 하겠다고. 어? 저런 사람 아니었는데… 남편의 변화에 속으로 미소가 절로 지어진다.

카사 델 산토 알베르게 뒷마당에서는 흰 닭들을 기르고 있다. 이 알베르게는 교구 알베르게로, 산토 도밍고 성당 안의 기적의 닭을 바꿔주기 위해 기르는 것 같다. 산토 도밍고 성당 안의 기적의 닭집에는 살아있는 하얀 암탉과 수탉이 살고 있다. 이 닭들은 산토 도밍고에서 너무나 잘 알려진 기적으로 살아난 닭들의 후손으로, 기적의 닭* 들은 기적 이후 7년을 더 살면서 달걀 2개를 낳았다고 한다.

* 독일사람 Hugonell이란 청년이 부모와 함께 산티아고 순례길에 산토 도밍고에 있는 한 여관에 묵었다. 그

청년에게 첫눈에 반해 유혹했으나 거절당한 여관집 딸은, 앙심을 품고 청년의 짐 속에 집에 있는 은잔을 집어 넣고, 이들이 다음날 떠나자 자기 집의 은제품을 훔쳐 갔다고 거짓 고발을 했다. 청년은 당시 도둑에게 주는 벌인 교수형에 처해지고 말았다. 그의 부모가 슬퍼하며 산티아고까지 순례를 계속하고 돌아오는 길에 아들이 처형당한 곳에 오니, 놀랍게도 아들이 아직 살아있었다. 아들은 도밍고 성인이 그를 밑에서 들어주어 살게 되었다고, 그 사실을 빨리 재판관에게 말하라고 했다. 부모가 재판관에게 달려가 말하니, 마침 저녁 식사로 구운 닭을 먹으려던 재판관은, '만일 당신 아들이 살아 있다면 이 구운 닭들이 살아날 것이오' 하니, 구운 닭들이 푸드득 날갯짓을 하며 살아났다는 이야기다.

원래 산토 도밍고 성인은 살아있을 때 자신의 무덤을 교회 밖, 길에 만들어 놓았다. 몇 년 후 교회가 커지면서 대성당의 일부가 된 도밍고 성인의 무덤 위에는 기적이 일어났던 교수대 한 조각이 전시되어 있고, 성인의 그림에는 항상 닭들이 그려져 그 기적들을 기억하게 한다.

산토 도밍고가 오하 강 Rio Oja 위에 세운 다리를 지나기 전, 오른쪽에 있는 다리의 성당 Ermita de la Puente에는 이 성당 밖에서 자고 있던 순례자가 소가 끄는 우차에 치여 죽은 걸 산토 도밍고 성인이 되살려내었다는 또 다른 도밍고 성인에 얽힌 기적 이야기가 있다.

오후 시간에 성당 뮤지엄을 구경하러 가보니, 이 도시는 많은 기적 이야기와, 성당 뮤지엄에 전시된 오래되고 볼만한 유물들 때문에 순례자뿐 아니라 일반 관광객들도 많이 오는 곳으로 거리가 북적거린다.

문득 돌아서면 뒤에선 아름다운 구름이 어서 가라고 손짓한다.
저절로 살아 있다는 것에, 걷고 있다는 것에 감사하게 된다.

1. 아소프라 공립 알베르게
2. 산토 도밍고 새벽
3. 카미노 길, 봄
4. 카미노 길, 봄

산토 도밍고 델 라 칼사다 ▶▶▶▶ 벨로라도

11day 영혼의 고향, 산티아고 순례길

산토도밍고 델 라 칼사다를 떠나 그라뇽 Grañón 가는 길에는 용감한 자들의 십자가라 불리는 매우 단순한 모양의 나무 십자가가 있다. 이 십자가는 중세에 산토 도밍고 와 그라뇽 두 지역의 주민들이, 목초지의 소유권을 놓고 분쟁하였던 것을 잊지 않기 위해 세운 것이다.

새벽길, 잠든 그라뇽 마을을 지나 해바라기 들판을 만날 때쯤 동이 트고 이제 카스티야, 레온 자치구 Junta de Castilla y León로 들어선다. 이 지방은 오 세브레이로 O Cebreiro 전까지 어어지는 산티아고 길 중에서 가장 긴 길을 차지하는 지역이다. 지금의 해바라기 꽃은 한참 아름답던 시절이 지나고 안으로 익어 겸손해진 모습이다. 모두 해가 있는 곳을 향하여 고개를 숙이고 있다.

카미노 마을, 레데시야 델 카미노 Redecilla del Camino의 카페에 들어가 커피와 크로와상으로 아침을 먹는다. 바로 옆 마을 카스틸델가도 Castildelgado의 시골집 돌담마다 노란 다알리아와 분홍빛 소국, 주황색 금잔화가 어우러져 있다. 이 마을 주민들의 고운 심성이 보인다. 이제 2km를 더 가면 1019년 산토 도밍고가 태어난 마을 빌로리아 데 리오하 Viloria de Rioja가 나온다. 서로 가깝게 있는 세 마을을 지나니 하늘엔 회색 구름이 몰려 온다. 바람도 점점 더 세어진다. 그 바람 속에서 멀리까지 몇 번이고 구부러져 있는 아스팔트 길이 아스라히 멀어 보인다. 다시 아스팔트 도로를 옆에 둔

카미노야생화

흙길을 따라 한참을 걸어가니 벨로라도 마을이 보인다. 마을 입구에 들어서자마자, 예약한 아 산티아고A Santiago 호텔이 나온다. 호텔과 알베르게와 식당을 겸하는 곳이다. 점심을 대강 먹고, 마을 속으로 들어가보니 마을 광장 오른편에는 무어인의 살육자 Matamoros와 순례자Peregrino 두 모습의 성 야고보상이 있는 산타 마리아 성당이 있다. 돌아보니 이 광장 뒤쪽으로 알베르게들이 모여 있다.

무진장한 바람이 부는 중에 구부러진 외길을 따라 아무 생각 없이 걷기만 한, 오늘 길은 가슴속을 행복으로 꽉 채워 주었다. 이런 극한 행복을 느낀 날이 내 생애에서 얼마나 될까? 어른이 되어서는 어린 시절에 느끼던 티없는 행복감을 갖기가 정말 어려웠다. 가끔 아주 어린 시절부터 대학 시절까지의 내 사진을 보면 그 웃는 모습이 정말 순수하게 행복해 보인다. 어른이 되고부터는 무슨 걱정을 그리 많이 가슴에 담고 살

그라뇽 가는 길, 봄

틸, 제니, 토마

앉는지 사진마다 웃음이 활짝 피지를 못했다. 다시 아기 같은 마음이 되었으면 좋겠다. 바람이 너무 세니 가끔은 옆에 있는 남편을 붙들고 간다. 든든한 남편의 존재. 돌아 보면, 어려움이 내게 닥칠 때마다 그는 나의 든든한 기둥이 되어 주었다.

나를 날려버릴 듯한 바람 속에서 오히려 평화를 느낀다. 이어폰을 꽂은 귀로 흘러 드는 음악이 바람과 길과 함께 얽혀 묘한 하모니를 이루어낸다. 앞과 뒤의 순례자들은 모두 혼자만의 세계에 있다. 사람의 손이 닿지 않은 자연은 조물주만이 만들 수 있는 변화무쌍한 아름다움을 보여 주고, 그걸 보는 내 눈과 가슴이 설렌다. 이 길을 그리워 하고 다시 온 이유가 이것이다. 이런 순간들 때문에 순례길은 영혼의 고향이 되고 마는 것이다.

마을마다 만나는 예술품들을 보면 어떨 땐 이렇게 작은 마을에 이런 어마어마한 예술품이 간직되어 있다는데 놀라곤 한다. 그 시절 모든 사람들이 너무 종교적인 치장에 치우쳐 있었던 건 아닐까 하는 생각도 들지만, 생활의 중심이 종교가 되었음을 짐작할 수 있다. 지금은 국민의 95%가 가톨릭이라지만 막상 매주 미사에 참여하는 사람은 그 중 25% 정도라고 한다. 미사에 가보면 신부님들도 연세 드신 분이 많고 미사 참여하는 분들도 주로 나이 드신 분들이 많은 것을 보며 천주교 신자로서 안타깝게 느낀다. 하지만 마을마다 간직한 풍성한 종교 유적들을 보면서 옛 선조 순례자들을 떠올리고, 그들이 이곳을 걸었을 이유와 이곳에서 느꼈을 비슷한 감동을 생각하면 그들과 영혼의 끈으로 이어져 있음을 느끼게 된다.

오늘도 길에서 프랑스 젊은 순례자 토마를 만났다. 토마는 23살 청년으로 얼굴이 준수하다. 머리는 특이하게 자르고, 수염도 기르고, 옷차림도 특이하다. 그는 옛 순례자처럼 길고 큰 나무 지팡이를 짚고 간다. 가는 곳마다 알베르게 근처 적당한 곳에 자리를 깔고 마사지 한다는 안내를 써 놓고 원하는 사람에게 기부금을 받고 마사지를 해 준다. 그는 독일에서 온 예쁜 아가씨 제니와 구레나룻을 길게 길러 도인 같은 그녀의 남자친구 틸과 가끔 동행하기도 한다. 토마가 영어가 서툴러 별로 말이 통하지 않는

듯해도 가끔 담배 피우며 쉬고 있을 때는 그들과 같이 있다. 어느 날은 길을 가다 내게 사진을 찍어달라고 한다. 세 사람이 서있는 모습을 찍고 보니 뒤에 있는 시멘트 벽에 세 사람의 이름을 적어 놓았다. 그곳은 그들만의 추억의 장소가 될 것이다.

독일 커플 제니와 틸은 텐트를 치고 야영을 한다. 가끔 숙소에 도착한 토마에게 '네 친구들 어디 갔니?' 하고 물으면 '오늘은 어디까지 갔는지 모르겠다'고 한다. 오후 늦게까지 아주 천천한 걸음으로 걷다가 적당한 곳에 텐트를 치는 것 같다. 우리가 일찍 서둘러 길을 한두 시간 가다 보면 길 옆에 쳐놓은 텐트에서 나와 아침을 먹거나 떠날 채비를 하는걸 본다. 그들은 늦게 출발해도 신기하게도 오후쯤엔 언제나 우리보다 앞서 있다.

토마가 오늘은 제니와 틸을 만나지 못했나 보다. 이탈리아 청년 살바도르와 같이 마을 담벽에 앉아 담배를 피우고 있다. 난 그들에게 집에서 가져간 작은 기념품을 줬다. 쑥스러워 하며 받는 토마와 명랑하게 받는 살바도르가 대조된다.

오늘 숙박할 마을 초입에 있는 알베르게, 아 산티아고 A Santiago에서 먹은 저녁 순례자 메뉴는 맛이 훌륭했다. 우리나라 우거지국과 비슷한 맛이 나는, 칼도 가예고 Caldo Gallego는 오늘같이 비 오고 쌀쌀한 날엔 최고였다. 낮에 알베르게에 도착해서, 카미

벨로라도 가는 길

노 길 상점에서 쉽게 살 수 있는 닭고기 수프 컵라면을 먹고 배탈이 나서 속이 불편했던 나는 이 수프를 먹고 기운이 났다. 메인 요리로 감자튀김을 곁들인 고기와 생선요리의 맛도 훌륭했다.

"오늘은 내가 이층에서 잘게" 남편이 말한다. 이런 벙크베드 격식을 갖추지 않은 이층이나 삼층으로 된 침대에서 자본 경험이 전혀 없고 더구나 힘든 잠자리가 싫어 순례길 오기 싫다고 누누이 내게 얘기해온 남편인지라, 난 처음부터 이층 침대는 내 것이려니 생각하고 있었다. "그래도 돼?" 내심 남편이 이층에서 떨어질까 걱정이 되는데, "밤에 화장실 자주 가잖아. 내가 이층 올라 갈게" 한다. 어젯밤 화장실 가려고 내려오다 손등을 심하게 부딪혀 부어 오른걸 본 모양이다. 속으로 놀랐다. 어쨌든 내게 배려의 모습을 보이니 고맙다. 절로 입가가 올라간다.

벨로라도 알베르게의 밤은 포근했다. 오늘은 바람이 불고 저녁엔 비까지 뿌려 축축함과 음습함이 느껴지는 날이었는데, 라디에이터가 따뜻하게 달궈져 모처럼 깊은 잠을 이룰 수 있었다. 한 가지 베드버그의 습격을 받은 걸 빼고는.

산토 도밍고 델 라 칼사다   23km   벨로라도

구름에 가린 해는 좀처럼 떠오르지 않는다.
바람 속에 속절없이 나부끼는 내 몸은 영락없는 방랑자의 모습이다.

1. 레데시야 가는 길
2. 빌로리아 데 리오하
3. 벨로라도의 새벽
4. 카스틸델가도 샘

벨로라도 ▶▷▷▷▷▶ 산 후안 데 오르테가

12day 거센 비바람을 견디며

벨로라도의 마요르 광장은 밤새 내린 비로 젖어 있다. 가스등이 빗물에 반사되어, 잠이 든 마을은 흑백 영화처럼 오래된 아름다움을 보여 준다. 우린 아직 잠든 마을을 깨우지 않도록 조용히 지나간다. 오늘 길은 시작부터 빗속이다. 긴 우비 속에 모든 것을 감추고 다같이 아침기도를 시작한다.

> 제 영혼의 보호자시여
> 오늘 하루, 길 가는 저를 인도하소서
> 해를 당하지 않도록 지켜주소서
> 주님과 주님의 땅과 주님의 온 가족과
> 관계가 더욱 깊어지게 하소서
> 제 안에 주님의 사랑이 강건하여져서
> 우리가 사는 세상 속에서 제가
> 주님의 평화의 임재가 되게 하소서 아멘.
> 　　　　　　　　　　　- 조이스럽, 톰페퍼

(산티아고 길을 앞서 다녀간 미국인 순례자의 기도다. 우리는 이 기도를 매일 아침 길을 떠나기 전, 시작기도로 삼았다.)

비야프란카 몬테스 데 오카 가는 길

구름에 가린 해는 좀처럼 떠오르지 않는다. 바람 속에 속절없이 나부끼는 내 몸은 영락없는 방랑자의 모습이다. 시간이 가고 낮게 깔린 구름 사이로 제 몫을 다하려는 해가 하늘을 뿌옇게 만들더니, 조금 지나 지평선 너머로 짙은 주황색의 해가 반가운 얼굴을 내민다. 12km를 걸어 만난 비야프란카 몬테스 데 오카 Villafranca Montes de Oca 마을의 카페에 들러 아침을 먹는다. 그 카페의 하얀 푸들은, 새로 들어오는 손님 발밑에 애잔한 얼굴로 앉아 있다. 그 모습이 안쓰러운지 크리스티나 씨는 샌드위치 속햄을 다 빼어준다. 푸들은 더 이상 먹을 것이 없는 것을 확인하고는 새로 들어오는 순례자 발 밑으로 옮겨 다시 애잔한 눈빛을 보내기 시작한다. 모든 순례자가 그 눈빛에 넘어가는 건 아닌 모양인지, 다음 순례자는 흘깃 쳐다 보았을 뿐 강아지에게 먹을 것을 양보하지는 않는다.

몸을 커피로 데우고 다시 빗속으로 전진한다. 바람은 내 얇은 비옷을 하늘로 쳐들어 몸을 풍선처럼 만들어 버린다. 비옷 속으로 감추었던 옷들이 하나씩 젖어 들기 시작한다. 길가의 해바라기는 이리저리 흔들리며 견디고 있다. 바람이 불땐, 같이 흔들려주어야 꺾이지 않
는 걸 아나보다. 유난히 많이 내린 비에 흠뻑 젖은 해바라기 밭을 지나고 산길로 접어 드니 내린 비에 진흙이 섞여 예쁜 주황의 물이 흐른다. 하지만 오늘의 비바람은 이곳을 지나는 순례자에겐 역경의 날을 경험하게 함은 틀림이 없다. 언덕은 왜 그리 가파른지. 그 와중에도 길 위에 돌을 이어놓아 '부엔 카미노'라고 써 놓은 게 보인다. 고맙다. 이쯤에서의 격려는 가슴에 깊이 와 닿는다. 이리저리 진흙 물구덩이를 피해 발을 옮기고 가다 보니, 심심한 산길에 나무를 잘라 세워 그림을 그린 설치물이 보인다. 날이 좋으면 그 나무 중 하나에 앉아 쉬며 작품을 하나하나 감상해도 좋을 텐데. 몸도 마음도 여유가 없다.

오카 Oca 언덕을 지나는 오늘 길은, 중세에는 도둑과 건달들로 악명 높은 구간이었다. 산토 도밍고의 제자였던, 산 후안 데 오르테가는 산토 도밍고가 죽은 후 예루살렘으로 순례를 가는 중에 배가 난파되어 죽을 위기에 처하자, 바리의 산 니콜라스에게 기도하여 극적으로 살아나게 되었다. 돌아와 순례자들을 위해 헌신하기로 마음먹고, 이 길에 있는 빽빽한 참나무와 소나무를 베어내어 도둑과 건달들이 은신하지 못하게 하고, 순례자들을 위한 오스피탈과 수도원을 지었다. 산 후안 오르테가 성인은 계속해서 비야프란카에서 부르고스까지의 길을 발전시켰다. 산 후안 오르테가 성인*은 여인숙 주인들의 수호 성인으로도, 또 아기 잉태를 도와주는 성인으로도 알려져 있다.

* 전설에는 산후안 오르테가 성인의 무덤을 열었을 때 향기가 진동하고, 하얀 벌떼가 날아올랐다고 한다. 또 불임으로 고생하던 이사벨라 여왕이 그의 무덤에서 기도한 후, 두 아이를 얻어 이름을 후안과 후아나라 했다

고 한다.

드디어 성당과 알베르게, 그리고 몇 채의 집만이 전부인 산 후안 데 오르테가에 도착했다.

난 오늘같은 비바람을 살아오는 동안 경험해본 적이 없다. 모질디 모진 비바람 속에서 다른 것은 아무것도 생각할 수 없었다. 한 발 내딛기가 어려워 지팡이에 의지하여 서 있거나, 돌아서서 한참을 등을 구부리고 있다가 바람이 잦아든 순간 몇 걸음을 옮기는 식이었다. 입으로는 주모경 성당에서 드리는 주의기도. 성모송 .영광송을 말한다을 반복하며 한 걸음씩 앞으로 나갔다. 산 후안 데 오르테가에 도착했을 때 난 더 이상 한 발도 더 내디딜 수가 없는 상태가 되어 있었다.

알베르게 앞에는 이미 많은 사람들이 줄을 서 있어서 혹시 자리가 없으면 어쩌나 걱정했지만 다행히 아직은 여유가 있었다. 이곳에 있는 하나뿐인 알베르게 산후안 교구 알베르게는 역사를 자랑하는 오래된 곳이라 시설이 많이 낙후되어 있으나, 분위기는 옛 중세시대를 느끼게 해주어 순례자에게는 어울리는 공간이다. 많은 순례자들이 이곳에 베드버그가 있다고 회피하고는 있지만 오늘 같은 날에는 잠자리만 제공받아도 감사할 뿐이다. 세탁기도 건조기도 없어 건물 회랑엔 빨래가 줄줄이 널려 있다. 모두들 푹 젖어 빨래줄이 모자라고, 거기다 젖은 신발까지 말리느라 애를 쓴다. 봉사자가 신문지를 신발 속에 뭉쳐 넣으라고 준비를 해놓았다. 다행히 잠깐 해가 들고 바람은 여전히 세니 빨래들이 쉽게 마른다.

알베르게엔 부엌이 없어 순례자 메뉴를 신청받고 준비해준다. 7.5유로다. 싸기도 하지만 푸짐해서 만족스러웠다. 사람이 많아 저녁을 일찍부터 교대로 먹으라 한다. 얼른 먹고 성당 미사에 갔다. 성당은 보수 중이었는데, 정갈한 십자고상과 자그마한 성당 한가운데 산 후안 데 오르테가 성인의 무덤을 두고 미사를 하는 게 특이했다. 미사가 예수의 죽음과 부활을 얘기하는 것이지만, 바로 옆에 무덤을 두고 미사를 하고 있다는 것이 생경하게 느껴진다. 삶과 죽음이 얼마나 가까운 것인지 새삼스럽다. 이 성

당엔 후안 데 오르테가 성인의 전설 같은 삶, 난파 모습, 성인의 무덤을 열었을 때 나온 하얀 벌들의 모습이 묘사되어 있다고 하여 기대했으나 지금은 무덤 빼고는 모든 것이 보수 중이어서 성당 다른 공간에 보관하고 있다고 했다. 아쉬웠다. 미사 중에 순례자를 위한 강복 가톨릭 전례에서 사람이나 물건에 하느님의 은혜를 비는 행위이 있었다.

주님!
당신을 사랑하여 산티아고 길을 가는 우리, 당신 자녀들…
산 후안 오르테가 무덤 앞에 있습니다. 그 분의 중재로 우리를 보호하여 주소서.
이들의 동행자가 되어 주시고, 지쳤을 때는 기운이,
위험에는 방어가, 길 위에서는 안식처가,
무더위에는 부드러운 바람으로, 추위에는 따뜻한 옷으로,
어두움엔 빛으로, 좌절에는 위로와 굳건한 다짐으로,
그리하여 당신 도움 안에서 무사히 순례를 마치고,
당신의 덕과 은혜로 충만하여, 그치지 않는 기쁨을 안고,
집으로 건강하고 무사히 돌아가게 하소서. 아멘

미사 후 신부님이 순례길이 무사하길 기원하며 십자 메달을 하나씩 걸어주신다. 이 십자상은 보통 봐왔던 십자가와는 조금 다르게 십자 위에 가로선이 하나 더 있다. 이를 주교의 십자가라 하는데, 위에 하나 더 있는 가로선은 예수님이 십자가에 매달리셨을 때 '유대인의 왕 나자렛 예수'란 글귀를 써 붙였던 곳을 의미 한다. 오르테가 성당 벽에 새겨진 이 대주교 십자가 문양은 12세기부터 공식적으로 사용하게 되었고, 중세 문헌에 의하면, 이 십자가 문양이 새겨진 성당에서만 순례자들이 전대사 가톨릭에서 모든 죄에 대한 벌을 사면 받음를 받을 수 있다고 한다. 소중히 생각되어 깊이 간직한다.

~주님! 무더위에는 부드러운 바람으로, 추위에는 따뜻한 옷으로,
어두움엔 빛으로, 좌절에는 위로와 굳건한 다짐으로, 당신 도움 안에서 무사히 순례를 마치고,
집으로 건강하고 무사히 돌아가게 하소서.

1. 비야 프랑카 몬테스 데 오카 가는 길
2. 비야 프랑카 몬테스 데 오카 가는 길, 가을
3. 오카산
4. I Love You
5. 오카산 순례자 쉼터

산 후안 데 오르테가 ▶▷▷▷▶ 부르고스

13day 얼마만큼의
         사랑이 있어야

새벽, 배낭을 꾸리려고 아래층 식당에 가서 불을 켜니, 누가 자고 있다. 어제 비바람에 아주 늦게 도착한 순례자를 식당에서 자게 했나 보다. 그 비바람 속에서 이렇게라도 몸을 뉘일 장소가 있었던 건 다행이다. 이른 시간인데도 항상 일등으로 출발하는 자그마한 일본인 아가씨와 이탈리아 순례자들은 벌써 나갈 채비를 마치고 길을 나서고 있었다.

길을 나서니 오늘은 바람이 잠잠하다. 어둠 속에서, 마을 입구에 세운 멋진 조형물 옆에 산티아고 518km라는 아헤스 Agés 마을 표지판이 나온다. 마을로 들어가 한때 나헤라의 가르시아 왕이 묻혀 있던 후에 로얄 판테온으로 옮겨감 산타 에우라리아 성당 앞, 어스름 속에서 사진 한 장 찍고 지난다.

다시 들녘이다. 비 그친 하늘은 아직은 낮은 회색 구름으로 가득하다. 2.5km 더 가서 만난 아타푸에르카 Atapuerca 마을은 선사시대 유적이 있는 마을이다. 마을 입구에 있는 카페에 아침 먹으러 들른 사람들이 많다. 이제는 자갈길을 따라 길게 올라간다. 이 길은 봄에는 온통 목초지로 풀을 뜯는 양떼를 쉽게 만날 수 있는 길인데, 지금은 언제 그랬냐는 듯이 온통 돌 투성이의 산이 되어있다. 중턱에서 돌아보니 해가 뜨고 있다. 어제 비 오는 오카 언덕에서 보았던 진흙의 빛깔과 같은 예쁜 주황이다. 길

부르고스 가는 길. 신비한 원

에 온통 자갈이 촘촘히 박힌 산을 오르니 부르고스 Burgos로 향한다는 나무 표지판이 나오고, 아침해가 위력을 발산해 맑은 눈부심으로 하늘로 올랐을 때, 우리는 산 정상에서 돌무더기 위에 세운 커다란 십자가를 만났다. 그 앞에서 짧게 기도를 한다. 문득 지난 순례 때에 이 길에서 보았던 야생화가 떠오른다. 그땐 란 잎사귀처럼 생긴 풀이 무성했었다. 그 풀에서 무슨 꽃이 필까 몹시 궁금했었는데, 이제 보니 땅 바닥에 꽃을 뿌린 것처럼, 잎사귀 없는 보라색 꽃들이 지천이다. 상사화 종류 같다. 잎과 꽃이 만나지 못하여 상사화라 이름 붙인 꽃. 지금은 꽃이 잎을 그리워하는 계절인가 보다.

이 산길에는 어느 때부터인가 이 길을 지나는 순례자들이 돌을 하나씩 이어 커다란 원들을 만들었다. 마치 불가사의한 우주의 암호 같다. 나도 돌 하나 주워 내 암호를 기록한다.

산을 내려오니 다시 들을 따라 흙길이다. 위에서 내려다보면, 구불구불한 길들이 꼭 우리 인생길 같다. 고속도로처럼 똑바르지 않게, 굽이굽이 가다가, 가끔은 옆길도 나오고 그 길이 또 합쳐지기도 하는. 영화에서도 굴곡진 스토리와 스릴이 없으면 보는 재미가 없듯이 인생도 마찬가지다. 조금은 굴곡도 있고 실패도 있는 삶이 값지게 보인다. 그래도 결국에는 해피엔딩이었으면 좋겠다. 영화도 인생도.

이제 부르고스 외곽 공장지대가 시작됐다. 부르고스 전 마을 비야프리아 Villafria는 제법 큰 도시인데, 도시로 들어서면 입구에 있는 한 건물벽이 거울이다. 난 그곳에서 자화상을 찍는다. 사진을 찍고 있으면 본인이 피사체가 되기는 어려워 거울을 보며 내 모습을 담곤 한다. 물론, 요즘은 셀카봉을 이용해 많이들 찍고는 있지만, 내겐 그런 기기가 낯설고 부끄럽다.

다시 긴 부르고스 외곽지대를 걸어 드디어 부르고스에 들어선다. 하지만 여기서부터는 길이 때론 위험하기도 하고, 무엇보다 도심까지 너무 지루했던 기억이 났다. 그래서 동행들을 설득해 버스를 타기로 했다. 1유로 내고 시내 중심까지 가서, 대성당 근처에서 로스 쿠보스 Ref. munic. Los Cubos 공립 알베르게를 찾았다. 생각보다 줄이 길진 않았다. 어제 비바람 때문에 많은 사람들이 도시에서 지내려고, 부르고스까지 와서 묵고 오늘은 썰물처럼 빠져 나갔기 때문에 오히려 한산했다. 숙소를 배정받고 들어가 보니 훌륭하다. 벙크베드 2개마다 칸을 막아 프라이버시를 지킬 수 있고 바로 옆엔 세면대가 한 개씩 따로 있다. 지자체에서 하는 알베르게로 순례자를 위한 세심한 배려가 보인다. 부엌은 넓지만 취사도구는 없다. 마이크로 오븐만 있을 뿐이다. 참고로 부르고스엔 사설 알베르게에도 부엌이 없다. 굳이 만들어 먹으려면 전자레인지에 데워 먹을 수 있는 음식을 먹어야 한다.

씻고 나서 보내놓은 배낭을 찾으러 호텔 몬헤스 마그노

스Hotel Monjes Magnos로 간다. 알베르게와 상당히 떨어져 있는데 다행히 카미노 길 선상에 있는, 큰 도서관 옆에 있어 찾기는 쉽다. 배낭을 찾은 후, 몹시 고픈 배를 채우기 위해 레스토랑 라 마피아 La Mafia에 들어갔다. 순례자 메뉴는 아니고, 오늘의 메뉴였는데 순례자 메뉴는 오늘의 요리보다 조금 싸고, 정해진 시간에 먹어야 한다 11.95 유로. 포도주와 아페르티프, 차가운 스페인 전통 냉스프 가스빠초 빵조각,올리브유,식초,소금,마늘,양파 등으로 만듦를 주었는데, 이 집에선 재료를 토마토를 썼나 보다. 특이한 맛이 있다. 포도주도 질이 좋은 것인지 약간 떫은 맛과 깊은 맛을 느낄 수 있다. 나오는 메인 요리도 도시스럽게 깔끔하다. 마침 그 시간이 시에스타 시간이어서 닫은 식당이 많아, 이 집만 사람들이 북적댄다. 순례자들도 많았는데 다들 만족스러운가 보다. 음식을 갖다 주는 종업원에게 최고라고 엄지 손가락을 치켜 든다.

알베르게에 배낭을 두고 대성당 광장으로 저녁거리를 사러 나간다. 대성당 앞 광장에서 벤토사에서 만났던 한국 아가씨들을 다시 만났다. 그들은 전 구간을 걷지 않고 중간 중간 택시와 버스를 이용하고 있다. 내일은 버스를 타고 산티아고에서 백여 km 떨어진 사리아로 건너간다고 한다. 짧게 끝내는 순례길이지만 복된 시간이 되길 빈다. 또 다른 두 한국아가씨 S와 N도 만났다. 한 사람은 바욘역에서 만나고, 한 사람은 생장 피드포르 순례자 사무실 가는 길에서 우리를 만났다. S와 N 두 사람은 첫날, 생장 피드포르 알베르게에서 만나 줄곧 같이 오고 있다. 두 사람 다 잠시 휴가를 내어 왔는데 여기서 만나 다정하게 지낸다. 두 사람은 우리 딸들 또래인데, 순례길 오려고 직장도 임시휴직까지 했다고 하니 대단해 보인다.

이번에 이곳에 오기 한 달 전쯤, 큰딸 부부가 같이 순례를 했으면 하는 뜻을 비쳤다. 프리랜서로 일하는 딸과 사위가 당분간 일을 접고라도 오겠다고 하니 남편은 깜짝 놀란다. 한창 일할 나이에 무슨 소리냐고 일언지하 거절이다. 내가 같이 가면 좋겠다고

마타그란데 봉 가는 길

했더니, 그럼 자기가 가지 않을 터이니 셋이 다녀오란다. 어쨌든 안 된다는 강한 의사 표시다. 딸 부부도 준비를 좀 하고 가는 게 좋겠다고 아버지 말씀에 따랐다. 남편은 여기 와서 여러 명의 용기 있는 한국 젊은이들을 보았다. 대부분 하던 일들을 일단 접고, 순례길을 걸으러 왔다. 우리는 '그럼 직장은?'하고 걱정스럽게 묻곤 했다. 다들 그 문제는 순례를 끝내고 돌아가서 생각하겠단다. 우리 세대는 한번 직장 들어가면 그곳에서 끝을 봐야 한다고 생각하고 살아왔다. 이직을 자주 하는 사람은 끈기가 없는 사람 취급을 하는 시대였으니, 다니던 직장을 그만두는 용기가 있을 턱이 없다. 조금씩 남편의 생각이 바뀌는 것 같다. 정말 용기 있게 인생을 설계하는 젊은이들이 멋있어 보인다. 이제 집으로 돌아가면 남편은 큰딸 부부가 이곳을 오겠다고 해도 말리지는 않을 것 같다.

지난 순례 때가 떠오른다. 대성당 광장으로 동행하던 언니들과 들어서니, 그동안 한 번이라도 만났던 순례자들이 거기 다 있는 것 같았다. 반가워 얼싸안고, 지나온 얘기를 하고, 와인 한 잔씩 나누곤 했었다. 세월이 참 빠르다. 기억 속엔 바로 어제인데 벌써 3년이 지났다.

부르고스 공립 알베르게에는 와이파이 서비스가 없다. 머물렀던 마을 알베르게마다 와이파이가 된다는 게 편리하긴 하지만, 사색과 명상의 길에 방해가 된다고 느끼던 내겐 오히려 와이파이 서비스가 없는 게 다행이라는 생각이 들었다. 이후로도 지자체 알베르게에선 와이파이 서비스가 안 되는 곳이 많았다. 순례의 참맛을 보라는 뜻이 아닐까.
부르고스는 산티아고 길에서 팜플로나, 레온과 함께 몇 안되는 대도시이다. 그만큼 역사적인 문화유산이 많은 곳이다. 부르고스 대성당은 유네스코 세계문화유산에 속한다. 대성당은 순례자에겐 3.5유로의 입장료를 받고 있다. 많은 네이브 nave-성당 입구에서 안쪽까지 통하는, 중앙의 주요한 부분들과 몇 개의 성당, 그리고 예술품들이 가득하다. 부르고스 대성당 천장 장식은 입이 떡 벌어질 만큼 대단히 정교하고 아름답다. 성 아우구스티노 교단에 속한 수도원의 부속 작은 성당에, 그리스도의 십자가 El Santo Cristo*가 제단에 있다.

* 전해오는 얘기에는 실물 크기의 이 그리스도 상은, 14세기 플랑드르 풍으로, 부르고스의 한 상인이 플랑드르에서 돌아오던 길에 바다에 떠도는 큰 상자 속에서 발견한 것이다. 그 상인은 십자가를 부르고스의 성 아우구스티노 수도원에 기증했다. 많은 순례자들이 이 십자가를 보고 깊은 감동을 받았다. 17세기 프랑스 여성 순례자 돌노이는 이 십자가를 보고 진짜 육신의 모습을 보는 듯 했다고 한다.

수도원의 수사들은 이 여성 순례자에게 매주 금요일마다 성체에서 피가 스며 나온다고 말했다고 한다. 1세기가 더 지난 18세기에는 수사들이 순례자들에게, 성체에서 피가 스며나오며, 일주일에 한번씩 성체의 수염도 깎아야 하고 때로는 손톱과 발톱도 깎기도 한다고 말했다고 한다. 기적의 진화다.

저녁 7시 반, 수도원 부속 성당 순례자 미사에 갔다. 소성당 제단의 예수님 상은 흘리신 피처럼 선명한 붉은색 배경 위에 걸려 있다. 정말 살아있는 육신처럼 생생하다. 가슴이 아플 만큼 고통의 흔적이 선명하다. 이제 막 숨을 거두신 것처럼, 떨군 고개에는 길게 자란 머리과 수염이 어깨의 상흔을 덮고 있다. 얼마만큼의 사랑이 있어야 이런 처절한 고통을 겪고도 세상 끝까지 함께 하겠다고 할 수 있는 걸까? 예수님 마른 가슴 속, 사랑의 붉은 심장 박동을 듣는 듯하다.

미사 후 아를란손 강 Rio Arlanzon을 따라 나있는 가로수길로 산책을 나간다. 산타 마리아 다리 앞 광장엔 스페인의 유명한 조각가 헨리 무어의 작품들이 예술의 정취를 느끼게 한다. 아름다운 도시 부르고스에 노을이 지고 밤이 오고 있다.

인생도 마찬가지다.
조금은 굴곡도 있고 실패도 있는 삶이 값지게 보인다.
그래도 결국에는 해피엔딩이었으면 좋겠다. 영화도 인생도.

1	2
3	4

1. 부르고스 대성당
2. 부르고스
3. 부르고스 성당 엘 산토 크리스토 십자가상
4. 부르고스 가는 길, 봄

부르고스 ▶▷▷▷▶ 오르니요스 델 카미노

14day 길 위에서 죽음을 생각하다

부르고스부터는 메세타가 시작된다. 메세타는 고원지대를 말한다. 나무가 별로 없는 곳이라 여름에는 해를 가리기가 힘들고, 쉴 곳도 많지 않다. 중세 순례자에겐 특별한 지표가 없어 길을 잃기 쉬운 곳이었다. 지금은 길을 따라 곳곳에 나무도 심고 돌로 세운 전형적인 산티아고 길 표시석이 줄지어 있기도 하다. 단조로운 톤의 메세타 풍경은 세르반테스에게 돈키호테 Don Quixote라는 인물을 만들게 했고, 아빌라의 테레사* 성녀와 십자가의 성 요한에게 영적이고 신비한 영감을 불러일으켰다. 테레사 성녀가 영적 교감을 가졌던, 우리들의 성모승천 교회 Iglesia de Nuestra Señora de la Asunción는 중세 마을 타르다호스 Tardajos마을에 있다.

* 아빌라의 성녀 테레사는 1515년 스페인 아빌라의 귀족가문에서 태어났다. 스무살에 육화의 수도원에 들어가 평생 동안 신비한 관상(탈혼상태의 기도)을 실천하여 많은 신비 체험을 한다. 성녀는 1582년 하느님의 품으로 갈 때까지 26년 동안 육화 수도원에서 살았고, 20년 동안 9개의 수녀원을 창설했다. 1614년 복자(가톨릭에서 죽은 사람의 덕행과 신앙을 증거하여 공경의 대상이 될만하다고 교황청에서 공식 인정하는 것)로 시복되고, 1622년 시성(죽은 후에 성인 품으로 올리는 일)되었다.

도시를 벗어나 채소밭이 이어지는 길을 간다. 짙은 새벽 안개가 도시를 어스름하게

가리니, 그 신비로운 분위기가 무릉도원이 이랬을까 싶다. 분홍빛으로 떠오르는 해가 어우러져 그 신비함을 더한다. 이제는 다시 해바라기 밭이다. 해바라기 밭을 보면 우리가 걷는 방향을 알 수 있다. 우린 서쪽을 향해가니, 동쪽으로 향하는 해바라기는 언제나 걷고 있는 우리를 바라보고 고개를 숙이고 있다. '안녕하세요' 공손하게 인사하는 것 같다.

제법 넓은 길에 누가 자갈을 이어 'Happy Birthday'와 하트를 그려 놓았다. 아마 젊은 연인의 흔적일 것이다. 젊을 때의 열정은 시간이 흐르면 옅어지고, 그저 옆에 없으면 허전한 우정이 된다. 옆을 걷는 남편을 보자니 피식 웃음이 나온다. 우리도 저랬던 때가 있었나. 남편은 걱정과는 달리 잘 걷고 있다. 한쪽 무릎과 허리가 좋지 않아 걱정했었는데, 하루 25km씩 걷는 일정에 완벽히 적응한 모습이다. 오히려 조금씩 더 걷기를 원한다. 남편은 산티아고 순례길을 오기 위해 한국에서 매일 10km 이상씩 걸어왔다. 그때 고장 난 무릎이 오히려 이곳에서는 말썽을 부리지 않고 잘 버텨주고 있다. 살도 많이 빠져 얼굴이 수척해 보일 정도다. 몸무게가 줄어 무릎이 아프지 않은 건지도 모르겠다.

부르고스를 지나던 아를란손 Arlanzon 강줄기가 다시 이 길에서도 만난다. 라베 데 라스 칼사다스 Rabé de las Calzadas 마을로 들어선다. 주인을 따라 순례길에 나선 멋진 견공이 카페에 들어간 주인을 기다리며 배낭을 지키고 있다. 카페를 나서니 다시 추수 후의 노란 밀밭만이 계속된다. 같은 풍경이 계속되니 생각이 안으로 집중된다. 우리가 생을 마쳤을 때, 주님께서는 세상일이 어떻게 되었느냐고 묻지 않으시고, 우리 자신이 어떻게 살았는지 만을 물으신다고 한다. 매일같이 우리는 너무 바쁘고 너무 많은 세상사에 관심을 가지며 너무 많은 것을 소유하려 한다. 단순함과 겸손함이 삶의 근간이 되어야 맑은 삶을 살 수 있다. 산티아고 순례길은 단순한 삶을 경험하기에 참으로 좋은 곳이다. 등에 진 배낭 무게만큼만 가지고도 매일을 살기에 부족함이 없다. 또 이곳은 그동안 어떤 삶을 살았건 동등한 자격으로 걷는다. 목욕탕에서처럼 가

오르니요스 마을

지고 있던 사회적 지위, 돈, 학력, 나이 다 벗어 버리고 누구나 동등하게 바라보고, 같은 대접을 받으며, 한가지 이름 '순례자'라고 불리운다.

들판에는 가끔 밀짚 노적가리가 건물처럼 쌓여 있다. 멀리서 보면 건물인 줄 착각한다. 길 옆, 나무 표지판에 프라오토레 샘이라고 써있다. 잠시 휴식을 하고, 다시 두 시간을 걸어 오르니요스 델 카미노 Hornillos del Camino에 도착했다. 오르니요스 마을은, 마을 길을 따라 이어져 있는 돌집들이 한눈에도 기품 있어 보인다. 자세히 보면, 어느 중세 마을의 집보다 오래된 느낌으로 독특한 아름다움이 있다. 마을에 있는 푸엔테 데 가요 샘 Fuente de gallo에는 꼭대기에 기적의 수탉* 조각이 서 있다.

* 나폴레옹의 군사가 이곳을 지날 때, 배가 고픈 군사들이 마을 주민들이 미사를 보는 동안 모든 닭을 죽여 드

럼 속에 감추었다. 주민들의 항의에 군사들이 모른다고 잡아뗐을 때, 드럼 속에서 수탉이 살아나 크게 울어 그 죄를 드러냈다고 한다.

 마을 입구, 걷고 있는 순례자들의 모습이 벽에 그려진 건물이 바로 오늘 묵을 알베르게 미팅 포인트 Albergue Meeting Point이다. 작은 사설 알베르게다. 바로 앞 건물도 또 다른 사설 알베르게다. 공립 알베르게까지 합하면 총 세 개의 알베르게에 88개의 침대가 있다. 이곳 주민 수보다 더 많은 순례자를 받는다는 말이다. 알베르게 미팅포인트는 뜰도 좋고 쾌적하나 샤워 물이 미지근한 게 흠이다. 사실 어디 흠 없는 곳이 있으랴. 론세스바예스에서는 샤워실과 화장실이 불편했고, 수비리는 벌레가 있었고, 나바레테에서는 짐을 받아주지 않았고, 나헤라는 주방 시설이 부족했고, 벨로라도에도 벌레가 있었다. 등등… 하지만 이런 것들로 흠을 잡는다면 내가 부족한 사람이다. 거꾸로 생각하면, 그것 한가지 빼면 다 좋은 곳들이었으니까.

알베르게에 도착하자마자 모든 옷과 침낭을 햇볕에 소독한다. 오르테가에서 내 몸을 물었던 베드버그가 내 옷과 침낭에 남아 있는지 벌레가 스멀스멀 몸을 기어 다니는 느낌이다. 그동안에는 알베르게에서 다음 알베르게까지 짐을 옮겨다 주는 운송회사를 이용했었는데, 오늘부턴 배낭을 지고 다니기로 했다. 그렇게 배낭을 지고 20km까지는 가볍게 왔는데, 갑자기 왼발이 찌르르하다. 항상 먼저 아픈 발이다. 또 쉬면 괜찮아질 거라고 위안한다. 자고 나면 회복되어 다음날 아침엔 가뿐할 것이다. 그러면서도 혹시 탈이 나면 어쩌지 하는 걱정이 슬그머니 고개를 든다.

오는 동안 곳곳에서 순례 중에 죽은 사람들의 무덤을 만났다. 거기에는 생전 모습의 사진도 가끔 놓여 있다. 한치 앞도 모르는 인간사라 배낭을 메고 의기양양하게 환하게 웃고 있는 모습이다. 그 모습을 보면, 행복한 죽음일지도 모른다는 생각을 한다.

순례자의 무덤을 보니, 떠오르는 3년 전의 기억이 있다. 3년 전 순례길에서 프랑스 청년 시몽을 만났다. 27살 회사원으로 휴가를 내어 온 시몽은 한번 들어도 잊히지 않

오르니요스 델 카미노 가는길

오르니요스 델 카미노 가는 길 봄

는 이름이어서 기억에 남는다. 영어가 서툴러 젊은 순례자들이 몰려다녀도 그곳에 끼지 않고 프랑스에서 온 60대의 아저씨와 동행하고 있었다. 어느 날, 걷고 있을 때 앞쪽에서 앰블런스 소리가 들렸다. 그건 앞서 가던 순례자가 길에서 쓰러졌다는 얘기다. 순례자가 쓰러지는 모습을 바로 뒤에 가던 시몽과 같이 가던 아저씨 순례자가 목격했던 모양이다. 나이든 그 프랑스 순례자는 큰 충격을 받았고, 시몽은 그가 충격으로 순례를 여기서 접어야 할지, 몹시 고민하고 있다며 걱정하고 있었다. 그분은 겉으로 보기에도 창백하고 병약해 보이는 분이었다. 몸이 걱정됐을 것이다. 언젠가 이 길에서 쓰러져 다시 일어나지 못할 수도 있다는 두려움이 그를 괴롭혔을 수도 있다. 그 후 집으로 돌아갔는지 그의 모습은 보이지 않았다. 혼자 남은 조용한 성격의 시몽은 한동안 혼자 걷다가 보름 동안의 휴가가 끝나자 순례길 중간에 돌아갔다. 집으로 돌아가기 전, 시몽은 나에게 자신의 수호 성녀가 새겨져 있는 메달을 내밀었다. 나의 순례길을 보호해 줄 거라면서.

생각해보면 백 년 전에 이곳을 다녀간 순례자라면, 여기에서 죽었건 돌아가서 죽었건 다 저 세상 사람들이다. 또한 이 길에서는 성전이라는 이름으로 무어 족과의 싸움에서 많은 이들이 죽었다. 땅을 한 걸음씩 디딜 때마다 이 땅이 선조 순례자들의 죽음 뒤에 남겨진 육체의 잔해가 흙으로 바뀌어서 만들어진 것이란 생각이 든다. 그렇다면 우리는 그들을 딛고 야고보 성인을 만나러 가는 것이요, 우리도 다음 세대 순례자를 위한 순례길의 디딤돌이 되리라.

어제 아침 뉴스에 칠레 소식이 나왔다. 진도 8.3의 지진으로 많은 피해가 있다는 것이다. 한국에서 친구 하나가 칠레의 산티아고와 스페인 산티아고를 혼동해 걱정하는 메시지를 보냈다. 혹시나 이 낯선 길에서 친구가 아프거나 사고를 당했을까 봐 걱정이 됐나 보다. 어쨌거나 나는 아직까지 무사하다. 지구 한쪽은 지진으로 난리인데 한쪽은 고요와 평화 속에 순례를 하고 있다니 미안하기도 하다.

우리가 생을 마쳤을 때,
주님께서는 세상일이 어떻게 되었느냐고 묻지 않으시고,
우리 자신이 어떻게 살았는지 만을 물으신다고 한다.

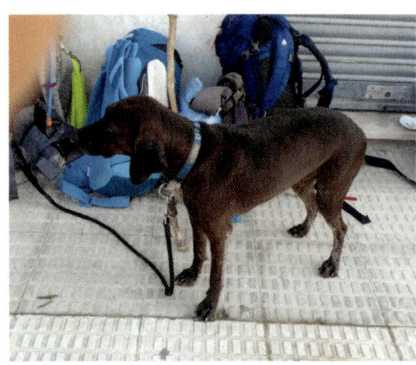

1	
2	3
4	5

1. Happy Birthday
2. 카페앞 순례견
3. 리오 아를란손
4. 휴식중인 순례자들
5. 오르니요스 마을 수탉의 샘

오르니요스 델 카미노 ▶▷▷▷▷ 카스트로

15day 들판에서
관용의 정신을 생각하다

동이 다 틀 때까지 길은 단조롭지만 평탄하게 계속 이어진다. 새벽 동틀 무렵 일출을 찍으려고 돌아서니 내 앵글에 자그마한 여성 순례자가 들어온다. 인사를 하니 상냥히 받아준다. 산 안톤 유적지를 지나 가로수가 있는 도로 길에서 그녀를 다시 만났다. 말을 걸어보니 인도네시아에서 혼자 왔단다. 통역 일을 하고 있는데 휴식이 필요해 비자를 내서 온 것이라고 했다. 요즘 우리나라 사람들은 비자 없이도 3개월 동안 유럽 체류가 가능하지만, 인도네시아에서는 비자를 내야 한다고 한다. 친구 하나는 보름간만 비자가 나와 같이 올 수 없었다고 아쉬워한다. 덧붙여 그녀는 순례길에 한국인 순례자가 너무 많은 게 놀랍다고 했다. 그녀는 길가 작은 꽃 하나하나에 관심을 갖고 사진도 찍고 아주 오래 들여다 보기도 한다. 감수성이 풍부한 사람 같다. 카스트로 헤리츠에서 머물 거냐고 물으니 걸을 수 있을 때까지 더 걸을 거라고 한다. 내가 알베르게에 도착했을 때, 그녀는 알베르게 앞 벤치에서 점심을 먹고 다음 마을로 떠나고 있었다.

긴 그림자를 앞 세우고 끝없는 밀밭 길을 원 없이 걷는다. 바람 속으로 풍차의 대열이 서있다. 마을이라곤 전혀 나올 것 같지 않은 메세타 고원 지역을 한 시간 반이 넘게 계속 걸어 언덕을 내려가자, 계곡에 숨은 마을 표시석이 나오고 오래되고 아름답고 친절한 마을 온타나스 Hontanas가 보인다. 이건 지난 순례 때의 내 느낌이다. 3

년 전, 무더위에 지쳐 힘들게 온타나스에 있는 알베르게 산타 브리히다 Santa Brigida 에 도착했을 때, 친절한 주인과 고풍스런 중세풍의 알베르게 분위기, 맛있는 음식이 나를 열광하게 했었다. 오늘은 머물지 않고 지나가는 마을로, 마을 입구의 샘에서 물을 채우고 스웨덴의 성녀 브리히다 데 수에시아Santa Brigida de suecia*를 기리는 아주 작은 성당을 들어가 기도를 한다.

*성녀 브리히다는 남편과 함께 3년 동안 산티아고 길을 걸었고, 돌아오는 길에 남편이 죽자 수도자가 되어 나중에 바드스테나에 수도원을 세웠다. 그녀는 1391년에 성녀의 반열에 올라, 1999년 요한 바오로 2세에 의해 시에나의 성녀 카탈리나와 십자가의 성녀 테레사 베네딕타와 함께 유럽의 수호성녀로 공인되었다고 한다.

메세타엔 가을 수확이 끝나, 삭막하고 누르스름한 들판에 찔레꽃 열매만 붉은 피를 흘린다. 찔레는 제 피를 흘려 가을 들판을 풍요롭게 하는데, 무고한 남의 피로 세상을 얼룩지게 하는 IS 무리는 무슨 필요가 있어 아직까지 이 세상에 존재하는가? 진리로 가는 길은 다르지만 결국은 사랑 만이 구원에 이르게 할 것인데… 달리 방법을 모르는 나로서는 무고한 피해자를 위해 기도를 한다. 그리고 IS 무리들이 빨리 회심하기를 기도한다.

13세기 산티아고 길을 걸었던 카탈로니아 출신 라이문도 룰리오의 얘기가 떠오른다. 그는 그리스도의 환영을 경험한 뒤 산티아고 데 콤포스텔라로 순례를 떠났다. 그가 환영에서 깨달은 선교란 것은 크리스트교, 이슬람교, 유태교의 근본이 매우 가까운 데 있다는 것이었다. 무조건 타 종교인들을 배타적으로 대하는 게 아니라, 단지 진리를 향해 가는 길이 다른 것이라고 보고 열린 마음으로 타 종교인들을 바라본 것이다. 그 시대로서는 매우 앞선 종교관이란 생각이 든다

온타나스 마을을 떠나 다시 전형적인 메세타 길을 걷다가, 아스팔트 길을 따라 걷는

혼타나스 마을 입구

산불 가는 길

다. 얼마 후 산 안톤 San Anton수도원 폐허가 나타난다. 폐허의 뒤쪽으로 돌아가니 알베르게 입구다. 아직 출발하지 않고 있던 순례자들이 즐겁게 이야기를 나누며 출발 준비를 하고 있다. 11세기에 지어진 산 안톤 성당은 산 안톤이 3세기에 있었던 한 이집트 은둔자에게 헌정하기 위해 세운 것이다. 성당 안에는 이 은둔자의 유물이 보관되어 있었는데, 죽음에 이르는 무서운 병, 맥각호밀에 기생하는 맥각균 중독에 걸린 여자아이를 이 유물에 접촉하게 했더니, 치료가 되는 기적이 일어났다. 그 후 무섭게 타는 듯한 고통과 함께 괴저가 오는 이 병을 '산 안톤의 불'이라고 부르게 됐다고 한다. 산 안톤은 동물들의 수호성인으로도 알려져 있다.

계속 아스팔트 길을 걸어 중세 시대의 성이 있는 카스트로헤리츠 Castrojeriz 마을에 도착했다. 카미노 길을 따라 나있는 작은 골목의 집들을 보면 작은 마을처럼 느껴지나, 옆으로 난 길을 내려다 보면 집들이 많이 보이는 제법 큰 마을이다. 멀리 언덕에 카스티요 데 산 에스테반 Castillo de San Esteban 성의 폐허가 보인다. 이 로마시대 성은 줄리어스 시저가 세운 것으로, 갈리시아

의 금광으로 가기 위한 길을 보호하기 위해 사용되었다. 마을 입구에 들어서면, 사과나무의 산타마리아 성당 Iglesia de Santa María del Manzano이란 이름의 13세기 고딕 성당이 있다. 이곳은 열려 있어 작은 박물관처럼 구경할 수 있다. '사과나무의 성당'이란 이름은, 말을 탄 성 야고보 앞에 사과나무 위에서 성모 마리아가 발현했기 때문에 붙은 것이다.

알베르게 노스트라 Nostra는 카미노 길에 있다. 입구는 작으나 집이 고풍스럽고, 매우 온화하고 친절한 페레그리네로가 있어 푸근하다. 부엌에는 분리수거를 해달라고 예쁘게 그림을 그려 놓은 것이 인상적이었다. 집의 한쪽이 언덕이었는지 밑으로 외양간처럼 보이는 곳에 닭과 오리들이 있고, 우리가 입구에서 들어간 곳은 분명 지하였는데 창문으로 내려다보니 이층이다. 건물 구조가 이색적이어서 우리나라에 이런 공간이 있다면 갤러리를 하면 좋겠다는 생각이 들 정도다.

지하엔 여섯 개의 침대가 있어 우리 일행 외에도 대만 아가씨 둘이 들어왔다. 얼굴도 예쁘고 상냥한 간호사 아가씨들 에마와 로즈다. 내일 아침 우리가 출발을 일찍 하려고 하는데, 준비할 때 시끄러울 수도 있으니 이해해 달라고 하니, 자기들은 걱정하지 말고 편히 짐을 꾸려도 된다고 한다. 젊지만 배려심이 있는 사람들이다.

카미노의 알베르게마다 봉사하고 있는 페레그리네로들을 보면서 관용의 정신을 느낀다. 그들은 카미노에 감명받아 이 깊은 시골에서 희생을 자처하고 있다. 세계 각국에서 온 갖가지 습관을 가진 사람들을 매일 맞으며, 한결같은 친절을 베풀고 있다. 그들을 보면서 나 자신을 돌아보게 된다. 나는 과연 인생의 얼마를 다른 사람들을 위해 할애하고 있는가?

페레그리네로들은 한결같은 친절을 베풀고 있다.
그들을 보면서 나 자신을 돌아보게 된다.
나는 과연 인생의 얼마를 다른 사람들을 위해 할애하고 있는가?

1	2
3	4
	5

1. 산 안톤 알베르게
2. 산 에스테반 성채
3. 성녀 브리히다 상
4. 산토 도밍고 성당 벽장식 O Mors-오 죽음
5. 카스트로헤리츠

카스트로헤리츠 ▶▷▷▷▶ 프로미스타

16day 우리 부부는
서로를 너무 모른다

새벽 다섯 시, 같은 방에 든 대만 아가씨 에마와 로즈의 양해 아래 불을 켜고 나갈 채비를 했다. 출발할 때 시간을 보니 다섯 시 반이다. 그림자를 앞세우고 길을 나서니 그림자는 새벽부터 힘겨운지 이리저리 흔들린다. 짙은 안개로 5m 앞이 보이지 않아, 길 찾는 일이 보통 힘든 게 아니다. 몇 번을 놓칠까 봐 서성이다 드디어 한 길로만 된 곳으로 들어섰다. 그때부터 오르막이었는데, 거의 한 시간 가량을 앞이 보이지 않는 상태에서 헉헉대며 오르니 이미 몸은 하루치 에너지를 다 쓴 듯 힘겹다. 그걸 아는 듯 길 옆 바위에 노란 화살표와 함께 'Animo 힘내세요'라고 쓰여있다.

카스트로헤리츠의 긴 로마 시대 길을 따라나오면서, 로마로 금과 광물을 옮기기 위해, 길을 건설하는 데에 수천 톤의 돌이 쓰인 걸 생각한다. 그 시절엔 힘이 강한 로마 제국이 점령한 땅의 귀중한 자원을 모두 빼앗아갔다. 아이러니한 것은 나중에 스페인이 강대국이 되자 아메리카 대륙에서 잔인한 살육과 약탈을 행했다는 사실이다. 힘을 가진 자에게 그 힘을 올바로 이용할 수 있는 덕이 갖추어져 있지 않을 때, 역사의 온갖 비극이 시작됐다. 힘을 가지게 되면 잔인해지는 것은 인간의 본성인 것일까.

아침이 어렴풋이 올 때, 산 나콜라스 성당을 만났다. 이곳의 알베르게에서는 세족식 옛날 예수님이 제자들의 발을 씻어 주었듯이, 이곳 봉사자들이 낮은 자의 마음으로 순례자를 대한다는 뜻이겠지이 행해진다. 폐허가 되었던 성당은 복원되었고, 성당 뒤 새로 지은 건물은

보아디야 델 카미노 알베르게 "엔 엘 카미노"

이탈리아 신도회에서 알베르게로 운영하고 있다. 이 알베르게에서 어제 만났던 인도네시아 여성 순례자와 다시 마주쳤다. 그녀는 어제 한참을 더 걸어 이곳까지 와서 머물렀다고 했다. 어제 오후 해가 있을 때, 오늘 우리가 올라온 언덕 길을 걸었으면 무척 피곤했을 텐데, 젊어서 그런지 기운차 보인다.

피수에르가 강 Rio Pisuerga을 지나는 포장된 다리를 지나면서 보니, 강에 안개가 자욱하다. 다리를 건너자 팔렌시아 Palencia 주 표지가 있다. 어렴풋한 들녘에 물 뿌리는 기계가 막 하늘로 오르려는 비행기처럼 날렵하게 날개를 펴고 있다. 이제 이테로 델라 베가 Itero de la Vega 마을이다. 여기부터 보아디야 델 카미노 마을까지 피수에르가 수로 Canal del Pisuerga가 이어진다. 달팽이가 느린 산책을 하고 있는 아침 들길, 보아디야까지 이어지는 자갈길이 발바닥을 예민하게 자극하여 발가락들이 찌릿찌릿 아파온다. 아프다고 남편에게 얘기해도, 다들 조금씩 아프니 당연하다는 듯, 별로 안쓰러워하는 기색이 없다.

안개 속을 걸으면 생각에 생각이 꼬리를 문다. 나는 누구인가. 나는 내 주변의 모든 것이 없이는 설명이 불가능한 존재다. 내 남편이 나이고, 내 자식, 형제, 친구 모두 나를 설명할 때 필요한 사람들이다. 나를 둘러싸고 있는 모든 인연을 벗어버리면 진정한 나라고 볼 수 있을까? 나의 어머니, 아버지는 어떤 사랑으로 나를 만드셨을까? 이 육체에 깃든 진정한 나, '영혼'은 어디서 왔을까? 지금의 나라면 당연히 하느님이 보내주신 영혼이라 할 것이다. 우리 어머니 시절엔 우리 집안이 아직 천주교에 입교하지 않아, 어머니는 절에도 다니시다, 어느 때 집안에 답답한 일이 있으면 무당을 불러 굿도 하시고, 사주와 점도 많이 보셨다. 어려서부터 어머니가 내 사주를 보거나 손금을 보면 언제든지 같은 얘기가 나왔다. 밖으로 돌아다닐 팔자란다. 내가 젊은 시절엔 외국 나가는 것이, 특히 사회생활을 하지 않는 여자들에겐 어려운 일이었다. 요즘에야 시간과 돈만 있으면 못 갈 곳이 없는 세상이 되었지만, 어찌 되었건 사주팔자대로 내겐 방랑벽이 있는 것은 사실이다. 바람처럼 내달리고 싶어 얼마에 한 번씩은 속이 끓어오른다. 이게 나인가? 그럼 그런 나의 기질도 처음부터 내게 삶을 허락하신 그분께서 정해주신 것인가?

오늘 목적지로 정한 보아디야 델 카미노 Boadilla del Camino의 풋수 Putzu 알베르게에 도착했다. 가이드북에는 이 마을에서 부엌 있는 집이 풋수 알베르게 밖에 없다고 적혀 있었다. 겨우 마을에 도착해 알베르게를 찾아가 보니 문이 닫혀있다. 운영하지 않고 있는 알베르게였다. 가만 보니 이 알베르게는 3년 전에도 왔다가 문을 열지 않아 허탕을 친 곳이었다. 그때도 한참을 문 앞에서 기다리는 헛수고를 했었는데, 그 알베르게 이름을 외우지 못해 이번에도 같은 실수를 하게 된 것이었다. 너무 이른 시간에 도착하기도 했지만, 마을이 작고 상점도 없으니 남편과 친구 부부는 6km를 더 가야

이테로 델 카스티요 가는 길 순례자 쉼터

하는 프로미스타 Frómista까지 가자고 한다. 내심 발이 아파 이곳에서 쉬고 싶었지만, 다수의 의견이니 따르기로 하고 길을 떠났다.

끝없는 수로길이 이어진다. 보아디야 델 카미노에서 프로미스타까지의 카스티야 수로 Canal de Castilla는 아름답다. 특히 일출이 시작될 때 하늘과 물에 비치는 주황과 분홍색이 섞인 듯한 색의 해는 환상적이다. 이 수로는 1753~1859년에 만들어졌고, 예전에는 배를 띄워 양 둑에서 노새가 끌게 했다고 한다. 요즘엔 관개수로로 이용한다.

다시 걷기 시작하고 얼마 되지 않아 발바닥이 아프기 시작하자 난 슬슬 짜증이 나기 시작한다. 이 길을 계속 가자고 한 남편에게 화살이 돌아간다. 내 남편이 맞냐고 시비를 건다. 아프다고 얘기를 했는데도 아랑곳하지 않고 6km나 더 가자고 하는 건 너무한 것 아니냐고 계속 짜증을 낸다. 더구나 이 길 도중에는 쉴 곳도 없다. 남편은 그 정도인 줄 몰랐다면서 그럼 배낭이라도 자기가 지겠단다. 내 맘은 그게 아니다. 배낭은 내게 무겁게 느껴지지 않는다. 다만 내 입장을 헤아려주지 않는 남편이 야속한 것이다. 내가 발을 주물러 보려고 배낭을 잠깐 내리는 사이에, 남편은 내 배낭을 들어 자기 배낭 위에 얹더니 달아나 버린다. 남편 마음은 안다. 어떻게든 실수한 것을 만회해 보려 노력 중이라는 것을. 그런데 배낭 두 개를 얹고 가는 남편의 뒷모습에 난 정말 짜증이 폭발할 지경이다. 내가 원하는 모습이 아니기 때문이다. 난 내가 편하자고 남편을 그렇게 힘들게 하고 싶지는 않다. 남편이 몇 백m를 달아나니, 멈추라 소리쳐도 막힌 곳 없는 이곳은 소리가 흩어져 개미소리만도 못하다. 그렇게 삼십 분을 가다, 쉬고 있는 남편을 만났다. 싫다는데 왜 배낭을 가지고 가버리느냐고 물으니 그러면 몸이 가벼워져 발도 덜 아파 내가 좋아할 줄 알았단다. 그걸 싫다는 내 모습이 이해가 안 되는 듯하다.

남편은 다만 자기 식으로 나를 위하는 것으로 할 도리를 다했다고 생각하는 것이다. 난 그런 도움을 바라고 투정한 것은 아니고, 단지 아내의 상태를 헤아려 주지 않은 것에 대해 사과를 바랐을 뿐이다. 함께 산 지 36년이다. 주말부부로 보낸 세월이 너무 오래되어 내 모든 생활 태도가 지나치게 독립적인지도 모르겠다. 내 몫은 내가 해야 맞다고 생각하니까. 남편 역시 내가 집에서 열심히 먹을 것, 입을 것을 챙기면, 그게 자신을 간섭하고 귀찮게 하는 것이라 생각하고 있는 것 같다. 가만 생각하니 우리 부부는 서로를 너무 모른다.

힘들게 도착한 프로미스타 마을의 산 마틴 San Martin 성당 주변은 관광객과 순례자로 북적이고 있다. 우린 공립 알베르게로 숙소를 정하고 정리하고 나와 근처 레스토랑에서 점심을 먹었다. 모처럼 맑은 날씨에 알베르게 마당엔 빨래가 가득 널리고, 일광욕을 하려는 순례자들로 가득하다. 우리나라 사람들과는 사뭇 다르다. 우린 얼굴이 햇볕에 탈까 봐 모자를 쓰고, 선크림을 바르고, 얼굴을 싸고 또 싸는데 말이다. 지난 순례 땐 계절이 여름으로 가고 있어 오후 시간엔 햇볕이 강해 땀이 비 오듯 흘렀었다. 어느 동네에 들어섰을 때 한 할머니가 수건으로 얼굴을 싸맨 내게 다가오더니, 걱정이 가득한 표정으로 말을 걸었다. 이렇게 해가 좋은데 왜 얼굴을 가리고 있느냐고. 왜냐고요? 하루만 이런 햇볕에 내놓아도 내 얼굴은 깨박사가 되거든요.

알베르게 문 밖 성당 광장 벤치에 앉으니 나무 위의 새들이 지저귀고 동네 꼬마들은 술래잡기놀이에 한창이다. 한가롭고 행복한 오후다. 알베르게 휴식 공간에서 다시 만난 덴마크 순례자 벤테 아줌마는 오늘도 우리와 같은 방으로 배정되었다. 그녀는 그동안 발목에 무리가 와서 발이 많이 부어 있었다. 오는 길에 의사에게도 보였고 소염제도 먹었다고 걱정 말라고 한다. 그래도 계속 걸을 수 있을지 걱정스럽다. 그녀에게 한국에서 가져온 한복 감으로 만든 작은 주머니를 주었더니 무척 행복해한다. 조금 있다가, 가족들에게도 사진 찍어 보냈다고 자랑이다. 덴마크 가게 되면 메일을 보내고 싶다고 메일 주소도 적어 간다.

안개 속을 걸으면 생각에 생각이 꼬리를 문다.
나는 누구인가.
나는 내 주변의 모든 것이 없이는 설명이 불가능한 존재다. 이 육체에 깃든 진정한 나, '영혼'은 어디서 왔을까?

1	2
3	4

1. 프로미스타 가는 길
2. 피수에르가강
3. 피수에르가 운하
4. 산 니콜라스 알베르게의 아침

프로미스타 ▶▷▷▷▶ 카리온 데 로스 콘데스

17day 어린 딸을 업고
새벽길을 걸으시던 아버지

　　　　　　프로미스타 마을을 떠나면 도로를 옆에 끼고, 산티아고 표시석이 오늘 목적지인 카리온 데 로스 콘데스 Carrion de los Condes까지 이어진다. 프로미스타에서 5km 지점 포블라시온 데 캄포스 Población de Campos마을에 오니 두 길로 갈라진다. 작은 다리에서 우측은 우시에사 강을 따라가는 대체 길이고, 카미노 길은 좌측으로 자동차 길을 따라간다. 마을 레벤가 데 캄포스 Revenga de Campos 와 비야르멘테로 데 캄포스 Villarmentero de Campos를 지나 비얄칼사르 데 시르가 VillalCalzar de Sirga에서 두 길이 만난다. 오른쪽 우시에사 강 길이 1.5km 더 멀다. 우린 좌측 자동차 길을 택했다.

비얄칼사르 데 시르가에 닿기 전 비야르멘테로 데 캄포스 마을에는 뚜르의 산마르틴 성당이 있다. 이 성당의 천장은 무데하르 Mudéjar스타일이다. 무데하르는 7~15세기 스페인 국토 회복운동 때 기독교 지배 하의 이슬람 교도를 말한다. 이 성당을 한 번쯤 구경하고 무데하르에 대해 알게 되는 것도 좋겠다.

19km에 이르는 카미노 표시석이 끝나고 카리온 데 로스 콘데스 Carrión de los Condes 에 도착했다. 중세에 이미 인구가 만 명이었다는 큰 도시다. 이 도시 골목길은 아직도 중세 시대를 연상시킨다. 카리온 데 로스 콘데스라는 이름은 스페인의 영웅 엘시드와 관련이 있다. 전해오는 얘기에는 엘시드의 딸들이 이 근방의 백작들과 결혼했으나 후에 그들이 엘시드의 권력을 뺏으려 하자 엘시드가 백작들을 모두 죽였다고 한다. 이

카리온 데 로스 콘데스 순례자상

마을 이름에 들어가 있는 '콘데스'가 바로 백작이라는 뜻이다.

스페인 지명이나 성당 이름은, 그 곳에서 일어난 일이나 생산되는 것들, 주변에 많이 있는 것들에서 가져온 경우가 많다. 새로운 곳에 가면 그 이름으로 역사를 추측하거나 자연 환경을 추측할 수 있어 재미있다. 또 마을 성당이나 유적마다 이야기를 품고 있어 하나씩 그 이야기를 들여다보는 것도 이 여행의 묘미다. 예를 들어, 이 도시 산타 마리아 성당의 문설주에 묘사된 소는, 과거 무어족의 지배자가 이곳의 크리스찬 지배자 마우레가토에게 매년 백 명의 처녀를 요구해 모든 기독교인들이 말도 안 되는 이 일이 끝나기를 기도하자, 소떼가 무어인들을 쫓아냈다는 이야기를 기억하고자 만든 것이다. 지금은 알베르게로 쓰이는, 13세기에 세워진 산타 클라라 수도원은 성 프란시스코가 산티아고 순례길에 묵었던 곳이다. 전해오는 성인들의 얘기가 이곳에 있으니, 그들도 전설에만 있는 것이 아니라, 우리처럼 살아 움직이며 생활한 사람이었다는 것이 때론 신기하다. 우리 시대의 이야기도 훗날엔 전설처럼 들리리라.

하늘에서 쏟아지는 별을 이고지고 길을 묵묵히 가는 우리를, 등 뒤에서 유난히 반짝이는 샛별이 지켜본다. 밤 하늘의 창문이 닫히면 별들이 사라지고, 지나온 곳의 하늘은 옅은 주황으로 물든다. 서쪽 하늘에서 연분홍과 연하늘색이 조용히 번지며 몸을 섞어 연회색의 하늘을 만들면 아침이 된다.

이른 아침 배낭을 등에 지고 걷고 있자니, 기차에서 잠든 어린 딸을 업고 내려 새벽길을 터벅터벅 걸으시던 아버지의 등이 생각난다. 아버지는 7남매 중 막내인 내가 11살 때 돌아가셨다. 어린 시절 막내로 자라 집안이 어려워도 내게 내색하지 않는 가족들 덕에 난 크게 어려움이 무엇인지 모르고 자랐다. 아버지에 대한 기억을 떠올리면 병들어 누워계실 때 심심하시면 내게 민화투를 치자고 하신 기억, 돌아가실 무렵 학교에서 돌아오는 나를 반기시던 퀭한 눈빛만이 남은 추억이다. 내가 자라고 어느 날, 크린트이스트우드가 나오는 서부 영화를 보다가 아버지 모습과 너무 닮아 가슴이 뻐근한 그리움을 느낀 적이 있다. 어른들께 여쭈어 보니 아버지 젊으셨을 땐 정말 잘생기셨다고 한다. 아버지도 언니들과 영화를 보실 때 '나도 시대를 잘 만났더라면 연기자가 되었을 텐데' 하고 말씀하셨다고 한다. 세월이 지나 내가 그때의 아버지 나이를 훌쩍 지나서야, 병들어 오랫동안 고생하시며 특별한 경제활동을 하시지 못해 자식에게 의존해 살아 오신 생이 얼마나 힘드셨을까 싶어 가슴이 저려온다.

오늘 일정의 거의 마지막에 한 한국인 청년을 만났다. 23살 M군은 5월부터 10월인 지금까지 유럽 여행 중이란다. 이스라엘, 터키, 헝가리, 오스트리아, 독일, 크로아티아 등지를 여행하다 터키에서 강도를 만나 가진 돈 절반을 빼앗기고 그 다음부턴 히치하이킹과 비바크를 하며 돌아다니다가 마지막으로 산티아고 순례를 하려고 왔다고 한다. 남은 시간이 많지 않아 하루 40km씩 가고 있단다. 이야기를 듣는데 절로 입이 벌어진다. 언뜻 여리게 보이나 강한 젊음과 열정이 느껴진다. 앞으로 무엇을 하든 잘할 것 같은 믿음을 주는 청년을 앞서 보내며 건투를 빌어준다. 삶을 몸으로 체득하는 용기가 부럽다.

에스피리투 산토 알베르게는 무척 깔끔하다. 일층 안쪽에 아주 조용한 기도실도 갖추고 있다. 방마다 모두 1층 침대로 대륙별로 방을 배정한다. 비슷한 문화를 가진 사람들을 한 곳에 두려는 배려인 듯했다. 우린 아시아 방에 들었는데, 나갔다 들어오니 서양 사람이 한 명 있다. 내가 'Are you Asian?' 하고 농담을 하자 'Yes I am.' 하고 웃는다. 미국인이었다. 그날 아프리카 방에 들었던 유럽 사람, 한국 사람들은 내내 방 이름을 소재로 삼으며 웃음꽃을 피웠다고 한다. 따뜻한 햇볕을 쬐며 마당에 앉아 있으니 우리가 이 나라 자연과 문화유산을 손쉽게 누릴 수 있다는 것에 새삼 감사하다.

오늘 아침을 먹기 위해 들어간 카페는 커피도 빵도 너무 비쌌다. 여긴 슈퍼마켓이 있어 싼 가격에 점심, 저녁, 내일 식사까지 준비하니 흡족하다. 어제 프로미스타 알베르게에서는 페레그리네로의 무뚝뚝함이 조금은 불편했는데, 이곳 수녀님들은 활짝 웃으며 농담도 섞어 응대를 해 주신다. 은퇴하신 노수녀님들은 마당에 나와 우리와 같이 볕을 쬐고 미소를 보내주시니 푸근하다. 보살핌을 받고 있는 이 느낌이 참 좋다. 오늘 마음에 걸리는 건 단 한 가지뿐. 얼굴에 자꾸 뭔가가 돋는 것이다. 벌레 문제는 아닌 것 같고, 아무리 옷과 침낭 등을 빨고 햇볕에 말려도 매일 새롭게 나오는 발진이 이상하다. 오늘이 벌써 5일째인데, 일행 중에 유독 나만 그런 것이 이쯤에서 음식 알레르기를 의심해 봐야 하는 게 아닌가 싶다. 마을에 있는 약국에 가니, 음식 알레르기 같다고 약을 주었다.

알베르게 부엌에서 해산물을 듬뿍 넣고 수제비를 떴다. 손님으로는 덴마크 벤테 아줌마가 왔고, 한국 젊은이들도 불러 같이 식사를 했다. 오랜만에 먹는 우리 음식이 뱃속을 편안하게 해준다. 식사를 마친 후 산타마리아 성당으로 8시 순례자 미사에 갔다. 산타마리아 알베르게에 계신 수녀님들의 얼굴이 보여 반갑다. 산타마리아 알베르게는 3년 전 순례 때 묵었던 곳이다. 그 알베르게에서는 수녀님들과 함께 저녁에 특별한 행사를 한다. 식사 전 모두 모여, 돌아가며 왜 이곳에 오게 되었는가를 이야기하고, 수녀님들의 기타 반주에 맞춰 같이 노래도 한다. 그 모임에 참가하면서 느낀 감동이 지금도 기억이 난다. 눈이 먼 사람, 아픈 사람, 직장을 잃고 방황하는 사람, 또는 상처나 실연으로 오게 된 사람들이 털어놓은 진솔한 이야기들. 3년 전에 계셨던 신부님과 수녀님 두 분의 얼굴이 보였고, 새로운 수녀님 두 분이 계신다. 산티아고 길에서 순례자들을 지켜달라고 기도하는 마음으로 만드신 종이 별을 순례자 한 사람 한 사람에게 나눠 주신다. 몇몇 순례자는 눈물을 보이고 있다. 미사에 참석한 순례자들의 나라를 헤아리는데, 모든 대륙에서 와서 20개국은 되는 것 같다. 유럽이 제일 많고 아메리카에서도 많이 왔다. 아프리카 쪽은 귀하고 아시아에서는 한국과 일본 정도다. 나라와 언어는 달라도 하느님께로 모였으니 우리 모두는 형제 자매라는 신부님의 말씀에 공감한다. 여기에 흐르는 에너지는 참으로 부드럽고 사랑스럽다. 알베르게로 돌아와 자그마하게 마련된 기도실에 들어가 조용히 묵상기도로 하루를 접는다.

밤 하늘의 창문이 닫히면 별들이 사라지고,
지나온 곳의 하늘은 옅은 주황으로 물든다.
서쪽 하늘에서 연분홍과 연하늘색이 조용히 번지며 몸을 섞어 연회색의 하늘을 만들면 아침이 된다.

1	2
3	4
	5

1. 비야 멘테로 데 캄포스 가는 길
2. 카리온 데 로스 콘데스
3. 카리온 데 로스 콘데스 성모 마리아상
4. 산타 마리아 알베르게 저녁 교류 모임
5. 비야 멘테로 데 캄포스 가는 길

카리온 데 로스 콘데스 ▶▷▷▷▶ 레디고스

18day   난 기적을 믿는다

오늘 길은 옛 로마인들이 다녔던 길로, 17km 가까이 마을이 없다. 흙길이 구부러지지 않고 계속되는, 보이는 건 앞뒤의 순례자들뿐인 길. 이 길에서 강력 사건이 종종 일어났다는 소문이 있다. 한국 아가씨들은 긴장했는지, 새벽에 출발할 때 주위의 한국 순례자들에게 동행을 청한다. 날이 밝을 때는 앞뒤가 훤히 보여 괜찮지만 새벽길이나 늦은 오후 시간에는 긴장을 늦추지 말고 걸어야 할 것 같다. 이 길에서는 소리를 질러도 소리가 퍼져 버려 전달이 어렵다. 문득 여성들은 호루라기를 지니고 다니면 좋겠다는 생각이 든다. 호루라기 소리는 날카로워 멀리까지 전해지기 때문이다. 나는 이 메세타 길을 선호한다. 생각을 방해할 경치나 인공물들이 없으므로, 무상무념에 들기가 쉽기 때문이다. 이런 길에 강도 사건이라니 화가 난다. 이럴 때 산티아고 성인의 도움이 있었으면 좋겠다. 마타모로스 무어인 살육자의 모습이 아닌, 마타 라드론Mata Ladrón 즉, 강도 살육자의 모습으로 와서 기적을 보여 주시면 좋겠다. 난 기적을 믿는다.

가까운 현대 기적으로, 얼마 전 뉴스를 통해 알려진 프란치스코 교황의 '기적의 입맞춤'이 있다. 지안나라는 1살짜리 여아에게 태어나 몇 주 후부터 자라기 시작한 희귀 뇌종양이 있었다. 8월에 찍은 뇌 사진에 뚜렷하고 크게 자리를 잡은 종양이 보였고,

칼사디야 델 라 쿠에사 가는 길

수술도 불가능한 상태였다. 2015년 9월 미국 필라델피아를 방문한 프란치스코 교황의 입맞춤 뒤, 11월 검사에서는 희미한 자국으로 남을 만큼 좋아지는 기적이 일어났다는 것이다. 지안나의 부모는 이 기적은 하느님의 일이고, 교황은 신의 전달자라고 인정한다.

예수님 시절에는 그 옷자락에 손만 대어도 치유의 기적이 일어났다. 신성한 영혼이 주변의 사물에 미치는 영향은 어느 정도일까? 성인들이 돌아가시고 나면 그 육체는 성스러운 것으로 간주되어 성당에 안치되었다. 그런데 신기하게도 그 유골이나 성인들이 생전 지녔던 물건들에 접촉하여 기적이 일어났다는 이야기들이 많이 있다. 곳곳을 지날 때 성당 안에 안치된 수호 성인들의 무덤을 보면 얼마나 오랫동안 그 영향력이 미치는가도 궁금하다.

메세타 지역은 길 표시가 따로 없어도 길을 잃을 일이 없을 만큼, 곧게 뻗은 길이 많다. 이 길은 멀리 지평선만 보이고 그다지 풍경의 변화가 없는 지루한 곳이기도 하지만, 무엇보다 단점으로 느끼는 건 자연 화장실을 이용하기가 어렵다는 점이다. 길이 탁 트여있어, 몸을 숨길 곳이 없이 빤히 보이기 때문이다.

아직까지 성수기 (4월~10월)에 해당하는지, 칼사디야 델 라 쿠에사 Calzadilla de la Cueza로 가는 중간에 간이 창고를 짓고 그곳에 카페가 등장했다. 모두들 화장실을 기대하고 달려 갔으나, 화장실은 없다. 보온병의 물을 부어 타주는 인스턴트 커피와 스낵류 만을 팔고 있다. 우린 들어 온 김에 커피를 시켰다. 따뜻하긴 한데 맛은 정말 없다. 주인은 들어왔다가 화장실이 없다고 가는 순례자들이 못마땅한 표정이다.

오늘 길은 딱히 쉴 곳도 카페도 없으니 아침은 어제 준비한 삶은 달걀과 과일로, 카미노 길을 벗어나 밀밭에 들어가 앉아 따뜻한 햇볕을 받으며 먹는다. 걷다가 먹는 음식은 언제나 꿀맛이다. 주변엔 씨가 날아와 꽃이 핀 해바라기가 지천이다. 미안하게도 앉고 보니 꽃이 깔려 있다.

운동화 끈 풀어 발을 주무르고 다시 길을 나선다. 드디어 쉬어갈 수 있는 공간이 보인다. 길 옆으로 이제는 폐쇄된 샘과 함께 나무집이 하나 있다. 나무집 뒤는 그대로 화장실이다. 이 길에서 달리 생리현상을 해결할 길이 없는 순례자들의 유일한 화장실, 그런데 너무 지저분해서 민망하다. 잠시 쉬고 길을 나서니 길 가운데 순례자들이 돌을 주워 만든 화살표 연작이 예술작품처럼 보인다. 힘내어 가자는 의미가 아닐까. 칼사디야 델 라 쿠에사 마을을 지나고 다시 한 시간 반을 걸어 마침내 도로 건너 예쁜 집 한 채를 시작으로 레디고스 Ledigos마을이 시작됐다.

사과나무가 있는 알베르게 마당에 사과가 떨어져 널렸다. 파란 하늘엔 하얀 구름이 둥둥, 알베르게 담 넘어 있는 돌집 창고 위로 새들이 떼지어 날기를 연습하고 넓은 마당 빨래 줄에 널린 색색의 빨래들과 하얀 야외의자에서 쉬고 있는 순례자들은 서로 어우러져 한 폭의 그림이다. 편안한 오후다. 시골 할머니 댁에 와서 쉬고 있는 느낌이다. 저녁으로 돼지고기와 말린 김치를 넣어 김치찌개를 만든다. '한국인들 다 모이세요'하고 불러모아 다른 한국인 순례자와 함께 맛있게 먹는다. 식후 설거지는 같이 먹은 젊은이들이 거드니, 그 또한 즐거움이다.

알베르게 〈엘 팔로마르 El Palomar〉는 사설 알베르게다. 우리가 네 사람만 자는 방을 달라니 9유로씩에 일층 침대만 있는 방을 주었다. 이 집에는 바도 있고 한 쪽에는 상점도 있다. 창고 한쪽에 모든 식재료들을 두고 판매하고 있는데 주인들이 바빠 보인다. 의외로 그 창고엔 없는 게 없다. 상품을 진열하지 않고, 박스째 놓고 거기서 꺼내어 준다. 생 돼지고기도 갖다 놓았다. 모든 걸 박스째 놓고 파니 풍성해 보이기도 한다. 이곳은 가족이 운영하는데, 딸들은 카페 일을 하고 아주머니는 알베르게를 맡고 아저씨는 물건을 사오는 역할을 맡아 한다. 알베르게 주인 아주머니는 상냥하고 부지런하다. 신기하게도 이 알베르게를 들어오니 밖에 나갈 일이 없다. 커피가 먹고 싶으면 마당을 건너 카페로 가면 된다. 모든 게 이 안에서 해결되니 마을 구경도 해볼 마음이 일지 않는다. 빨래터가 있는 뒷마당 말고 카페와 순례자 숙소 사이의 마당은, 한국 시골집처럼 단단한 흙으로 되어 있는 전형적인 시골 마을이다. 파리가 엄청 귀찮게 달라붙긴 하지만 분위기도 온화하고 친절하여 하루쯤 머무는 것이 행복하게 느껴진다.

오늘 아침 출발 때는 알레르기약을 먹고 20분쯤 지나자, 참을 수 없이 졸려서 걷기가 무척 힘이 들었다. 남편 팔을 잡고서 눈을 감고 한 시간쯤 자는 듯이 걷고 나자 정상이 되었다. 기댈 수 있고, 내가 힘들 때 도움을 줄 사람이 옆에 있다는 게 감사하다. 얼마 전 상처하여 혼자 된 한 순례자의 외로움과 무력감을 옆에서 지켜보았다. 가끔 서로 어긋나 힘들지라도 지금 누군가 옆에 있다는 것에 감사해야겠다. 있을 때 잘 하자!

가끔 서로 어긋나 힘들지라도 지금 누군가 옆에 있다는 것에 감사해야겠다.
있을 때 잘 하자!

1. 카리온에서 레디고스로 메세타
2. 카리온에서 레디고스로 메세타
3. 레디고스 마을 입구

레디고스 ▶▷▷▷▷▶ 베르시아노스 델 카미노

19day 오래 머물수록
행복도 길어진다

깊은 시골마을 알베르게에서 길을 나서려니 마당 가득 별이 쏟아진다. 육중한 나무문을 들어 열고 걸음을 뗀다. 오늘도 길고 긴 메세타이지만 간간이 마을이 있어 지루하지는 않다. 레디고스에서 테라디요스 Terradillos de los Templarios 사잇길, 황량한 들판에 멋진 카페가 있다. 테라디요스마을에는 두 개의 알베르게가 있다. 그 중 하나, 알베르게의 이름이 〈자크드몰레 Jacques de Molay〉이다. 자크드몰레는 템플 기사단의 마지막 총기사단장이었다. 1307년 13일의 금요일에 체포되어 이단숭배의 죄목으로 파리에서 산 채로 화형 당하였다. 현대 역사가들은 그와 당시 같이 체포 당한 템플 기사들이 정치적 종교적 희생물이었다고 보고 있다.

테라디요스 마을에 있는 템플 기사단 소속이었던 13세기 성당 건물은, 돌이 아닌 블록으로 되어 있다. 이 근처엔 돌이 귀하기 때문이라고 한다. 테라디요스 다음 마을인 모라티노스 Moratinos에도 알베르게 겸 카페가 있었다. 가이드북에 없는 카페와 알베르게들이 많이 생겼다. 그만큼 순례자 수가 늘었다는 이야기다. 모라티노스는 이름에서 추측건대 무슬림과 관계 있는 것 같다. 많은 모리스코스 moriscos-무슬림에서 카톨릭으로 전환한 무슬림 사람들가 마을에 정착했기 때문에 생긴 이름이 아닐까.

아침을 먹으려고 바에 들렸더니 방송에서 산티아고 순례자 대상 범죄 뉴스가 나온다. 전날 외교통상부에서 산티아고 순례자들에게 조심하라는 안내 문자가 왔었다. 예전에 있었던 일로 그러나 보다 했더니, 바로 며칠 전, 혼자 순례 중이다 실종된 아시아계 미국 여성이 5개월 만에 시신으로 발견됐고, 범인이 순례길 인근 주민이었다고 한다. 욕심 없이 조용히 사색하며 순례길을 걷는 사람에게 해를 끼치다니. 이 길에서 만나는 사람들은 모두 착하고 친절하게만 보였는데…

(참고기사http://www.mimint.co.kr/star/news_view.asp?strBoardID=news&bbstype=S1N11&bidx=351917)

다음 마을 산 니콜라스 델 레알 카미노 San Nicolas del Real camino 역시 12세기에는 템플 기사단의 영향 아래 있었다. 도로 옆으로 난 카미노 길을 계속 걸어, 발데라두에이 강에 놓인 다리를 건너면, 무데하르 스타일의 '다리의 성모성당 Ermita Virgen del Puente' 이 있고, 성당 앞 공터에 놓인 철제 조각들이 이 공간의 아름다움을 더하고 있다. 오늘 와 보니 3년 전엔 없던 조각이 문처럼 설치되어 있는데, 그 문에는 수확한 농작물을 옆에 둔 성경을 든 수도자 상, 추수한 곡식 다발을 옆에 둔 칼을 든 기사상이 조각되어 있다. 농작물과 곡식 다발을 농부들이 갖다 바친 걸 의미하는 건지, 기사와 수도자도 농사를 지으면서 자기의 본분을 지켰다는 건지 이해는 되지 않는다. 갈대와 파란 하늘이 어울리는 멋진 문이다. 다른 각도에서 바라보니 '다리의 성모 성당'을 양쪽 조각문 사이의 시야에 들어오게 만들어 훌륭한 조형물이 되었다. 이곳에서 잠깐 배낭을 벗어 두고 가져온 과일을 먹었다.

사아군 Sahagún에 들어서니 검은 순례자상을 앞에 세워 둔 알베르게 〈페레그리노스 클루니 Peregrinos Cluny〉가 눈에 뜨인다. 옛날 알폰소 6세가 이곳 사아군의 수도원을 관장하게 하려고 클루니의 베네딕트회 수사들을 초대하였다. 그후 사아군은 스페인 보르고냐 Borgoña에 있는 클루니 베네딕트회의 중심으로 발전하였다. 그래서 공립 알베르게 이

산 니콜라스 델 레알 카미노 가는 길

름에 클루니가 들어갔다. 이 건물 옆으로 순교자 성 파쿤도와 성 프리미티보의 유물이 남아 있는 산 후안 데 사아군 성당 Iglesia de San Juan de Sahagún이 있다. 사아군은 알폰소 6세와 관계가 깊은 도시다. 사아군에서 교육받고 자란 알폰소 6세는 그의 형제와 권력을 다툴 때 이곳을 근거지로 삼았다. 그래서 나중에 권력을 쥐게 되자 사아군을 크게 키웠고, 이 도시는 무슬림, 유태인, 기독교인이 섞여 살게 되었다. 그런 연유로 사아군의 건물들은 로만과 무데하르 두 스타일이 섞여 있다. 마요르 광장과 산 티르소 광장은 역사적 기념물이 많은 곳이다. 산 티루소 성당 가까이의 라스 마드레스 베네딕티나스 수녀원 건물의 뮤지엄에는 비르헨 델 라 페레그리나 La Virgen de la Peregrina 상이 있다. 길 잃은 순례자에게 나타나 지팡이 끝에 불을 밝혀 길을 인도했다는 전설의 여인을 형상화한 것으로, 사아군의 수호 성녀이다.

사아군을 지나 칼사다 델 코토 Calzada del Coto로 가기 전, 길이 로만 길과 프란세스 길로 나뉜다. 우린 칼사다 델 코토에 들릴 일이 없어 왼쪽 프란세스 길로 향했다. 이 길 역시 지루하고, 그늘이 없는 메세타 지역인데, 스페인 정부에서 순례자를 위한 사업으로 심은 플라타너스 나무를 따라 걷는 길이다. 예전에는 이 길에 지표가 될 만한 것이 없어 순례자들이 길을 잃기가 쉬웠다고 한다. 지금은 메세타 지역 카미노 길에선 아무 생각 없이 걷기만 하면 된다. 나무를 따라 걷거나, 시멘트로 만든 산티아고 카미노 길 표시석을 일정한 간격으로 세워놓아 길을 잃을 일도, 발 밑을 염려할 일도 없다. 그냥 내 발걸음의 리듬만 들으며 마음을 비우면 참 평화로운 순례길이 된다. 그래서 어떤 이들은 이 메세타를 지루하다고 건너뛴다지만, 난 이 길이 좋다. 무슨 일을 할 때 단순한 것을 반복적으로 하게 되면 생각의 끈을 놓게 되어 무심이 되는 경험을 하게 되는데, 이 길이 바로 무념무상의 길이다. 그래서 기쁨의 길이다. 산티아고 길은 빨리 간다고 좋은 게 아니다. 천천히 가고, 오래 머물수록 행복도 길어진다.

베르시아노스 델 카미노 Bercianos del Camino 마을에 들어서니 시에스타 시간이다. 마을 시멘트 도로에 알베르게 〈산타 클라라〉 가는 길이 표시되어 있는 걸 놓쳐, 공립 알베르게까지 갔다가 빙 돌아 뒷길로 알베르게를 찾아 왔다. 어제 예약할 때 네 사람 쓸 수 있는 방을 달라고 했더니 2인실은 하나만 남아 있고 나머지는 벙크베드라고 한다. 2인실이 있는 건물은 샤워실에 타월도 갖추고 있고, 아직 사람들이 없어 샤워실을 여유 있게 이용할 수 있다. 반면 벙크 베드가 있는 건물 쪽은 샤워실 하나로 열 사람이 써야 한다. 2인실 방은 시몬 씨 부부에게 양보하고 벙크 베드 쪽으로 가니, 여기에 또 미국아저씨 캔이 있다. 부엌은 주인도 같이 써야 해서 우리가 쓸 수 있는 시간을 정해 준다. 씻고 시에스타가 끝나길 기다려 장을 봐서 일찍 저녁 준비를 한다. 캔에게 같이 먹겠냐고 하니, '기꺼이'라고 한다. 오늘도 된장찌개로 저녁을 먹고, 정원 의자에서 쉬고 있자니 스페인 여성 순례자 둘이 말을 건다. 모레 레온에 도착하면 숙소 잡기가 어려울 것이어서 자기들은 이미 오스탈 Hostal작은호텔

500년 이상 된 모라티노스 보데가

간토다리

에 예약을 했다고 한다. '우리도 레온에 도착하면 알베르게가 아닌 곳에서 편히 쉬다 갈까 생각하는데 알베르게 외에는 호텔 정보가 없다'고 하자, 자기들이 예약한 곳으로 하면 어떻겠냐고 한다. 이때까지 우린 순례자증크레덴시알이 있어 어느 마을이건, 카미노 길 마을이라면 알베르게를 이용할 수 있었다. 간혹 너무 늦게 도착한 사람은 다음 마을까지 가야 하기도 하지만 우리처럼 일찍 걷기를 끝내는 사람에겐 숙소 잡기가 그리 어려운 것이라고 생각지 않았었다. 그런데 오늘 들어보니 대도시의 호텔이나 오스탈은 예약이 필수일 것 같다는 생각이 들어, 전화번호를 받아 오스탈에 예약을 했다. 나중에 레온에 가보니 많은 순례자가 큰 도시에서는 호텔이나 오스탈을 이용하는데다, 일반 여행객도 많아 숙소 잡기가 어렵다는 것을 알게 됐다.

새벽에 별을 보면 유난히 밝은 별이 있다. 금성이다. 산티아고 길에선 야고보 성인에 관련한 이야기 중에 별 이야기가 있다. 성인이 무덤에 묻히고 모든 사람의 뇌리에서 잊혀졌을 때 펠라요라는 한 은둔자가 유난히 밝은 별을 발견하고 그 별을 따라 걸으니 이 무덤 위에서 멈췄다는 것이다. 별은 별인데 사람과 마음이 통하는 별? 말을 걸어 인도하는 별? 내게도 그런 별이 하나는 있을 거다. 아직 세상 일에 마음을 뺏겨 듣지 못하고 보지 못할 뿐. 마음을 비우고 하늘을 보면 보이려나? 내 별과 만날 수 있으면 좋겠다.

1096년경, 교황 우르바누스의 칙령으로 십자군 원정에 참여하는 이들에게 연옥의 형벌을 면해줄 것을 약속하자, 10만이 넘는 민중 십자군에는 떠돌이 기사는 물론, 농민, 여자, 아이들까지도 나섰다. 그 시절의 믿음은 죽음도 불사했다. 내 믿음의 크기를 생각해 본다. 매주 빠짐없이 성당미사에 참석하는 것이 믿음인가? 매일 소소한 일에서 짓는 죄를 비롯하여, 미움의 자리는 왜 그리 큰지. 좀처럼 가난해지기가 어려운 내 마음에 주님 사랑의 물꼬가 트였으면.

난 이 길이 좋다.
무슨 일을 할 때 단순한 것을 반복적으로 하게 되면 생각의 끈을 놓게 되어 무심이 되는 경험을 하게 되는데,
이 길이 바로 무념무상의 길이다. 그래서 기쁨의 길이다.

1	2
3	4
	5

1. 베르시아노스 알베르게
2. 다리의 성모 성당앞. 조각문
3. 다리의 성모 성당
4. 모라티노스에서 산 니콜라스 델 레알 카미노길
5. 시아군

베르시아노스 델 카미노 ▶▷▷▷▶ 렐리에고스

20day 카미노 길에서 나누는
       각양각색의 이야기들

안개가 잔뜩 낀 새벽, 도로 옆 카미노 길을 걸으면 풀에 이슬이 내려 신발이 젖을 정도가 된다. 그게 귀찮다고 많은 사람들이 아스팔트 길을 걷고 있다. 시야가 길지 않아 내심 걱정이 된다. 앞에서 오는 차가 우리를 보지 못할 수도 있는데. 새벽이라 정말 가끔 차가 지나긴 해도 마음이 조마조마하다. 해가 오르니 풀을 피해 걸을 수 있고 풀 위의 물기가 말라 걸을만 해졌다. 카미노 길 옆으로 난 길에 비야마르코 Villa Marco란 표지가 있다. 카미노 마을은 아니다. 그 마을로 가는 길에 메세타에선 보기 힘든 철 조각품들이 마을로 들어가는 길을 따라 줄지어 있다. 어쩐지 이 마을엔 예술가가 살고 있을 듯하다. 카미노 길가 플라타너스 나무에 아직 새것 같은 조화가 달려 있다. 누가 또 이 길에서 다른 세상으로 넘어갔나? 설마 며칠 전에 발견되었다는 살인 사건의 피해자? 순간 목뒤가 서늘해짐을 느낀다. '주님의 자비로 영원한 안식을 얻으소서'

길을 떠나 8km를 지난 마을 엘 부르고 라네로 El Burgo Ranero에 있는 카페 엘 카미노 El Camino에서 아침을 먹는다. 주인이 명랑하게 '안녕하세요? 배고파요?' 라고 한국말로 인사를 한다. 웃으며 어디서 배웠느냐고 물으니 한국인 순례자들에게서 배웠단다. 참 인상 좋은 젊은 부부다. 이야기를 들어보니 알베르게 봉사자로 있던 청년과 불가리아 아가씨 순례자가 만나 첫눈에 반해 결혼하게 된 것이라고. 2013년에 만났으니 이제 결혼 2년 차다. 그리고 이곳에 남아 알베르게 겸 카페를 하고 있는 것이다. 두 사람이 뜻이 같으니 삶이 환해 보인다.

이 길에서 순례를 마치고 페레그리네(봉사자)가 되는 사람이 많다. 본인이 받은 감동을 다른 사람도 느낄 수 있도록 카미노 길에 남아 도움을 주는 봉사자가 되는 것이다. 이런 사람들을 만나면 참 푸근하다. 모든 게 서툰, 타국에서 온 순례자들에게 싫은 내색 하나 없이 밝은 미소로 도와준다. 물론 때론 봉사 정신이 없는 퉁명하고 쌀쌀한 사람을 만날 때도 있는데, 그들은 카미노를 생계 수단으로 여기는 사람들이다. 그렇다고 그들을 탓할 것만은 아니다. 문화가 다르고 음식이 다르니, 때로는 우리가 하는 행동이 그들을 불쾌하게 하거나 음식 냄새가 그들 비위에 맞지 않을 때도 있을 것이다. 우리가 그들 나라에 와서 잠시 즐기는 것이니 여기 문화에 맞도록 노력하는 것이 중요하다고 생각한다

메세타에서는 새 한 마리 날아 올라도 마음이 흔들릴 만큼 조용하다. 도대체 이 근처에 사람이 살기는 하는 건지, 아무리 너른 고원이라지만 이렇게 고요할 수가. 그런 고요 속에서 길 옆 시멘트 구조물에 '우린 할 수 있어요! podemos'라고 적힌 낙서를 본다. 할 수 있고 말고요. 가끔 길에서 용기를 주는 말을 만나게 된다. 그때마다 누가 적어놨을까 궁금해진다. 얼굴은 보지 못해도 글을 읽는 순간 우리는 그들과 소통을 하게 되고, 순례를 계속할 힘을 얻는다. 긍정의 말은 좋은 에너지를 나오게 하고 주변을 밝게 한다.

렐리에고스 Leliegos의 알베르게 〈라 파라다 La Parada〉는 아직 오픈 시간이 안되어 기다려야 했다. 레스토랑과 호텔을 겸하는 곳으로 새로 지어 깨끗하다. 뒷마당에 테이블이 많이 놓여 있고, 부엌은 자그마하다. 알베르게 레스토랑에서 밥을 먹을까 했더니, 아직 준비가 안 되었단다. 동네 레스토랑 〈토레 Torre〉에서 점심을 먹는다. 토레는 건물 안과 벽이 모두 낙서로 가득 차있어 특이하다. 건물 외벽에 크게 적힌 '고통 없이는 영광도 없다'는 글귀는 이곳에 꼭 맞다. 여기쯤 오면 모든 사람이 한군데

엘 부르고 라네로 하늘

이상은 아프다. 어제 발목이 몹시 아파 택시 타고 다음 마을로 이동한 벤테 아주머닌 우릴 보더니 울먹였다. 복잡한 감정이 교차해서 그랬을 것이다. 우리 일행만 해도 모두 무릎과 발의 통증을 완화시키는 약을 먹고 하루를 견디고 있다. 순례길이 무슨 영광을 보려고 걷는 곳이 아니지만, 이 길에서 아픈 몸을 끌고 걷고 나면 마음 속 짐을 쉽게 벗을 수 있으리라 생각한다. 이 식당을 들린 순례자들이 빈틈없이 써 놓은 낙서엔 각양각색의 사연이 있었다. 누구나 가슴 깊이 한 가지씩 힘든 사연을 지니고 있는 법. 인간사 희로애락을 이곳에 적어 놓았다. 낙서의 사연 중 많은 부분은 순례길이 특별하고 감사하고 행복한 곳이라는 고백이다. 또 사랑 이야기는 영원한 테마로 벽면 곳곳에 사랑을 고백하는 글이 쓰여 있다.

3년 전 만난 이탈리아 청년은 실연 후에 이 길에 왔다. 그때 그 청년은 나와 동행하던 언니와 이야기를 나누다가 '사랑이 어떻게 변할 수 있느냐'고 물었단다. 실연을 겪은 모든 사람들이 마음에 품는 의문일 것이다. 그래서 언니는 '모든 건 변한다. 변하지 않으면 어떻게 인생이겠느냐'고 답변했다고 한다. 청년은 인생 스승을 만났다고, 마음이 후련하다고 감사하다고 했단다. 순례자들은 카미노 길 위에서 나누는 이야기들로 용기를 얻고 삶의 희망도 가진다. 순례길의 묘약이다.

수염 기른 식당 주인은 손님들과 이야기 중에도 손을 재빨리 움직여 음식을 만든다. 감자도 그 자리에서 깎더니 기름에 튀겨 준다. 6유로에 푸짐하게 나오는 비프스테이크 세트와 생선구이 세트, 스파게티를 먹었다. 모두 가격에 비해 푸짐하고 맛있다고 만족한다. 이곳에서 미국 텍사스에서 온 씩씩한 여성 순례자 실비아를 다시 만났다. 실비아는 항상 머리를 땋아 늘어뜨리고 있고, 인디안 피가 섞여 있는지 약간 검은 얼굴이다. 나바레테에서 배낭을 찾지 못해 고생하고 있을 때 만났었다. 그녀 역시 발이 아픈 미국 아가씨의 짐을 대신 보내주려고 동분서주 중이었다. 그 후 길에서 만나면 언제나 환히 웃으며 반갑게 인사한다. 스페인어를 아

주 잘해 처음엔 스페인 사람인 줄 생각했는데, 부모가 스페인계란다. 만나면 많이 반가운 사람이었는데, 이후 그녀와는 만나지 못했다. 순례의 마지막 날, 피니스테레로 가는 버스에서 그녀와 동행하던 미국인 순례자가 우리에게 알려줬다. 실비아는 피니스테레까지 걸어서 가고 있다고.

오늘도 메세타 지역의 지루한 평야를 여섯 시간 걸었다. 봄철 순례 때엔 초록 밀밭이 바람에 흔들리면 비단결처럼 아름다워 마음까지 부드러워졌었다. 그 광경을 볼 수 없는 가을은 참으로 아쉽다. 지금은 밀 수확이 끝나고 들판이 누런 빛이다. 광활한 곡창지대가 부럽다.

매일 밤 숙소를 바꿀 때마다 여러 종류의 사람들을 만난다. 코를 고는 사람, 이를 가는 사람, 잠꼬대 하는 사람, 나처럼 화장실을 자주 이용하는 사람. 산티아고 알베르게에서 코를 고는 건 처음엔 너무나 당연하다. 오래 걸어본 적이 없으니 피로가 쌓여 크거나 작게 다들 코를 곤다.

모두 어느 정도는 그 점에 대해 이해하려고 노력한다. 절반을 걷고 나면 대부분의 사람들이 평소대로 돌아가는데, 평소 코골이가 심한 사람과 한 방을 쓰게 되면 다들 고통스런 밤을 지내게 된다. 피곤한데다 잠까지 설치면 다음날 걷는 것이 너무나 힘이 든다. 그래서 코골이 대마왕이란 별명이 붙고 그 사람이 든 알베르게는 피하게 되는 것이다. 이러니 평소 코골이가 심한 사람이라면 미리 어느 정도 치료를 받고 오거나, 와서는 좀 비싸더라도 따로 잘 수 있는 숙소를 이용하는 게 좋을 것 같다.

매일 밤 숙소를 바꿀 때마다 같은 방을 쓰게 되는 이런 저런 사람들을 보면, 드는 생각이 있다. 어떤 인연으로 이 순간, 가족처럼 이토록 가까운 공간에서 같이 잠을 자게 되었는가? 불가에서는 옷깃만 스쳐도 인연이라는데, 지구인 한 가족을 매일 밤 체험한다.

순례자들은 카미노 길 위에서 나누는 이야기들로 용기를 얻고 삶의 희망도 가진다. 순례길의 묘약이다.

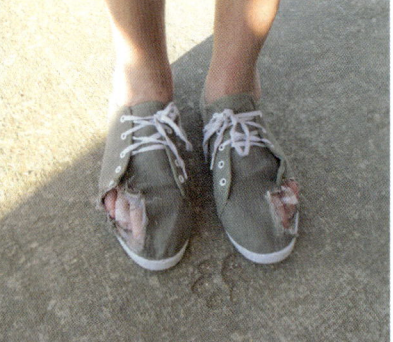

1	2
3	4
5	

1. 렐리에고스 카페 토레
2. 카미노길 낙서–우린 할 수 있어요
3. 비야 마르코 마을 가는 길
4. 순례자의 발
5. 엘 부르고 라네로 하늘

렐리에고스 ▶▷▷▷▷▶ 레온

21day 소포를 찾으러 우체국에 갔는데

한 시간 반을 걸어, 만시야 데 라스 물라스 Mansilla de las Mulas에 들어섰을 때, 도시는 깊은 잠에 빠져 있었다. 축제를 알리는 만국기만이 골목 위에서 펄럭이고, 강을 끼고 도시를 빙 둘러 있는 중세시대의 담은, 딱 중세 영화에 나오는 그 모습이다. 어떤 부분은 14m 높이에 달하고, 3m 두께가 되는 담은, 둥근 탑의 계단을 오르면 올라갈 수 있다. 가장 오래된 산타마리아 성당엔 바로크 제단 장식과 고딕 성모마리아상이 있다. 지금은 정부 건물로 쓰이는 산 마틴 성당과 뮤지엄으로 바뀐 산 어거스틴 수도원 건물도 오랜 시간의 흔적을 보여준다. 라스 물라스 Las Mulas는 과거 노새를 사고 파는 장이 있었던 곳이라 붙은 이름이다. 우린 잠든 도시가 깰까봐 조용히 떠난다. 도시 끝 에슬라강 Rio Esla 다리 위에서 돌아보니 성벽이 둘러진 만시야는 막 떠오르는 해를 받아 장엄한 모습을 서서히 드러내고 있었다. 한참을 그곳에서 머물렀다. 로마 시대에는 얼마나 웅장한 곳이었을까? 이 다리 위에서 말을 타고 달리는 로마 군인들이 눈에 보이는 듯하다.

다시 평온한 들녘, 이제는 끝없는 옥수수 밭이다. 이 들에도 무덤자리가 있다. 어딘들 죽음이 없으랴. 다음 마을에서 만난 카미노 길 옆의 빵집은 지난 순례 때 사 먹었던 곳이다. 빵을 좀 사가지고 가자고 하니, 짐을 싫어하는 남편이 말린다. 맛있었는데… 입맛만 다시고 발걸음을 재촉한다. 이제는 숲길로 접어든다. 이 길로 들어서니 철 조각이 길을 안내한다. 간간이 자연 속에 있는, 사람 냄새 나는 이런 예술품은 가슴을 뛰게 한다. 비야렌테 Villarente마을로 들어가기 위한 카미노 길은 강 가까운 숲 속에서부터 시작되는 나무 다리를 건너야 한다. 포르마 강 Rio Porma위에 놓인 20개의 아치가 있는 비야렌테 돌다리는 차들이 다니고 있다. 나무 다리를 건너니 비야렌테 다리 밑이다. 벽을 카미노 상징의 벽화와 지도로 장식한 집 옆에 휴식공간이 있다. 이곳은 이 마을 주민들의 피크닉 공간이기도 하다.

레온 외곽에 있는 아르카우에하 Arcahueja마을이 보이는 곳 쯤에 시원하게 물이 흐르는 샘이 있다. 그 주위에 벤치들이 있어, 다리도 쉴 겸 싸온 과일로 간식을 먹는다. 이 마을로 오르는 언덕은 짧지만 가파른 느낌이 있다. 다시 짧은 언덕을 올라 왼쪽으로 발델라푸엔테 Valdelafuente마을을 지난다. 이제 긴 오르막길로 오르니 레온 León이 보인다.

레온은 갈리시아의 금을 로마로 보내기 위해 세운 중요한 로마군 야영지였다. 이 도시는 고트족이 지배하였다가 한때는 무슬림의 지배하에 있기도 했다. 도시는 1188년에 이르러 알폰소 4세 시대에 거대한 성당도 지을 만큼 부유하게 되었다. 레온 대성당 앞은 이 도시의 중심지이다. 관광객으로 붐비는 대성당 앞 카페에는, 사랑스런 포즈의 커플들이 둘만이 아는 행성에 가있다. 대성당은 성당 입구의 기둥에 있는 성상들부터 가히 걸작이다. 성당 안 스테인드글라스도 아름답고, 성가대석에 새겨진 성서의 인물들과 우스꽝스러운 악마들의 캐릭터도 재미있다. 7개의 작은 성당에는 한때 레온을 지배했던 오르도뇨 Ordoño 2세를 포함한 고딕 시대 무덤이 있다. 대성당 가운데엔 스페인의 전설적 기사 엘시드가 묻혀 있다.

1040년 부르고스에서 태어난 엘시드는 본명은 로드리고 디아스 비바르다. 레온왕 알폰소 6세 때 무어 인과의 싸움에서 이름을 떨쳐 스페인의 국민적 영웅이 되었으며, 그를 테마로 한 작품으로 코르네유의 '르 시드'가 있다.

레온의 또 다른 성당, 세비야의 산 이시도르의 유물이 있는, 산 이시도르 성당은 성벽을 끼고 계단을 오르면 있다. 시간이 허락한다면 이시도르 성당 광장 건너편의 이시도르 뮤지엄도 들러 보길 권한다. 뮤지엄엔 23명의 왕의 무덤을 포함한 44개의 무덤

레온

이 있다. 이 무덤들을 보니 굉장히 합리적이란 생각이 든다. 경주에 있는 신라 왕족들처럼 한 사람에 한 개의 큰 무덤을 차지하고 있는 것이 아니라 한꺼번에 한 곳에 모신 왕족 공동 묘지인 셈이다. 후손들이 관리하기도 편하겠다는 생각이 든다. 세월이 흘러 역사 유물로 후세에게 보여주기도 쉽게 되어있는 것이다.

레온에 도착하자마자 파리에 있는 친구에게 보내달라고 부탁한 소포를 찾으러 우체국에 갔다. 우체국 직원이 보낼 때 받은 송장 번호를 달라고 한다. 내 이름과 여권만 있으면 된다고 생각했다가 당황했다. 낭패다. 파리로 전화를 걸어봐도 연결이 되지 않는다. 내 휴대폰으로 한국과 스페인으로 말고는 전화를 걸어보지 않아서 방법이 틀렸나 보다. 통신회사로 전화하는 법을 물어보려고 휴대폰에서 114를 눌렀는데 알아들을 수 없는 스페인어 안내가 나온다. 할 수 없이 한국에 있는 딸에게 전화해 파리로

대신 전화를 부탁했는데 파리에서는 전화를 받지 않는다고 하고, 카톡이라도 해보려고 우체국에 물어보니 이곳은 와이파이 무료지역이 아니란다. 우체국을 나와 오스탈에서 체크인을 하고 인터넷을 연결해 보려 해도 그것 또한 안되었다. 답답함의 연속이었다. 무려 한 시간이나 보낸 다음 오스탈 옆 카페로 들어가서야 겨우 카톡 연결이 됐다.

송장 번호를 받아 레온 우체국에 다시가니 이번엔 그 우체국엔 내 소포가 없단다. 세우르 SEUR-일종의 택배회사라는 곳에 있다며 그곳 주소를 알려준다. 이번엔 찾을 수 있겠지 하고 가보니 거기선 또 내 소포가 다른 곳에 보관되어 있으니, 내일 11시쯤 오면 자기 직원이 가져올 거란다. 와~~ 소포를 공연히 보냈다는 생각이 든다. 나름 편해 보려고 몇 가지 말린 음식 재료와 생활용품을 부탁한 건데. 내일 늦게 떠날 수밖에 없게 됐다. 버리고 갈 수도 없고 애매하다. 다시 카미노 길을 온다면 소포 부치는 건 고려해야겠다. 비슷한 시기에 혼자 순례를 온 지인도 몇 군데로 소포를 나눠 부쳤다가 하나도 찾지 못하고, 부친 곳으로 소포가 되돌아 갔다고 한다. 순례길에서는 한군데 그리 오래 머물 수가 없는데, 계속 우체국에서 다음날 찾으러 오라고 하면 정말 곤란한 일이다. 혹시 꼭 소포를 부치려면 작은 도시에서 찾을 수 있게 부치는 것이 좋겠다. 그래야 찾을 때 장소 찾기가 쉽다. 하지만 그 마을에서 하루쯤 머무를 각오를 해야 하고, 작은 마을은 우체국 여는 시간이 짧다는 것도 고려해야 한다.

점심을 먹고 레온 중심가로 가 보니 산 이시도르 성당 Basilica Reale di San Isidore 광장에서 중세 시장 Mercados Medieval이 축제처럼 서고 있다. 모로코 도자기며, 터키산 양탄자, 옷, 장신구, 음식 등 다양하다. 장사하는 사람들도 각 나라 민속 의상을 입고 있다. 여기도 시에스타 시간이라고 잠깐 천막들을 닫아놓은 집도 많다. 저녁이면 다시 왁자지껄 흥미로운 세상이 되겠지만 지친 순례자에겐 흥미가 당기지 않는다. 지금은 호텔이 된, 〈오스탈 산 마르코스 Hostal San Marcos〉는 15세기에는 순례자 오스피탈이었다. 안을 들여다 보니 그렇게 호사스러울 수가 없다. 산 마르코스 광장을 지나

다리를 건너면 우리가 예약한 숙소 오스탈 케베도 Hostal Quévedo가 있다.

숙소로 돌아가 씻고 정리하고 나오니 너무 힘이 들어 다시 성당 근처 레스토랑까지 가긴 무리였다. 오스탈 근처에서 저녁을 먹고 계산서를 가져오랬더니 생각보다 돈이 많이 나왔다. 살펴보니 샐러드를 하나 주문했는데 두 개로 올렸다. 정정해 계산하긴 했지만 기분이 나빴다. 종업원이 우리한테 건네주기 전에 계산서를 살펴보는 걸 봤기 때문에 의도적이라는 걸 알았다. 카미노 길의 몇몇 마을에서 아침을 먹고 터무니 없이 비싼 돈을 낸 적이 여러 번 있었다. 여러 사람 분을 한꺼번에 시키는데다, 또 기다리는 사람이 많아서 두말 없이 내긴 했지만 뻔한 커피값에 빵값인데 다른 마을에서보다 한 배 반을 받았던 것이다. 그런 식당에선 영수증도 안 주고, 그냥 손으로 쓴 합계액을 보여준다. 이런 곳의 메뉴판엔 가격 표시가 없으니, 뭐라 할 수도 없다. 산티아고 길에는 예부터 순례자들을 속이는 나쁜 여관주인들이 있었다고 알고는 있지만, 요즘 같은 세상에도 그런 사람이 많이 있다는 게 놀랍다. 특히 그들은 동양인들을 쉽게 여긴다. 말도 그다지 통하지 않고 잘 따지지도 않으니 얼렁뚱땅 넘어가는 것이다. 할 수 있다면 꼭 얼마씩이었는지 따져 지불하는 것도 방법일 듯하다.

레온 중심가에서 덴마크 아줌마 벤테를 만났다. 다리가 아파 몇 마을 전에서 멈추었는데, 이곳으로 와 의사에게 치료 받고, 이틀쯤 쉬면 다시 걸을 수 있다는 얘길 들었단다. 다행이다. 미국 아저씨 캔도, 어제 만났을 때 레온으로 택시 타고 온다고 했었는데, 거리에서 만났다. 이곳에선 호텔에 들었단다. 몇 번을 같은 알베르게에서 머물렀던, 웃는 모습이 예쁜 부인과 잘 생긴 남편 미국인 순례자 부부도 호텔에 묵는단다. 오늘도 만나니 예쁘게 웃는다. 많은 순례자가 레온쯤에서 약간의 호사로, 오스탈이나 호텔로 가서 편히 쉬고 하루정도 천천히 관광하고 간다. 이곳엔 열 개가 넘는 성당과 유적이 있기 때문이다. 이곳에서 재정비하고 기운을 내어, 이곳을 처음 시작점으로 하는 초보 순례자와 새로운 동행자가 된다.

길로 들어서니 철 조각이 길을 안내한다.
간간이 자연 속에 있는, 사람 냄새 나는 이런 예술품은 가슴을 뛰게 한다.

1. 레온
2. 레온, 쉬고 있는 순례자상
3. 만시야 일출
4. 비야렌테 다리

레온 ▶▷▷▷▶ 비르헨 델 카미노

22day 벨기에 보헤미안 가족

레온에서 늦게 출발했으므로, 오늘은 7.5km 떨어진 비르헨 델 카미노 La Virgen del Camino까지만 가기로 했다. 레온을 떠나니 공장지대가 나와 걷기가 편하지는 않다. 레온 옆 마을 트로바호 델 카미노 Trobajo del Camino에 들어서니, 언덕에 굴을 파고 문을 달아놓은 보데가 Bodega-포도주와 식료품 보관 저장고가 여러 개 보인다. 요즘엔 우리나라에서도 발효 식품을 서늘하게 보관하려고 바위나 땅을 파서 저장고를 만들기도 한다. 우리는 보통 집 울타리 안에 만드는데, 여기서 보는 저장고들은 길옆 언덕진 곳에 많이 만들어놓았다. 이곳에선 포도주와 하몽, 초리소 등을 보관한다고 한다. 비르헨 델 카미노에 들어서니 제법 큰 마을이다. 알베르게 안내 표시가 쉽게 눈에 안 뜨이고, 큰 도로를 따라가다 보면 도시 구경을 놓치기가 쉬운 곳이다. 거의 마을 끝에 가서야 알베르게 표시를 찾았다.

오늘 아침, 레온에서 소포를 찾으면서 남편과 약간의 트러블이 있었다. 3kg의 짐을 배낭에 넣던 남편이 무거워졌다고 짜증을 내었던 것이다. 내심 짐이 도착하지 않길 바랬다고까지 말했다. 필요한 물건을 나름대로 계산해 부쳐놓은 것이었는데 본인 몸 힘든 것만 생각하고 짐이 사라지길 바랬다고까지 말하니 화가 났다. 난 그 짐을 나누어 넣으며 떨어져 걷자고 했다. 트로바호 델 카미노를 지나다 건물 앞면이 거울로 되어있어 셀프 사진을 찍고 있는데, 뒤따라서 오고 있던 남편의 지나가는 모습이 찍힌다. 쳐다보지도 않고 생판 모르는 사람처럼 지나치는 모습에 나도 모르게 웃음이 나온다.

비르헨 델 카미노에는 공립 알베르게 하나뿐이다. 알베르게는 깨끗하고 모든 게 잘 정돈된 느낌이다. 북적이는 것이 싫은 사람은 레온을 지나쳐 이곳에 머물러도 좋을 것 같다. 식당이며 휴식공간, 샤워실 모두 만족스럽다.

산티아고 길에서 물가가 참 싸다고 느낄 때가 대도시에 왔을 때다. 시골 작은 마을에서도 커피 값은 싸다. 1유로에서 1.5유로를 넘지 않으니 한국 커피값에 비기랴! 하지만 대도시의 슈퍼마켓에 가면 물가는 눈을 의심할 정도다. 특히 한국인이 좋아하는 삼겹살은 생고기로 살 때 500g 정도가 3유로에서 4유로 사이이다. 여기에 한국 사람들은 열광하지 않을 수 없다. 매일 구워먹고 싶지만 생고기집을 만나는 건 큰 마을이나 도시를 지날 때뿐이다. 작은 시골마을 상점 Tienda에는 소시지, 통조림, 야채를 팔긴 하지만 물건도 좋지 않고 비싸다. 빵도 큰 마을의 빵집은 직접 구워서 싸고 맛있지만 작은 마을의 카페나 상점의 빵은 맛이 덜하다. 오늘 장을 봐온 남편과 시몬 씨는 야채나 과일, 고기, 해물이 싱싱하고 싸서 기분이 좋아졌나 보다. 너무 좋다고 입에 침이 마르도록 얘기한다.

오전에 레온을 떠나기 전, 산 이시도르 성당 판테온과 뮤지엄을 관람했다. 판테온은 무덤을 말하는데, 산 이시도르를 비롯해 왕들과 여러 성인의 돌 무덤이 있었다. 여긴 죽음을 아름답게 만들어 놓았다. 무서운 게 아니고 어쩐지 은혜로운 느낌의 공간이다. 뮤지엄에 있는 로만 시대 장식의 십자고상, 보석 박힌 성배 등 가만 들여다 보면 정말 보물이다. 서가엔 고서들이 빼빽한데 책의 크기가 무지 크다. 손으로 쓴 건 아니고 인쇄되어 있지만 그 시절 이렇게 만들려면 힘들었겠다는 생각이 든다. 오래된 것들이라 빛이 들어가면 손상된다고 사진촬영금지다. 직원이 방마다 쫓아 다니며 안내를 하는데, 사실은 사진 찍을까 봐 감시하는

트라비렐로 가는 길

벨기에 순례자 빌레리안 가족. 아빠, 엄마, 막내 아론, 당나귀

거다. 부럽다. 어떤 이들은 그 시대의 신앙이 맹목적이라고 말하지만, 이런 걸 만들던 시대의 신앙도 부럽고 그 유물이 지금까지도 이렇게 남아 좋은 유산이 되어있는 것도 부럽다.

비르헨 델 카미노 알베르게 마당엔 노새와 개, 그리고 일곱 살, 다섯 살, 세 살 반 된 사내 아이들 발레리안, 엔소, 아론 세 아이를 데리고 순례 중인 벨기에 부부가 있다. 그들은 텐트를 치고 자면서 간혹 기부금을 받기도 하며 순례를 하고 있다. 텐트 치는 것을 허용하는 알베르게는 많지 않을 텐데, 알베르게 마당에 텐트를 치고 자고, 알베르게 샤워실을 이용하고, 부엌에서 밥해 먹고, 정리해서 오후 늦게 떠나 해질녘까지 걷는단다. 아이들이 단단해 보인다. 일찍부터 야생의 삶을 경험시키는 부모도 대단하고 씩씩하게 잘 따라다니는 아이들도 대단하다. 떠날 때 보니 노새에게 텐트와 짐을 싣고 개는 주변을 따라다니고 아이들은 짐 없이 걸리고 부모들은 배낭을 졌다. 벌써 몇 개월 째란다. 영화 속 보헤미안 가족 같다.

이 마을 카미노의 성모 성당 Basílica de la Virgen del Camino*은 1961년에 지어진 현대적 모습의 성당이다. 전면에 12사도의 모습이 모던한 조각 작품으로 되어 있다.

* 전해오는 이야기에, 1505년 성모님이 양치기에게 나타나시어 작은 성당을 지으라고 했다. 양치기는 주교에게 가서 알렸으나, 주교는 그 이야기를 믿지 못했다. 성모님은 다시 양치기에게 새총으로 돌을 쏘아 그 돌이 떨어지는 곳에 성당을 지으라고 했다. 양치기가 돌을 쏘자 그 돌이 둥그렇게 변하는 기적이 일어났다. 이 기적으로 주교가 믿게 되어 그곳에 성당이 세워졌다. 또 다른 이야기 하나는, 1522년 북아프리카의 한 기독교인이 단단한 상자 속에 사슬에 묶여 갇혀 있었다. 그는 성모마리아에게 그녀의 성당에 가보고 싶다고 기도했다. 이 기도를 들으신 성모마리아는, 사슬에 묶여 상자 속에 있는 채로 그를 이곳으로 옮겨 왔다. 지금도 이 성당에는 그 상자와 사슬이 보관되어 있다.

아이들이 단단해 보인다.
일찍부터 야생의 삶을 경험시키는 부모도 대단하고 씩씩하게 잘 따라다니는 아이들도 대단하다.
영화 속 보헤미안 가족 같다.

1. 트로바호 델 카미노 마을 보데가
2. 카미노 길표시
3. 순례견

비르헨 델 카미노 ▶▷▷▷▷ 오스피탈 데 오르비고

23day 주인은 눈만 마주쳐도 활짝 웃고, 순례자도 덩달아 웃는다

비르헨 델 카미노를 출발하고 5분도 안되어 갈림길을 만났다. 좌측은 비야르 데 마사리페 Villar de Mazarife를 경유하고 우측은 비야당고스 델 파라모 Villadangos del Paramo를 경유한다. 우측 길은 고속도로 옆길을 가기 때문에 좀 지루하고 시끄럽기는 하나, 좌측 길보다 5km정도 짧다. 오스피탈 데 오르비고 Hospital de Órbigo에서 쉴 예정이었기 때문에, 어느 쪽으로 가든 오스피탈 데 오르비고에서 만나니 상관은 없었지만, 우린 비야당고스 쪽으로 방향을 잡았다. 길로 들어섰지만 너무 어두워 카미노 표시를 찾을 수가 없다. 다행히 새벽 조깅을 나온 사람을 만나 그 사람의 친절한 안내로 언덕길로 올랐다. 제법 한참을 걸어도 화살표가 나오지 않으니 은근히 걱정된다. 그렇게 걱정하다 만나는 카미노 표시는 너무 반갑다. 어느 새벽엔 마을에 들어선 후 갈림길에서 방향을 몰라 헤매고 있었다. 우리가 두런거리는 소릴 듣고 어느 집 창문이 열렸다. 한 아저씨가 얼굴을 내밀며 손짓으로 가리켰다. '부엔 카미노' 좋은 순례길 되세요와 함께. 비르헨 델 카미노에서는 갈림길을 그려놓은 안내판에 누가 써 놓았다. '사실이 아님 No Verdad'이라고. 아마도 이 길에서 많이들 헤매었던가 보다.

가이드북에 오늘 가는 길에 마을이 몇 개 있고 상점도 있는 것으로 되어 있어 안심했지만 19km 가기까지 문을 연 카페가 하나도 없다. 어쩌면 오늘이 일요일인 까닭일 수

오스피탈 데 오르비고

도 있다. 다행히 과일과 빵을 준비했으므로 동이 틀 무렵, 길가 풀섶에 앉아 아침을 먹는다. 춥기도 하고 빵에 목이 메인다. 비상으로 준비한 작은 버너에 불을 붙이고 물을 끓여 가져온 일회용 커피를 탔다. 아! 따뜻한 커피를 마시니 몸이 녹는다. 작은 행복이 밀려온다.

산 마르틴 델 카미노 San Martin del Camino 마을에 이르니, 이 마을 알베르게에서 커피도 판다고 되어 있다. 주인 아저씨는 순례자들이 떠난 뒷마당을 정리 중이었고, 여주인은 집안을 정리 중이었다. 안에 들어가 커피를 주문하니 포트에 물을 끓여 일회용 커피에 우유를 부어 준다. 그거라도 감지덕지다. 조금 있으니 얌전하게 생긴 알베르게 여주인이 마당에서 딴 것이라면서 청포도를 내온다. 덕분에 식사 후 후식까지 푸짐히 먹는다.

마침내 오르비고강 Rio Órbigo 위의 멋진 고딕다리, 엘 파소 온로소 다리 El Paso Honroso-명예스러운 통과라는 의미가 보인다.

이 다리는 당시 부자였던 중세 기사, 돈 수에로 데 키뇨네스 Don Suero de Quiñones의 전설적인 이야기가 얽혀 있는 곳이다. 이 기사는 사랑에 빠진 여인에게서 거절을 당하고 상심하여, 목에 쇠로 만든 칼라를 잠그고, 이 다리를 통과하는 말을 탄 기사 300명과 싸워 이기기 전에는 쇠로 만든 칼라를 풀지 않겠노라 맹세했다. 이 말이 알려지자 각지에서 말을 탄 기사들이 이곳으로 와서 그와 대적한다. 그가 그들을 무찌르는 데 성공하자, 이곳에 온 기사들이 그를 돕기 위해 져준 것은 아닐까? 마침내 그는 사랑의 고통으로부터 해방되었고, 산티아고로 순례를 떠나 산티아고에 보석 팔찌를 남기고 온다. 지금도 산티아고 대성당 뮤지엄에서 이 팔찌를 볼 수 있다.

300명의 기사와 싸우는 이야기는 사랑의 고통을 이겨내기가 그만큼 쉽지 않다는 은유일 것이다. 사랑의 고통을 이겨낸 다리는 그때나 지금이나 멋스럽다. 다리를 지나 중세 도로를 따라가니, 문 위에 멋진 간판을 달아놓은 〈산 미겔 San Miguel〉알베르게가 있다.

오늘도 남편은 침대 일층을 내게 양보한다. 대개 방을 배정 받으면 이층 침대가 있는 알베르게에서는 일행을 일층, 이층 하나로 된 침대에 배정한다. 때로는 먼저 도착한 사람에게 선택권을 주어서 일행 모두 일층을 차지하기도 하지만 그럴 때는 몸이 아주 비대하거나 나이 드신 분이 이층을 사용하게 되면 마음이 여간 불편한 게 아니다. 지난번 순례 때는 보아디야 델 카미노 마을에 있는 알베르게에는 3층 침대도 있었다. 그곳이 구조가 무척 옹색하기도 했는데, 3층에서 자던 한국여성 순례자가 떨어졌었다. 다행히 크게 다치지는 않았지만, 그 뒤로는 이층 침대에서조차 떨어질까 봐 깊은 잠을 못 잔다고 했다.

정갈한 알베르게에 너무나 조용한 미소의 부부 페레그리네로가 있는 오스피탈 데 산 오르비고의 산 미겔 알베르게는 정답다. 조용한 음악이 집안에 흐르고, 탁자마다 놓인 사과와 배 그리고 너트들 깨끗하고 단정한 부엌도구들이 눈에 들어온다. 벽에는 여기에 머물렀던 순례자들이 그린 그림들로 빽빽하다. 마치 가정집에 초대된 듯하다.

오스피탈 데 오르비고

집안엔 향초가 켜져 은은한 향기가 가득 차있다. 주인은 눈만 마주쳐도 활짝 웃고, 이제 막 들어온 자전거 순례자도 그 모습에 덩달아 웃는다. 포근한 공간, 오늘 뙤약볕을 26km나 걸어온 보답이다. 이곳에서는 방안에서 발 치료도 먹는 것도 금지되어 있지만 그것조차도 부드러운 권유로 느껴진다.

오늘 온 길은 내내 옥수수밭이다. 광활한 옥수수 경작지를 지나며 포도밭을 그리워하기도 했다. 옥수수는 따먹을 수가 없어서. 도로와 밭 사이에 만들어 놓은 카미노 길에서 작은 자갈길이 발을 아프게 할 때면, 길 가운데 풀 밭으로 들어선다. 풀들은 지치고 아픈 순례자를 위해 기꺼이 자신을 내어준다. 많이 자라지는 못했지만 양탄자처럼 폭신한 느낌으로 아픔을 감싸준다. 그렇게 자신을 남을 위해 온전히 내놓는 희생의 삶, 강인하다.

오늘은 한국의 추석, 길을 떠날 때 보니 여기 달도 밝은 보름달이다. 달을 보다 문득 지금 달이 있는 쪽이 동서남북 중 어딜까가 궁금했다. 지금까지 달이 해처럼 동에서 서로 질 거라고만 생각했었다. 그런데 카미노 길은 늘 서쪽을 향해 가고 있는데 이리저리 방향을 바꾸는 달이 이상하다. 카미노 길이 이리저리 방향을 바꾼 것일까? 의문이 생겨 '이 순간엔 달이 어느 방향일까?' 라는 화제를 꺼냈다가 남편과 의견이 엇갈리고 퉁명스러운 대답에 엉뚱하게 화가 난다. 왜 하필 이 좋은 길에서 저렇게 아름다운 달을 보면서도 다투게 되는 건지. 뒤에 오던 시몬 씨 부부가 아침 먹을 카페를 찾아 보자고 말을 건다. 남편과 말하고 싶지 않던 나는 묵묵히 서 있다가 휙 하니 앞서 달리기 시작했다. 다행히 평지에서는 내 다리가 빨리 갈 수 있도록 받쳐준다. 그렇게 한 시간을 내달리는데, 뒤에서 헉헉대며 쫓아오던 남편이 밥 먹고 가자고 소리친다. 같이 오는 시몬 씨 부부를 생각해 멈추었다. 밥을 먹으며 남편이 말한다. 빵과 과일을 내 배낭에 넣고 가버리니 싫어도 쫓아왔다고, 배가 너무 고파서 말이다. 속으로 고소하다.

오스피탈 데 오르비고 마을 길가에 가로수로 심어진 플라타너스는 온통 몸통만 남기고 팔다리 잘린 상이 군인처럼 화석이 되어 서있다. 유럽 여행 중에 가끔 마을마다 이렇게 가로수를 만든 곳이 있다. 볼 때마다 가슴이 아프다. 팔다리가 잘리는 걸 좋아할 나무는 없다. 나무에게 고통을 주면서까지 이렇게 만들어야 하나?

식당에 가서 페레그리노 정식을 먹는다. 싸고 맛난 음식에 다시 한번 감탄한다. 저녁으론 슈퍼에서 간단한 재료를 사다가 김치 말린 것과 된장을 넣고 김치찌개인지 잡탕찌개인지를 만들어 먹었다. 순례 중에 이렇게 잘 먹어도 되는 건지, 마음에 걸린다.

풀들은 지치고 아픈 순례자를 위해 기꺼이 자신을 내어준다. 많이 자라지는 못했지만 양탄자처럼 폭신한 느낌으로 아픔을 감싸준다. 그렇게 자신을 남을 위해 온전히 내놓는 희생의 삶, 강인하다.

1	2	1. 산 마르틴 델 카미노 알베르게	2. 오스피탈 데 오르비고 성당 종탑
3	4	3. 오스피탈데 오르비고 고딕다리	4. 오스피탈데 오르비고
5	6	5. 산 미겔 알베르게	5. 오스피탈데 오르비고 가는 길

오스피탈 데 오르비고 ▶▷▷▷▷▶ 아스토르가

24day 시간이 지나자 반달은 슈퍼문이 되었다

새벽에 길을 나설 때 보니, 어제는 완전한 둥근 달 full moon이었던 달이 하루 만에 반달이다. 어째 이런 일이. 여기는 그럴 수도 있는가? 모두들 신기하다면서 계속 달을 보고 간다. 두 시간 가량 지날 동안 달은 엄청나게 커지더니 슈퍼문이 되었다. 저녁에 뉴스를 보니 오늘 보았던 것은 '슈퍼문 개기월식'이었단다. 지구에 가까이 다가온, 크고 밝게 빛나는 '슈퍼문'과 지구의 그림자가 달을 가리는 '개기월식'이 겹치는 날이었던 것이다. 지난 1982년 이후 33년 만에 일어난 현상이라니, 그 순간을 이렇게 생생하게 마주쳤다는 것도 이번 순례길의 행운 중 하나가 아닐까.

오늘 길은 오르비고 마을 출구에서 두 갈래 길로 갈린다. 가이드북대로라면 오른쪽 길을 택해 마을로 들어서야 하는데, 거기에 산 Monte이라는 글씨가 쓰여진 것을 보고, 오르막길 오르는 것이 힘이 드니 편한 길을 택한다는 것이, 도로와 같이 가는 길로 들어섰다. 지루하고 힘든 길이었지만, 동틀 때까지 멋진 달 구경을 실컷 할 수 있었다. 오늘도 해가 뜰 무렵, 한적한 언덕에서 물을 끓여 커피 한잔의 여유를 즐겼다.

아침에 갈라진 산 쪽으로 가는 길과 다시 만나는 곳, 5세기 아스토르가 주교의 이름을 딴 십자가, 크루세로 데 산토 토리비오 Crucero de Santo Toribio에 도착하자, 멀리 뒤쪽으로 칸타브리안 Cantabrian산을 등진 아스토르가 Astorga도시가 중세 풍경화처럼 떠오른다.

아스토르가 전 마을 산 후스토 델 라 베가 San Justo de la Vega 마을에 도착하자, 현대 모습의 순례자상이 조롱박에서 쏟아지는 물을 마시고 있다. 재미있어 가까이 가보니, 순례자상 옆에 있는 수도에서 한 아저씨가 물을 받고 있다. 수도꼭지를 틀면 그 물이 순례자상의 입으로 떨어지는 것이다.

아스토르가로 들어가려면, 도시 입구의 마을에서 작은 로마 시대 다리를 지나고, 다시 기찻길을 건너는 지그재그 다리를 건너야 한다. 5세기 서고트 족이 정착한 이 도시는 714년 무슬림의 지배가 시작됐고, 9세기 중반에 오르도뇨 Ordoño 1세에 의해 기독교 국가로 바뀌었다. 레온이 파괴된 후 아스토르가는 왕국의 수도 역할을 했다. 에두아르도 데 카스트로 Eduardo de Castro 광장에는 15세기 바로크식 외관을 한 아스토르가 대성당과 그 옆으로 한때는 매춘부들을 가두었던, 산타 마르타 성당 Iglesia de Santa Marta 이 있다. 또 이 광장 한쪽에는 대주교 후안 바우티스타 그라우 비예스피노스가 죽을 때까지 머무르던, 가우디의 궁, 엘 팔라시오 에피스코팔 El Palacio Episcopal 이 있다. 이 주교궁은 원래 로마 시대에 지어졌다가 9세기에 다시 지어진 성으로, 화재가 난 후 가우디가 다시 지어서 가우디의 궁이라고 한다. 스페인 내전*으로 정권을 장악한 프랑코 정권 때 팔랑헤 Falange 당의 군 수뇌부가 있던 곳으로, 지금은 카미노 뮤지엄 Museo de los Caminos 으로 쓰고 있다. 이외에도 도시 입구에는 프란시스코 수도회 성당 Convento Iglesia S. Francisco 이 있고, 로마 뮤지엄 Museo Romano 엔 로마 시대 유물들과 흥미로운 묘석을 전시한 로마 시대 터널, 노예들의 감옥으로 알려진 에르가스툴라 Ergástula 가 있다.

저녁은 모두 페레그리노 정식을 원해 마요르 플라자 Plaza Mayor 에 나가 먹는다. 점심에 고기 요리를 먹어 부담스럽긴 했어도, 식당마다 테이블과 의자를 내놓아 야외 파티장이 된 시청 앞 마요르 광장에서, 시청 건물 시계탑에 있는 예쁜 인형들이 시간마

아스토르가 가는 길

다 종을 울리는 모습을 보고 싶었다. 테이블마다 순례자들이 모여 반가운 이야기를 나눈다. 오늘 먹은 마카로니 요리는 특히 맛이 있다.

어제부터 컴퓨터를 사용하려고 알베르게에 있는 컴퓨터에 돈을 넣어 보았지만, 너무 오래된 기기라 그런지 폰에 저장된 걸 읽지 못한다. 사진을 USB 메모리에 옮기고 싶은데, 읽어내지를 못하니 옮길 수가 없다. 아무래도 최신 컴퓨터를 쓰는 PC방을 찾아봐야겠다. 이번 순례가 지난 번과 두드러지게 다른 점은 순례길 모든 알베르게 공립 빼고가 와이파이 무료지역이라는 것이다. 하지만 오후엔 순례자들이 모두 얼굴을 숙이고 폰에 빠져 있는 모습이 좋지는 않다. 이 길만큼은 좀 슬로우 카미노였으면 좋겠다. 자신을 돌아볼 겨를 없이 살던 사람들이, 카미노 길에서까지 떠나온 삶과 끊임없이 연결하고 있는 모습이 맘에 걸린다. 부르고스 지자체 알베르게에선 와이파이 연결이 안되었다. 세상사에 관심을 끊고 좀 생각할 시간을 가져보라는 의미일거다. 이렇게 생각은 하지만, 나도 별 수 없는 같은 부류의 사람이다. 오늘 길을 걷고 있을 때 딸에게 전화가 왔다. 차 시동을 걸어 놨는데 문이 잠겼다며, 보조 키를 어디에 두었느냐고 묻는다. 가르쳐 주고 웃는다. '문명이 주는 편리함이 좋기는 하네' 하고. 카페에 들어가 차 한잔 마시며 집에 있는 딸들과 다시 통화를 한다. 벌써 마당엔 풀이 무성하단다. 하느님은 내가 없이도 모든 피조물들을 열심히 키우신다.

오늘 알베르게 〈산 하비에르 San Javier〉에선 마사지 받는 사람들이 많다. 우리나라 여성들이라면 밀폐된 공간에서나 가능한 노출로, 전신을 벗고 하의만 살짝 가린 상태로, 휴게실에서 마사지를 받고 있다. 지난 순례 때엔 너무 무리하게 걸어서 무릎이며 허리며 다 아파25일째였다 사리아 Sarria 입구에 도착했을 때, 한 발도 더는 뗄 수가 없는 상태였다. 그래서 사리아에서 만난 첫 알베르게에 무조건 들어갔었다. 그날 그 숙소의 페레그리네라는 마사지사도 겸하고 있어, 그녀에게 발을 마사지 받고 나니 다음날 걷기가 훨씬 수월해졌었다. 이번엔 그만큼 힘들지는 않아 마사지 받을 일은 없다. 알베르게에서 손빨래를 했다. 빨래줄이 이층 베란다에서 다른 쪽 건물에 줄을 걸어도르레를 당겨서 널게 되어 있다. 손이 닿지 않는 곳에 빨래들이 있으니, 날아가면 아래층에 가서 찾을 일이 걱정이다. 집게를 가져와 꼭꼭 집어 두었다. 그늘이 져서 빨래는 쉽게 마르지 않고, 혹시 놓고 갈까 걱정되어 젖은 빨래를 들여와 침대 옆에서 말린다.

저녁 7시, 산티 스피리투스 봉쇄 수녀원 Convento de Sancti spiritus 에 있는 성당에서 미사를 드린다. 성체 거양할 때는 가슴이 찡하다. 돌아보니 철창을 사이에 두고 수녀님들이 미사를 드린다. 전부 나이가 좀 들어 보이신다. 미사를 집전하시는 네 분 신부님들도 거동조차 어려운 분들이다. 미사에 참여한 대부분의 지역 신자들도 머리가 하얀 분들이고, 봉사하는 신자들도 모두 허리가 굽었다. 어쩌면 이곳의 가톨릭은 너무 쇠퇴하는 것은 아닌지, 그냥 문화 유산으로만 남는 건 아닌지 안타깝다. 미사 중에 성당 장식을 보니 아름답기 그지없다. 예수님, 성모님, 성인 성녀의 주위에는 작은 아기천사가 많이 있다. 그걸 보다가 문득 '저 작은 천사들이 사람으로 태어나기를 기다리는 순수한 영혼은 아닐까'하는 생각이 든다.

아스토르가의 중세도시, 골목 깊숙한 곳에 자리잡은 알베르게에서 하루를 접고 잠이 든다.

*스페인 내전 (1936~1939)

1936년 2월 총선에서 인민전선 정부가 집권하자 프랑코가 이끈 군부가 반란을 일으켰다. 이때 급진적이고 범세계적인 지식인과 진보주의 성향의 시민들은 정부군을 지지하고, 가톨릭이고 엄격한 보수주의 성향의 시민은 반란군을 지지하여, 양쪽 시민들이 서로 증오하고 죽이기 시작하였다. 공화국 정부가 교회와 군대를 억눌러 온 것에 대한 반란군 진영의 복수심이 사기를 높여 1939년 3월 28일 프랑코의 마드리드 진입으로 1975년까지 프랑코의 독재체제가 이어지게 되었다.

벌써 마당엔 풀이 무성하단다. 하느님은 내가 없이도 모든 피조물들을 열심히 키우신다.

1	2
3	4
	5

1. 아스토르가 가는 길. 슈퍼문
2. 아스토르가가 보이는 산토 토리비오 십자가
3. 산 후스토 델라 베가 순례자상
4. 아스토르가 성벽에서 본 가우디 궁전
5. 아스토르가 시청 앞 광장

아스토르가 ▶▷▷▷▶ 라바날 델 카미노

25day 하느님은 힘드시겠다
이 소망 다 보듬으시려면

오늘 아침 달은 유난히 우리와 헤어지기 싫은지, 해가 떠서 그림자를 길게 드리워도 서쪽 하늘을 떠날 줄 모른다. 아스팔트와 흙길이 반복된 후, 이제는 독특한 분위기의 마을인 무리아스 데 레쉬발도 Murias de Rechivaldo마을에 들어선다. 이곳은 레온의 마라가테리아 지방에 사는 사람들의 문화를 보여주는, 마라가토 Maragato마을이다. 이 마을은 1846년 홍수로 파괴되었고, 현재 마을엔 19세기에 지어진 건물들이 있다. 작지만 알베르게가 세 개나 있는 마을이다. 이 작은 마을에서도 축제가 있었는지 카미노 길에 만국기가 나부끼고 있다.

이어진 마을 산타 카탈리나 데 소모사 Santa Catalina de Somoza에는 허물어진 건물들이, 담 너머 보이는 하얀 구름과 더불어 장구한 세월을 보여주는 멋진 풍경을 만들고 있다. 허물어지고 황폐화되어 있지만 순례자의 눈에는 더없이 아름다워 보인다. 지난 순례 때엔 이 마을에서 가족들이 모여 전통놀이를 하는 모습을 보았다. 선물을 넣어 만든 별 모양의 바구니를 예쁘게 장식하여 높이 매달고, 아이들이 그걸 터트리는 놀이다. 우리 어릴 때 초등학교 운동회 날 하던 박 터트리기와 비슷하다. 마을 끝에는 나무 지팡이와 조개껍데기, 조롱박 등 순례길 장식물을 파는 집이 있다.

엘 간소 El Ganso마을은 12세기부터 순례자 숙소가 있던 곳이다. 이 마을 한쪽에는 먹을 수 없는 물 Agua No Potable 표시와 함께 조각처럼 멋진 펌프가 있다. 이 마을에 카페 겸 알베르게, 〈메손 카우보이 Mesón Cowboy〉가 있어, 화장실도 이용할 겸 카페에 들렀다. 그다지 깨끗한 화장실도 아니건만, 이 집 화장실에는 오직 손님만 화장실을 이용할 수 있다고 쓰여 있다. 야박하다. 그러고 보면 우리나라 화장실은 전 세계 어디보다도 깨끗하고 인심이 후하다.

끊임없이 조금씩 산을 올라, 오늘 묵을 마을인 라바날 델 카미노 Rabanal del Camino에 도착했다. 산악 마을로는 크고 예쁜 곳이다. 이 마을은 산티아고 길이 점점 붐비게 되면서 활기를 찾은 마을 같다. 작은 마을에 알베르게가 네 개나 된다. 공립 알베르게는 낡았으나 조용한 곳에 있다. 알베르게 〈가우셀모 Gaucelmo〉는 12세기에 산 그레고리오 San Gregorio 오스피탈이었던 곳이나 지금은 영국 순례자 협회에서 운영하고 있다. 가우셀모는 10세기 폰세바돈 근처에서 은둔한 수도승의 이름으로, 이 알베르게에선 저녁이면 순례자 교류 모임이 열린다. 이 마을의 성모승천 성당은 최근에, 산 살바도르 델 몬테 베네딕토 수도원에서 운영하기 시작하여 그레고리안 성가로 하는 저녁 기도와 순례자 축복이 있다.

우리가 머물 알베르게 〈라 센다 La Senda〉는 마을 입구에 있어 찾기가 쉽다. 작은 사설 알베르게인데, 알베르게 주인이 정말 친절하다. 짐 정리하고 빨래 널러 길 건너 공터에 가보니, 간이 침대가 몇 개 놓여 마사지 예약을 받고 있다. 나중에 보니 멀리서 차를 타고 마사지사가 온다. 알베르게 바로 옆 건물에 식당이 있어 점심은 그곳에서 먹는다. 상냥한 식당 집 딸이 서비스하는 음식은 보기보다는 훨씬 맛이 있다.

저녁 준비를 위해 마을 안으로 들어가니 작은 상점이 여러 개 있다. 한 곳에 들어가 보니 산악지방이라 그런지 채소들이 형편없다. 감자는 싹이 나고, 양파는 약간씩 썩어 있다. 그래도 할 수 없다. 이곳에서 뭘 더 기대하랴? 비싼 야채와 과일을 사 들고 알베르게로 와서 아직은 한가한 부엌에서 저녁 준비를 해 놓는다.

근처 공립 알베르게로 컴퓨터를 사용해 보려고 갔다. 어제 아스토르가에서 인터넷을 쓸 수 있는, 컴퓨터를 여러 대 비치한 가게에 갔지만, 한국어 호환이 안되어 역시 내

엘간소

폰을 읽지 못했다. 지나온 마을들 공립 알베르게에서는 가능했기 때문에 오늘은 이곳 공립 알베르게에 가 보는 것이다. 공립은 아직 사람이 많이 들지 않았는지 조용하다. 다행히 컴퓨터 쓰는 사람도 없고, 이곳 컴퓨터는 내 폰을 읽을 수 있다. 사진을 USB 메모리에 옮기고 나서, 그곳 숙소에 들어 있는 한국 순례자와 지나온 얘기를 나눈다. 형제 중 한 사람의 회갑을 기념하여, 산티아고 순례가 두 번째인 부부와 남편의 형제들이 함께 온 것이다. 우애가 돋보이는 보기 좋은 모습이다. 우리가 가져온 말린 된장, 고추장을 좀 나눠 주기로 했다. 공립 알베르게 앞에 있는 사설 알베르게 〈필라르 Pilar〉는 문 앞에 치장을 많이 해 놓아 흥미롭다. 미국 아저씨 캔이 그곳에 있다. 다음 날 어땠는지 물어보니 만족스럽지 않았나 보다.

마을 엘 간소에서 라바날 델 카미노까지 오는 산길에는 1km 정도 철조망이 이어져 있다. 가축들을 보호하기 위한 것인데, 여기에 순례자들의 십자가 소망이 주렁주렁하다. 조금이라도 달라 보이기 위해 길가에 있는 나뭇가지들에, 온갖 가지고 있던 재료들을 이어서 십자가 모양으로 얼기설기 엮어 놓았다. 하느님은 힘드시겠다. 이 온갖 소망 다 보듬으시려면.

이 십자가들 외에도 그동안 길에서 순례자들의 온갖 흔적과 마주쳤다. 길가에 있는 돌들을 주워 화살표를 만들거나 하트 표시를 하고, 마구 올려 돌탑을 쌓으며 사람들은 자기 손으로 뭔가를 만들어 마음의 표시를 하고 싶어한다. 돌로 만든 마음의 흔적을 보고 있자면, '걷기도 빠듯한데 이런 여유가 있는 사람들도 있구나' 싶어 놀랍다. 난 그저 그걸 사진에 담기도 버겁다. 조물주가 만드시는 변화무쌍한 자연 풍경과 사람들이 만들어 놓은 아기자기한 조형물을 사진 찍다 보면 걷던 걸음을 멈추게 되니, 시간이 걸리고 일행 중 항상 뒤처진다.

어젠, '순례길에 와이파이가 웬 말인가? 너무 앞선 기기들 때문에 생각할 여유를 잃고 있는 것이 아닐까' 라는 생각을 했었다. 오늘 다시 곰곰 나를 돌아보니, 아침부터 기상 시간을 폰으로 확인하고, 오는 내내 풍경을 찍어 사진을 저장하고, 폰 속에 일기를 쓰고 스케줄을 조정하며, 새벽엔 플래시로 쓰고, 필요할 땐 사전을 찾고, 급할 땐 전화도 한다. 문명의 이기를 내려놓고 내 안을 들여다 보길 원했지만, 난 여전히 이 모든 것을 기꺼이 이용하고 있다. 모든 것을 손안에서 해결할 수 있으니, 고맙기까지 하다. 참 이율배반적인 모습이다.

허물어진 건물들이, 담 너머 보이는 하얀 구름과 더불어 장구한 세월을 보여주는 멋진 풍경을 만들고 있다.
허물어지고 황폐화되어 있지만 순례자의 눈에는 더없이 아름다워 보인다.

1	2
3	4
	5

1. 라바날 델 카미노 가는 길
2. 엘간소
3. 산타 카탈리나 데 소모사
4. 산타 카탈리나 데 소모사 가는 길
5. 엘 간소 메손 카우보이 카페

라바날 델 카미노 ▶▷▷▷▶ 몰리나세카

26day 세상 떠날 때
혼자 가야 하는 길

오늘 길은 특별하다. 순례자들이 돌 등에 기도를 적어 묻어두고 가는 철 십자가가 있고, 중세 도시 중에 거의 폐허에 가까워 묘한 운치가 있다는 폰세바돈 Foncebadon을 지나기 때문이다. 이 마을에 들어서면, 파울로 코엘료 Paulo Coelho의 소설 〈순례자〉에 나오는, 떠도는 개에 들어간 악의 세력이 금방이라도 뛰어나올 듯하다. 커다란 십자가가 마을 입구에서 폰세바돈에 도착했음을 알린다. 새벽 동이 틀 무렵에 도착한 폰세바돈은 꿈속 같은 아름다움을 연출하고 있다. 이어 붙인 색색의 슬레이트 지붕이며, 무너진 집들의 잔해는 독특한 이국적 풍경을 만들어, 타임머신을 타고 다른 시대, 다른 행성으로 온 듯하다. 가다가 몇 번이고 돌아보게 만드는 신비한 마을이다. 1980년대에 황폐화된 폰세바돈 마을은 3년 전에는 알베르게 한 개 외에는 모든 건물이 부서진 것처럼 보이더니, 오늘 도착해보니 알베르게만도 네 개로 늘어있고 지금도 새 건물을 짓고 있다. 얼마 후면 폐허의 느낌도 사라질 듯하다. 로마 길이 지나는 이곳은 산 정상이 가까워서인지 몹시 춥다.

몸이라도 녹이려고, 〈몬테 이라고 Monte Irago〉알베르게로 들어가 커피 한잔을 마신다. 이곳에서 밤을 보낸 순례자들이 아침을 먹고, 떠날 채비를 하고 있다. 아침식사 desayuno 메뉴를 보니 다른 곳에서 주던 아침식사보다 훨씬 푸짐하다. 보통 커피나 우유에 토스트 정도를 주는데, 여기는 우유와 시리얼, 바게트, 과일까지도 필요한 만

폰세바돈. 봄

큼 먹을 수 있게 되어 있다. 이 높은 산에서 의외의 인심 좋은 알베르게다.
마을을 떠나 산을 약간 더 오르니, 바로 거기 산티아고 프란세스 길의 정점, 이라고 산 Monte Irago 정상의 철 십자가 Cruz de Ferro가 있다. 걷는 내내 드린 기도와 함께, 집에서부터 가져온 소원이 적힌 마로니에 열매를 내려놓을 수 있는, 아니 내 마음의 짐을 벗을 수 있는 곳에 도착한 것이다. 철 십자가는 70m 높이의 떡갈나무 원뿔기둥 위에 조그만 철로 만든 십자가를 얹어놓은 것이다. 그 밑 돌무더기는 거의 30미터 넓이가 된다. 얼핏 커다란 철 십자가를 기대했다가 에게~하는 마음이 들기도 하지만, 사실은 이곳은 처음엔 켈트 족의 기념물이 있던 곳이었다. 로마 시대에는 여행자의 수호신 머큐리 Mercury 신에게 헌정되었다가 9세기 은둔자 가셀모 Guacelmo에 의해 십자가로 대체되었다. 철 십자가 옆에 세워진 안내판은 점자로도 되어 있다. 여기

에 씌여 있는 내용으로는, 기원은 확실치 않으나 로마 전 시대부터 있던 이 기념물이 길의 이정표로 쓰여진 것만은 확실하다고 나와 있다. 나중에 산을 내려오다 보니 길 옆 순례자 무덤에 세운 커다란 철 십자가가 더 커 보인다. 오랜 세월 동안 순례자들은 집에서부터, 혹은 오는 길 평지에서부터 가져온 돌 돌을 가져올 때의 무게감만큼의 고생을 이곳에 놓고, 자신의 고생을 봉헌하면서 돌과 함께 마음의 짐을 벗어 놓고 다음 여정을 이어 갔던 것이다. 요즘엔 온갖 기념물, 신분증, 신발, 깃발, 조개껍데기나 사진 등을 기둥에 매달거나 돌 사이에 묻거나 한다. 나도 돌 사이에 가져온 마로니에 열매를 넣고 기도를 한다. 내가 모르고 지은 죄와, 알고도 짓는 모든 죄를 용서해 주시라고, 또 내게 기도를 부탁한 모든 사람들의 소망을 들어 주시라고. 큰 숙제를 마친 기분이다.

지난 순례 때 겪었던 약간 기이한 경험 이야기다. 그때 난 철 십자가 밑, 돌무더기 근처에서 좀 특이한 느낌의 돌을 주웠다. 아기 주먹만 한 돌인데, 유난히 내 눈에 확 들어왔다. 한 면이 동굴처럼 파여 있고 그 속엔 다른 색의 돌이 있어 십자가 밑에서 무릎 꿇고 기도하는 모습처럼 보이는 돌이었다. 좋다며 주워서 배낭에 넣었다. 그런데 그날부터 시간이 지날수록 내 배낭의 무게가 점점 더해지는 듯했다. 속으로 좀 찜찜하더니, 며칠 후엔 아예 누가 배낭을 뒤에서 잡아당기는 듯이 느껴졌다. 순례길에서 버리질 못하고 욕심을 내어 그렇구나 하는 생각이 들어, 같이 가던 언니들에게 이 얘기를 들려주고, 버리고 가겠다고 했다. 한 언니가 대신 가져다 주겠다고 나선다. 그렇게는 할 수 없어서, 그 때부터 앞에 매고 다니던 허리 배낭에 그 돌을 넣었다. 신기하게도 그때부터 돌의 무게를 느낄 수 없어 집까지 가져올 수 있었다. 지금도 가끔 그 돌을 보고, 내 안의 욕심을 들여다본다. 아마 어느 순례자가 소원을 빌러 가져온 돌이었는지도 모르겠다. 이번엔 이런 기도를 했다. 돌을 가져와 정말 죄송하다고, 혹시 누군가 가져온 소원의 돌이었다면 그 사람의 소원을 꼭 들어주시라고 기도한다.

이 산길에서 갑자기 펄럭이는 깃발이 꽂혀있고, 온갖 표지판이 세워져 있는 쓰러져가는 듯한 특이한 집이 나왔다. 마치 마술사가 기거하는 집 같이 느껴진다. 만하린 Manjarin이다. 오후 늦은 시간에 여자 혼자 지난다면 약간은 으스스하지 않을까? 이런 산속에도 알베르게는 있다. 자신이 현대의 템플 기사임을 자처하는, 토마스 Tomás라는 사람이 하는 알베르게 겸 약간의 음료와 스낵도 파는 집이다. 그곳을 지나서 계속 산길을 가다 보면 이제부터 가파른 내리막이다. 내려오다 돌아보니 미국인 순례자, 캔 아저씨도 오고 있다. 사진 한 장 찍으니 환히 웃는다. 대단하다. 수술한 다리로 이 산을 넘다니.

아래로 내려다 보이는 마을의 슬레이트 지붕들이 동양의 어느 마을 같아 보이는, 아세보 El Acebo 마을에 이른다. 중세 때엔 더 큰 마을이었다는 아세보는 지금도 상당히 큰 마을이다. 집들마다 나무 발코니가 있는 게 인상적이다. 이 마을에 있는 15세기 성당, 산 미겔 Iglesia de San Miguel에는 세례자 요한의 상이 있다. 또 지나면서 보니

1987년, 70세의 나이에 자전거 사고로 세상을 떠난 독일인 사이클리스트, 하인리히 크라우제 Heinrich Krause를 기념하는 조각이 있다. 자전거 모양에 조롱박과 조개껍데기를 매단 것이다. 이 마을 끝에는 아주 크게 현대식 건물로 새로 지은 알베르게 카사 델 페레그리노 casa del peregrino가 있다.

라바날 델 카미노에서 아세보로 오는 산길은 험하지만 내가 제일 좋아하는 길이다. 바닥은 자갈이 박힌 흙길이고, 양쪽으로 잔잔한 가시금작화 무리와 보라빛 꽃이 예쁜 라벤더, 키가 낮은 관목이 계속되는 길이다. 오늘 하늘은 청명하여 푸른색과 하얀 뭉게구름이 녹색의 산과 대조를 이루며 깨끗하다. 난 이 길을 걸으면서, 세상 떠날 때 혼자 가야 하는 길이 이렇게 생겼을 거라고 생각한다. 약간 힘은 들지만 혼자 깊이 사색할 수 있는 좋은 길이다. 한 사람씩만 보행이 가능하고 둘이 나란히는 갈 수 없어 자연히 혼자만의 생각에 빠질 수밖에 없다. 이런 산속에 길을 만들고 다듬어 걷기 편하게 만든, 순례길의 옛 성인들이 고맙다.

물 고인 곳을 지나고 긴 벤치가 하나 놓여 있다. 지난 순례 땐 한국어로 '사월 말에 왔다가 눈 때문에 얼어 죽을 뻔했다'는 한국 순례자의 낙서가 쓰여 있었다. 오늘 보니 그 글씨는 어디로 가고 다른 외국어들이 적혀 있을 뿐이다. 자연히 바래고 닦인 것인가? 아니면 이 길을 관리하는 사람들이 새로운 글들을 적으라고 지워놓는 것인가? 다른 길에서도 돌 위의 글들이 바뀌어 있는 것을 본다. 산을 거의 내려왔을 때쯤 지난 순례 때 같이 갔던 언니들과 체리를 처음 맛본 곳이 나왔다. 어느덧 3년이 지났고, 오늘은 남편과 지나가려니 가슴이 살짝 동요하며 언니들이 그리워진다.

산길을 오르다 역순례자 산티아고에서 생장 방향으로 이동하는를 만났다. 새벽에 만나 길을 물었던 사람은 활기차고 밝은 사람으로, 길이 너무 아름답다며 행복해하는 모습이었다. 더불어 행복해졌다. 오후에 마주친 다른 역순례자는 남루한 의복에 얼굴을 숙이고 걸어가고 있다. 말을 붙이자 어두운 목소리의 답이 온다. 고마워! Merci 짧고 힘없는 대답. 순간 눈이 마주치고, 난 삶에 지치고 찌든 눈을 보았다. 몇 발 더 내딛다가

폰세바돈. 새벽

찡하여 돌아본다. 저만치 가는 어깨가 너무 무겁다. 오후에 다시 또 다른 역순례자를 지나쳤다. 얼굴은 그을었고 뚱뚱한 배는 축 처져서 마치 무슨 물건을 달고 다니는 것처럼 보이는 사람이다. 뒷모습을 보니 배낭도 처지고 텐트도 펴진 채로 매달고 간다. 또 다시 찡하다.

다음 마을, 리에고 데 암브로스 Riego de Ambros를 지나니 몇 년의 세월이 흘렀는지 모를 커다란 밤나무가 멋지게 우리를 맞이한다. 오늘의 휴식처, 몰리나세카 Molinaseca에 들어서니 오른쪽으로, 고통의 우리들의 성모성전 Santuario de Nuestra Señora de las Angustias이 보인다. 도시에 들어서니 몰리나세카는 아주 크지도 작지도 않은 휴양지 같은 느낌의 도시였다. 순례자의 다리 Puente del Peregrino 밑 물가에 선 수영복을 입은 여행객들이 햇볕 샤워를 하고 있다. 다리를 지나 산 니콜라스 성당

Iglesia de San Nicolás 이 보이고, 카미노 길을 따라 예쁜 카페와 상점들이 줄지어 있다. 지난 순례 땐 아세보에서 쉰 뒤 새벽에 이 마을을 지나가서 이렇게 활기차고 예쁜 마을인지 몰랐었다. 골목 끝에 '알베르게 산타마리나 200미터' 표시가 있었으나 몸이 지쳐서인지 훨씬 더 멀게 느껴졌다. 알베르게에 도착하자 다시 마을로 나가볼 힘이 없어졌다. 우린 그냥 이곳에서 페레그리노 정식을 먹기로 하고, 빨래는 기계를 이용하기로 했다.

산타마리나 알베르게의 주인은 페레그리네로로서 친절과 봉사의 정신을 잘 실행해 왔는지, 상을 받았다는 지방신문 기사가 알베르게 벽에 붙어 있다. 그는 몸이 크고 서글서글한 눈매로 재빠르게 안내와 정리를 한다. 저녁 순례자 메뉴를 미리 주문 받는데, 마을 중심가와 떨어져 있어서 그런지 신청하는 사람이 많다. 보통 저녁을 만들어서 먹을 땐 이른 시간에 먹는 편이어서, 오늘 같이 순례자 메뉴를 먹는 날은 정해진 시간까지 기다려야 하므로 배가 고파온다. 건조기에 넣은 빨래를 기다리는 동안, 식당에 가서 감자칩 한 봉지를 산다. 마을을 나가지 않으니 특별히 할 일이 없다. 저녁 식사 시간까지 빨래 정리를 하고, 짐을 싸 놓고, 일기를 쓴다.

드디어 7시 저녁식사 시간이 되어 식당에 모두 모인다. 이 집은 정말 푸짐하게도 음식을 준다. 포도주와 빵, 콩 수프 한 대접. 수프 만으로 이미 배가 부르다. 샐러드와 파스타 한 접시에 후식으로 과일이 나온다. 많은 인원임에도 너무나 뜨끈한 수프와 파스타가 나와 인상적이다. 주인 아저씨가 음식을 나르는데, 빠르기가 놀라울 정도다. 게다가 너무나 다정한 표정. 베테랑 페레그리네로의 모습이다.

기도를 한다. 내가 모르고 지은 죄와, 알고도 짓는 모든 죄를 용서해 주시라고, 또 내게 기도를 부탁한 모든 사람들의 소망을 들어 주시라고.

1	2
3	4
	5

1. 몰리나세카
2. 아세보
3. 철 십자가 순례자가 두고간 기념물
4. 몰리나 세카 가는 길
5. 자전거 순례자

몰리나세카 ▶▷▷▷▶ 비야프란카 델 비에르소

27day   남편이 변한건가
내 눈이 바뀐건가?

알베르게를 나서 폰페라다 Ponferrada로 향했다. 폰페라다는 인구 7만의 도시로, 카미노 길은 다른 큰 도시와 마찬가지로 구시가지 쪽으로 돌아 나오게 되어 있다. 이 도시의 심볼, 템플 기사단 성은 웅장했다. 켈트족이 자리를 잡았던 이 도시는 로마시대에는 중요한 광산 도시였다. 그 후 서고트족과 무슬림의 침략이 있었다. 레콘키스타 스페인 국토 회복운동 이후, 아스토르가 주교 오스문도 Osmundo가 세웠다는 순례자 다리는 철 빔으로 만들었는데, 이 때문에 도시의 이름이 철의 다리라는 뜻의 폰페라다 Ponferrada가 되었다. 순례자의 도시로 각광받는 이 도시는 프랑크족, 유태인 등 여러 민족이 상업을 하며 살았는데, 15세기에는 분리 공동체로 이들을 보호하였다. 13세기에 템플 기사단이 서고트족이 파괴한 도시 위에 성을 짓기 시작해 로마 군사기지와 로마 시대 이전의 성채 위에 새로운 성을 완성한 후, 정치적, 종교적 이유로 템플 기사단은 축출되었다. 이 성엔 비밀스런 템플 기사단의 심볼들이 있다. 이를테면 12개의 탑은 12명의 사도들을 의미한다. 이 도시의 아름다움 때문에 많은 순례자들이 이곳에서 머물고 싶어한다. 요즘 우리의 기억은 갈수록 짧아져서 아침에 뭔가를 감명 깊게 보았으나 오후면 그곳이 어디였나 싶을 때가 많다. 아마도 비슷비슷한 중세도시를 너무 많이 지났기 때문일 것이다. 하지만 이 템플 기사단 성은 절대 잊지 못할 만큼 전형적인 중세 성의 모습이었다. 도시를 떠날 때, 폰페라다 강을 따라

푸엔테스 누에바스 가는 길

피어오르는 물안개는 아름다웠다.

카카벨로스 Cacabelos에 도착했을 땐 무척 허기진 상태였다. 레스토랑에서 베이컨과 계란 프라이, 감자튀김을 게눈 감추듯이 맛있게 먹긴 했는데, 기름기에 약한 내 뱃속에서 전쟁이 나고 말았다. 그 후 세 번이나 노천 화장실을 들락거렸다. 다행히 포도밭이 계속되는 구간으로, 카미노 길을 벗어난 샛길은 화장실로 쓸만한 곳이 많다. 그러다 우연히 옆에 있던 무화과 나무를 발견했다. 이곳은 순례길과 조금 떨어진 곳이라 순례자들의 손길이 닿지 않았나 보다. 익은 무화과가 지천으로 나무에 달려있다. 덜 익은 무화과를 따서 억지로 익혀 파는 마트의 무화과는 별 맛이 없지만, 나무에서 잘 익은 무화과는 만지기만 해도 달콤한 진이 배어 나온다. 배가 아픈 중에도 기뻐하며 장갑이 터질 만큼 따다가 나눠 먹었다. 잼처럼 달달하다. 이곳은 벌써 포도 수확이 끝

폰페라다

난 뒤라, 가끔 어쩌다 남은 포도 송이나, 풀숲에서 마구 자란 포도 나무에 달린 작은 포도를 보면 따서 간식으로 먹는다. 이런 포도들은 포도 서리의 죄의식을 느끼지 않고 딸 수 있어 좋다. 카카벨로스에서 비야프란카까지의 구간은 지금은 포도밭만 눈에 띄지만, 봄에는 체리가 한창이고 과실수들도 많다.

카카벨로스도 인구 5천의 큰 도시로 볼 곳은 많았으나 지나는 도시를 천천히 돌아볼 여유까진 없다. 카카벨로스 도시 속을 걷고 있자니 카미노 길에, 카피야 산 로케 Capilla San Roque라는 성물이 보관된 작은 기도소가 열려 있다. 축제 때 쓰이는 성물인지 십자고상도 많고 피 흘리시는 예수님 상과 십자가를 진 예수님 상이 있다. 이곳에서 작은 기부금을 내고 순례자 카드에 도장을 찍는다. 카카벨로스는 지금은 순례자 숙소가 2개이지만, 한때 6개의 순례자 숙소가 있을 정도로 활기찬 순례자 도시였다. 도시 입구 식당이 같이 있는 포도주 양조장에선 와인과 잼 등을 팔며, 지나가는 순례자에게 와인과 함께 파이도 맛보게 해준다. 지난 순례 땐 작은 잼을 선물로 주며 목적지 산티아고와 서울에 도착했을 때, 잼 병을 들고 찍은 사진을 보내주기를 원했다. 그렇게 해서 보내니 감사의 답장과 함께 그 곳에서 찍은 기념사진도 보내왔었다.

골목을 지나는데 빵집에 줄이 길다. 들여다보니, 쟁반만한 크기의 빵과 바게트를 팔고 있다. 들어가 쟁반만한 동그란 빵을 주문하니 그냥 봉투에 넣어주길래 잘라달라고 부탁했다. 직원은 난색을 표하다가 빵 칼을 손에 쥐더니 온 힘을 다해 썬다. 나중에 먹어보니 겉이 무지 딱딱하다. 빵을 써는 것이 힘들어 그런 표정이었나 보다. 반면 속살은 아주 부드럽고 고소하다. 저녁에 알베르게 주인에게 조금 덜어주니, 빵을 보더니 카카벨로스에서 샀냐고 묻는다. 이 도시의 유명한 빵이란다. 다리를 건너면 길 옆에 올리브 짜는 오래된 나무 압착기와 제분기를 전시해 놓았다. 여기서 10미터쯤 더 가면 교구 알베르게 〈산투아리오 데 라스 안구스티아스 Santuario de las Angustias〉가 있다. 이 알베르게는 마당을 중심으로 작은 방들이 빙 둘러 있는데 한 방에 네 명씩 들어간다. 우리나라 옛날 여관방 같다. 분위기가 색다르다. 이곳 성당에는 파두아의 산 안토니오 San Antonio de Padua와 함께 카드 놀이를 하는 어린 예수님 상이 있다.

카카벨로스부터는 광활한 포도나무 재배지인 보데가 Bodega-와인 창고, 양조장지역을 지난다. 이리저리 둘러보아도 산마다 포도밭이다. 희한하게 사람은 한 명도 보이지 않는다. 심어놓으면 관리는 하느님이 하시는가 보다. 가이드북에는 카카벨로스 다음이 바로 비야프란카로 나와 있지만 걸으면서 보니, 작은 마을 몇 개를 더 지나야 비야프란카 Villafranca del Bierzo에 도착한다. 카카벨로스 시가지를 지나 다리를 건너자마자, 교구 알베르게 있는 곳에서, 똑바로 큰길로 가는 코스와 오른쪽 능선길로 갈린다. 오른쪽 능선길이 좀 더 힘이 든다. 우리는 왼쪽 자동차 도로를 따라 가는 길을 택해 걸었다. 이제는 조금만 걸어도 발에 통증이 오니, 멀거나 힘든 코스를 피하게 된다. 오늘 도착해야 할 비야프란카까지는 31km이다.

사실 나의 이번 순례의 가장 큰 결심 중 하나가 절대 많이 걷지 않기였다. 하루 25km를 넘기지 않으려고 했다. 이런 마음은 지난번 처음 순례 왔을 때의 실수를 반복하지 않으려는 것이다. 지난 순례는 총 30일 동안 전 구간을 걸었으니, 어떤 날은 39km인 날도 있었다. 그때는 순례기간을 짧게 잡고 오기도 했지만, 문제는 우리들의 마음이었다. 순례길을 꼭 이루어야 할 무슨 목표처럼 빨리빨리 마치려고 노력을 했었다는 점이다. 어느 땐 같은 알베르게에서 다른 순례자들이 내일 정한 목표를 듣고, 마음이 바빠지기도 했다. 대체로 젊은 사람들은 하루 30km이상씩을 걷고 어느 땐 40km도 걷기도 한다. 그렇게 빨리, 많이를 실천하다 결국에는 네 사람 중 두 사람이 허리와 발에 통증이 와서 뒤에 남게 되었다. 남게 된 두 사람도 한 언니가 더 많이 아프게 되어 헤어져 걷게 되었다. 한 사람은 버스 타고 도시를 옮겨가 일주일을 혼자 걷다가 우리와 다시 만나 남은 거리를 걸었고, 많이 아픈 언니는 좀더 쉬고 버스 타고 사리아로 이동하여 아주 느린 걸음으로 산티아고까지 혼자 걸어, 우리보다 앞서 도착하여 우리를 기다렸었다.

오늘 31km구간은 일행들과 상의 하에 불가피하게 이만큼은 걸어야 할 것 같아, 배낭

비야프란카 가는 길

두 개를 운송회사에 맡기고 출발했다. 등에 진 짐도 가볍건만 모처럼 긴 구간이란 부담감이 첫 발걸음부터 긴장하게 한다. 가이드북에는 오늘 구간이 비교적 평탄한 곳을 걷는 곳으로 되어 있다. 17.6km마을 캄포나라야 Camponaraya까지 무리 없이 왔다. 이제 반을 넘어 걸었으니 남은 거리도 쉽게 마칠 것이라 생각했다. 카카벨로스 Cacabelos를 지나고 산등성이 전체가 포도밭인 보데가 Bodega지역을 걷기 시작하자, 거리가 빨리 줄지 않는 느낌이다. 쉽게 보이던 작은 언덕들도 내게는 가파른 산을 오르듯이 힘겹게 느껴졌다. 남편에게 아직 얼마나 남았느냐는 질문을 수도 없이 했다. 그런데 이곳은 마을은 지나지만 카미노 마을이 아니어서인지 몇 km가 남았는지도 가늠이 어려웠다. 그 구간에는 쉴만한 알베르게도 눈에 띄지 않지만, 짐을 보내 놓았으니 별 수가 없다. 비야프란카에 도착할 무렵에는 기진맥진한 상태였다.

비야프란카 델 비에르소는 인구 3천이 넘는 도시이다. 이곳은 중세와 르네상스 시대의 유물이 많은 곳이다. 이름대로 프랑코족이 많던 마을로 아마포 Bierzo의 도시인가 보다. 실제로는 외국인이 많아서 붙여진 이름이란다. 1589년 페스트가 출현했고, 1715년 홍수가 있었으며, 19세기 이베리아 반도 전쟁 때 프랑스군에게 파괴되고 약탈당한 아픈 역사를 가진 도시다. 몸이 많이 아파 순례를 계속할 수 없는 순례자는 이곳, 산티아고 성당의 용서의 문 Puerta del Perdón을 통과하면 순례를 끝까지 마치지 않아도 면죄가 된다고 한다. 하지만 오늘 이 문은 굳게 닫혀 있다. 순례를 계속하라는 의미인가 보다. 한때 군인들 막사로 쓰인 산 프란시스코 성당 Iglesia de San Francisco 은 아씨시의 성 프란시스코가 산티아고 순례 중 세웠다고 한다.

비야프란카 중심을 벗어나 다리 건너에 있는 알베르게〈라 피에드라 La Piedra〉는 깨끗하고 친절하다. 이 도시의 유명한 알베르게〈아베 페닉스 하토 Ave Fenix Jato〉는 불이 나서 완전히 타버린 후 현재의 건물이 완성될 때까지, 텐트를 치고 운영했다. 이 알베르게에서는 가끔 케이마다 Queimada-포도 껍질로 빚은 증류주에 레몬과 설탕을 넣어 만든 스페인 갈리시아의 뜨거운 음료 와 순례자를 위한 힐링 의식을 제공하는 것으로 유명하다. 마술과 이교도의 믿음이 성행했던 갈리시아 지방에서는 이 음료를 준비할 때 불 위에 올리고 악마의 영혼을 부르는 단어를 외운다. 오늘은 평소보다 길게 31km를 걸은데다 카카벨로스에서 비야프란카까지의 길은 언덕이 많아 힘든 코스였다. 지칠 대로 지친 상태라 중심가로 다시 나가기는 발이 허락하지 않는다.

오늘 남편이 많이 부드럽게 느껴진다. 사진이라도 찍고 있으면 스틱이 거추장스러울 거라고, 들어주고, 오는 길에 배 아픈 나를 배려하느라 몇 번을 화장실 수발을 들어주고, 알베르게에서는 내 대신 빨래를 맡기고 찾아오고, 내가 벗어놓은 신발도 햇볕에 말려다 주느라 애를 쓴다. 부탁하지 않아도 이것저것 챙기려 하는 모습이 보이기 시작한다. 남편이 변한 건가? 내가 변해 그런 모습을 볼 눈이 생긴 건가?

거리가 빨리 줄지 않는 느낌이다.
쉽게 보이던 작은 언덕들도 내게는 가파른 산을 오르듯이 힘겹게 느껴졌다.

1. 비야프랑카
2. 캄포나라야 황새집
3. 비야프랑카 델 비에르소, 산티아고 성당 용서의 문
4. 폰페라다

비야프란카 델 비에르소 ▶▷▷▷▶ 베가 데 발카르세

28day 한 마디로 알린다
"꼬끼오~~~~"

비야프란카 마을에서 두 루트로 갈린다. 다리를 지나자마자 갈림길 안내가 나온다. 왼쪽은 오른쪽 길보다는 1.6km 짧은, 고속도로를 따라가는 길이다. 오른쪽은 산을 통과하는 힘든 코스이지만 흙길이고 경치가 낫다. 우린 왼쪽 길로 들어섰다. 이 두 길은 트라바델로 Trabadelo 마을에서 만난다. 새벽에 나서니 주위가 온통 산이다. 계곡물이 콸콸 떨어지는 소리는 들리지만 아름다운 물길은 너무 어두워 볼 수도 없다. 하지만 기도하기엔 적당하다. 오늘 아침, 로사리오 기도 중 환희의 신비 '마리아 잉태하심'을 묵상하다가 그만 지나간 나의 큰 죄가 떠올라 눈물이 났다. 그땐 그게 죄인 줄도 몰랐다. 2세는 둘이면 족하다는 생각들이 많은 시절이었고 나라에서조차 '둘만 낳아 잘 기르자'는 캠페인을 할 때다. 둘째 낳고 이후에 주님이 허락하신 생명을 아무런 죄의식 없이 지운 것이다. 기쁘게 왔다가 슬프게 떠났을 어린 영혼을 생각하니 너무 미안하고 아프다. 무지몽매했던 지난 날을 속죄하며, 오늘 온 종일 그 영혼을 위해 기도할 것을 약속한다. 하느님의 은총이 그 영혼 속에 가득하길… 이 지구상에 낙태의 위험이 있는 생명들을 보호해 주시길…

큰 도로를 따라 옆에 나있는 길을 터벅터벅 걸어간다. 걷다가 마을이 나오면 카미노 길은 마을을 들러가기 위해 길을 건너가게 되어있다. 페레헤 Pereje를 지나 트라바델로 Trabadelo 마을쯤 오니 아침 먹을 시간이 되었다. 카페에 들어가 토르티야 계란, 감

<자로 만든 오믈렛>와 커피를 시키고 가져온 빵과 과일까지 먹고 배낭을 메고 문을 나서는데 한국인 순례자가 지나간다. 인사를 했더니 자기네는 조금 더 가면 라면 파는 집이 있어 거기를 간단다. 라면 생각이 굴뚝 같았지  만 이미 식사를 한 터라 아쉽게 생각하며 그들을 보냈다. 그런데 마을 중간쯤 가니 조그만 다리 옆 레스토랑에 라면을 판다고 써 있다. 호기심에 들어가 보니 메뉴에 '신라면, 짜파게티, 너구리'라고 써있다. 이름하여 까.친.연-<한국 까미노의 친구들 연합>-메뉴라고 써 있다. 아마 까미노의 친구들 연합에서 추천하여 만든 메뉴 같다. 값은 6유로다. 여기 스파게티 값과 동일하다. 라면 사진을 보니 입맛이 당긴다. 배가 불러도 기념으로 조금 먹어볼 생각으로 두 그릇만 시켜 먹기로 했다. 정말 신라면에 밥 한 공기, 하얀 양배추 김치를 내온다. 스페인 사람인 여주인에게 하루에 몇 그릇이나 파느냐고 물으니 날에 따라 많이 다르다고 대답한다. 여름엔 거의 못 팔았고 요즘 들어 미국인과 한국인이 많이 찾는다고.

소개해준 젊은 한국 순례자 부부에게 물으니 E-Book에서 〈카미노 데 산티아고〉를 다운로드해 오니 여러 가지 정보가 많다고 한다. 부르고스에도 대성당 관광안내소 앞에 라면집이 있다고 한다. 레온에는 중국음식 뷔페가 있는데 11유로에 정말 푸짐한 뷔페를 즐길 수 있단다. 여행의 즐거움 중의 하나가 음식이다. 물론 여행 중에는 현지식을 먹는 것이 가장 좋지만 때로 본인의 입맛을 돋우는 특별한 음식을 찾아 먹어보는 것도 좋을 것 같다. 네이버에 '까미노의 친구들 연합'을 치면 여행 경험자들이 겪은 생생한 정보를 얻을 수 있으며, 어플 'Maps Me'를 다운로드 해 오면 데이터를 쓰지 않아도 동네 이름만 치면 길 찾기를 할 수 있다. 젊은 사람들이야 당연히 이런 걸 이용하겠지만 나이 든 세대도 충분히 활용 가능하다는 생각이 든다. 무거운 안내서 없이 폰만 들고도 길을 찾을 수 있다면 다닐만하지 않을까.

라 포르텔라 데 발카르세 La portela de Valcarce에 이르니, 마을 입구 순례자 야고보 상 밑에 '산티아고까지 190km, 론세스바예스까지 559km' 표시가 있다. 벌써 이렇게 많이 온 거다. 순례 초기에는 '언제 마치나~' 하고 걱정이 앞서더니, 어느 순간 반이 넘고 이제 200km도 남지 않았다니 서운한 마음까지 든다. 마을 암바스메스타스 Ambasmestas를 지나니 '오 세브레이로 O Cebreiro까지 말이 필요하세요?—Do you need horses to O Cebreiro?—라고 안내가 써 있다. 어떤 사람은 말을 타고 산을 넘나보다.

1520년에 카를로스 5세 황제도 머무르다 갔다는 베가 데 발카르세 Vega de Valcarce 마을에 들어서니 길가의 한 집에서 개가 담에 발을 올리고 서서, 지나가는 순례자들을 구경하고 있다. 개의 눈에는 매일 바뀌는 순례자들의 모습이 재미있나 보다. 인구 7백 명인 이 마을은 카미노 길 따라 예쁘게 꾸며진 집들이 많다. 마차를 꽃으로 장식해 정원을 꾸민 집, 잘 익은 커다란 노란 호박을 담과 마차에 얹어 장식한 집, 정원을 예쁜 꽃들과 함께 스머프나 허수아비 인형으로 장식한 집들이 지나가는 순례자의 눈을 호강시킨다. 어떤 집에는 '직접 만든 염소 치즈를 파는 치즈 가게'라고 적혀 있다. 간판 사진에 있는 음식들은 당장이라도 들어가 먹고 싶을 만큼 맛있어 보인다. 하지만 오늘은 등짐에 준비한 도시락이 발길을 막는다.

오늘은 새벽부터 발 밑에 떨어져 있는 수두룩한 밤과 호두를 수확했다. 길 옆 나무에서 떨어진 것들이다. 밤은 생으로 까 먹고, 호두는 오는 길 카페에서 호두까기를 빌려 까 먹었다. 카페에선 아예 순례자들을 위해 호두 한 바구니를 호두 까는 도구와 함께 내 놓았다. 바야흐로 수확의 계절인가 보다. 길가 사과나무에서도 사과들이 떨어져 눈길을 잡는다. 오후에 베가 데 발카르세 Vega de Valcarce에 있는 제법 큰 슈퍼에서 카운터에 있던 여주인이 무척 명랑하고 친절하여, 가지고 있던 호두를 몇 개 건넸다. 그녀는 까먹는 법을 가르쳐 준다고 두 개의 호두를 손아귀에 쥐더니 꼭 누른다. 이제 막 나무에서 떨어진 호두는 껍질이 단단하지가 않아 힘없이 속살을 드러낸다. 하지만 많은 호두를 어찌 일일이 손으로 깔까? 고민 끝에 튼튼한 비닐에 넣고 등산화를 신고

베가데 빌카르세 마을의 정원

힘 조절을 해가며 밟아주니 해결됐다.

슈퍼에서 시간을 아끼기 위해 각자 나누어 장을 보기로 했다. 고기를 사고 돌아서니 계란을 사러 갔던 크리스티나 씨가 슈퍼 종업원에게 계란이 어디 있는지를 묻고 있다. 영어로 해도 모르고, 스페인어는 생각나지 않은 크리스티나 씨는 한마디로 알린다. '꼬끼오~~~!!'

어제 알베르게에서 주인이 베가 데 발카르세에 새로운 알베르게가 괜찮은 것 같다고 예약해 준 곳이 〈엘 파소 El Paso〉다. 시작한지 두 달쯤 되었다니 안내서엔 없지만 새로 지어 깨끗하고 친절하다. 알베르게 부엌의 따뜻함이 마음까지 훈훈하게 한다. 산 마을이라 오후 일찍부터 추위를 느끼게 되는데 나무를 넣은 패치카가 활활 타오르니 금방 몸이 따뜻해 진다. 유리창 너머로 푸른 초원 위의 말, 파란 하늘과 하얀 뭉게구름, 적당한 바람은 한 폭의 그림이다. 하늘에 무지개가 뜬다.

저녁으로 돼지고기 갈비와 야채를 볶고 어제 싸 놓은 볶음밥을 다시 데워 먹었다. 저녁이 되니 숙소에 점점 사람이 찬다. 자전거를 타고 온 사람과 브라질에서 온 순례자 몇 사람이 들어왔다. 브라질에서 온 여성 순례자들은 생장에서 출발은 했지만 론세스바예스에서 팜플로나까지는 버스를 탔고, 다시 기차로 레온으로 와서 걷기 시작했다고 한다.

바깥 쉼터 의자에 앉으니 말, 구름, 바람이 말을 건다. 눈을 감으면 말똥 냄새, 허브 향기가 코를 자극하고 파리들이 친구하자고 치근댄다. 석양의 은은한 파스텔톤 구름이 아름답다.

기쁘게 왔다가 슬프게 떠났을 어린 영혼을 생각하니 너무나 미안하고 아프다.
무지몽매했던 지난 날을 속죄하며, 오늘 온 종일 그 영혼을 위해 기도할 것을 약속한다.

1. 무지개
2. 치즈 상점
3. 라면이 있는 카페 메뉴판
4. 베가 데 발카르세 마을

베가 데 발카르세 ▶ ▷ ▷ ▷ ▶ 폰프리아

29day 오 세브레이로 가는 길, 농부의 신심을 생각하다

알베르게를 떠날 때 하늘을 보니 오늘도 달과 별이 지켜주고 있다. 내가 보는 하늘의 아름다움을 고스란히 사진에 담을 수 있으면 좋으련만 눈과 렌즈의 차이는 크다. 자그마한 마을을 많이도 지났다. 마을 라스 에레리아스 Las Herrerias는 이름이 의미하는 대로, 옛날에 대장간이 많았던 마을이다. 3년 전에 왔을 땐 이 마을은 강둑을 따라 좁은 흙길이 있고 예쁜 집들이 있었다. 농기구를 만드는 도구인지 철로 만든 물건들도 눈에 띄었었다. 이번에 보니 마을 길을 모두 포장했다. 마음이 서운하다. 발도 편치 않지만, 흙길 마을의 고즈넉함이 없어졌기 때문이다.

산을 오르다 라 파바 La Faba마을에 카페가 열려 있어 들렀다가 한국인 순례자를 만났다. 그는 비행기 타고 올 때 부친 배낭이 분실되어 어쩔 수 없이 현지에서 간단하게 다시 물건들을 준비하여 순례를 하고 있단다. 그래서인지 신발도 약해 보이고 짐도 작다. 발이 아프지 않냐고 물으니, 처음엔 아팠으나 이제는 견딜만하단다. 젊으니 다르다. 아니면 의지가 강한 젊은이여서 다른 것일 거다. 오 세브레이로 O Cebreiro까지의 오름 길은 참 힘들다. 헉헉대면서 옛날, 기적을 목격한 농부의 신심을 생각한다. 날씨가 좋은 지금도 오르기 힘든 길을, 눈보라가 심한 날에 올라 주님을 만나러 가는 그 마음이 기특해 성체가 육화하는 기적*을 보여 주셨나 보다.

* 1300년, 신심 좋은 농부가 눈보라를 뚫고 성체를 영하기 위해, 오 세브레이로 성당 미사에 왔다. 사제는 마음 속으로 '작은 빵 조각과 와인 한 모금 먹으려고 이 눈보라 속을 왔나?' 하고 비웃었다. 그 순간, 빵과 포도주가 예수님의 살과 피로 변했다. 그때 성모마리아 상이 그 모습을 보기 위해 머리를 돌렸다고 한다. 이 마리아 상은 지금도 이 성당에 있다. 이 기적은 후에, 교황 인노센트 8세에 의해 공인 되었다. 200년 후, 이곳을 지나간 이사벨라 여왕이 이 기적물들을 보존하기 위한 성 유물함을 기증했다.

저 아래 산등성이로 운무가 가득하여 신비롭다. 오르면서 어디쯤이 오 세브레이로인지 자꾸 궁금하다. 하지만 운무가 가린 이곳과 저곳을 어찌 분간하랴! 다만 한 걸음씩 내디딜 뿐. 우리 인생길 같단 생각이 든다. 한치 앞도 알 수 없지만 매일의 삶을 살고 있는. 어쨌든 오늘은 오늘의 해가 떴다. 매일 같은 해일 테지만 매일 다른 모습으로 아름다움과 웅장함을 보여준다. 난 이 시간이 제일 좋다. 너무나 맑은 눈부심이여.

산길을 오르고 있을 때, 앞에 가던 스페인 청년 하나가 작은 악기를 연주하며 노래를 부른다. 호젓한 산길에서 청아한 목소리와 멋진 연주를 듣는 것은 영혼을 자극하는 것 같다. 나도 자연히 행복한 묵상을 하게 된다. 잠깐 쉬고 있는 그에게 무슨 악기냐고 물었다. 아주 작아 만다린 같기도 한 그것은 여행용 작은 기타란다. 멋스럽다. 지난번 순례 때도 커다란 기타를 매고, 돌담이건 벤치가 있는 쉼터건 강가건 틈만 있으면 노래 부르던 순례자가 있더니. 영혼을 자유롭게 만들어주는 음악가와 함께 길을 걷는다는 건 순례길의 큰 즐거움이 아닐 수 없다.

어느덧 오 세브레이로에 도착하여 성당에 들어서자 미사 준비가 한창이다. 이 시간에 미사라니! 이런 행운이 있을까? 너무나 반가워 미사 참례를 하는데 영어 미사다. 끝나고 물어보니 오스트레일리아 시드니에서 온 순례단이 신부님과 함께 다니며 드리는 미사였다. 오 세브레이로의 산타마리아 라 레알Santa Maria la Real성당에는 세례반 세례 때 쓰는 성수를 담는 그릇, 기적의 성모마리아상, 중세 교회로부터 가져온 성배가 있다. 전해오는 얘기에는 이 성배 Holy Grail가 예수님이 최후의 만찬 때 마시던 와인

오 세브레이로 알베르게 오픈 시간을 기다리는 순례자들

을 담았던 잔이라고 한다.

이 성당에는 나만의 비밀이 있다. 3년 전 순례 때 소원을 적은 돌멩이를 이곳에 두었던 것이다. 돌아보니 그 소원의 90퍼센트는 이루어졌다. 오늘은 감사의 기도를 드린다. 성당 마당 한쪽에 이 마을 태생의 사제, 엘리아스 발리냐 삼페드로 Father Elías Valiña Sampedro상이 있다. 그는 현대에 이르러, 시들해진 산티아고 순례길을 다시 활성화시키는데 헌신한 사제로, 1982년 최초의 현대적인 산티아고 가이드북을 출판했고, 현재의 노란 화살표와 시멘트로 만든 산티아고 마크를 만들어낸 사람이다.

마을에는 전통적인 독특한 건물 파요사 Palloza가 있다. 이 건물은 계란형의 돌 건축으로 그 속은 가축을 위한 공간과 사람이 사는 공간으로 나누어지며 자는 공간은 위층에 있다. 이 건축물에는 굴뚝이 없이 연기는 풀로 엮은 지붕 사이로 빠져 나가게 만들었다.

낮 시간인데도 너무나 추웠다. 우린 레스토랑에 들어가 칼도 가예고 Caldo Gallego를 먹었다. 이 수프는 흰 콩과 감자, 순무, 돼지고기, 초리소 스페인 소시지, 양배추 등을 넣어 오래 끓인 것이다. 이 밖에 특색 있는 갈리시아 지방의 요리로는 문어요리 Pulpa a la Gallega-삶은 문어를 잘라 올리브와 소금을 뿌리고 고추가루를 얹은 요리가 있고 맛조개, 오징어로 만든 요리가 있다.

오늘 철 십자가에 이어 산티아고 순례길의 두 번째 정점, 오 세브레이로를 지났다. 원래는 이 마을에서 머물 예정이었지만 어제 알베르게에서 날씨를 물어보니 오늘 비바람이 있다는 것이다. 오 세브레이로는 이런 궂은 날씨에 머무르기엔 적합하지 않다. 산 위에 성당과 하나 있는 알베르게, 음식점 몇 개가 전부인 마을인데다 다음 코스들이 연이어 산악지방이기 때문이다. 아직은 날씨가 괜찮을 때 조금이라도 많이 움직이는 게 좋을 것 같아 오늘은 폰프리아까지 내려가기로 했다. 오 세브레이로를 떠나 린넨 아마포으로 만든 의류, 덮개 등으로 유명한 리나레스 Linares마을을 지나, 1270m 알토 데 산 로케에 올랐다. 바람이 심하다. 그곳 순례자상은 바람을 피하려고 애쓰고 있는 것처럼 보인다. 바람은 순례자상뿐 아니라 우리도 날려버릴 듯이 몰아친다.

작은 마을 오스피탈 델 라 콘데사 Hospital de la Condesa에 이르니 관광버스로 순례를 온 사람들이 마을을 돌아보고 있다. 포이오 언덕에 있는 마을, 알토 데 포이오 Alto de Poio에 이르러 쉴 겸 점심을 먹기로 했다. 이곳은 마을이라기보다는 식당만 두 개 있는 곳이다. 식당에 들어가니 어젯밤 같은 알베르게에서 지냈던 아일랜드 아저씨가 점심을 먹고 있다. 그는 혼자 다니는데 말이 별로 없는 사람이다. 식사를 하고 나니 추위가 조금 가신다. 남은 3km를 걸어, 마을에서 눈에 띄는 건물은 알베르게 하나뿐인 폰프리아 Fonfria에 도착했다. 한때 이 마을에는 1535년에 지은 산타 카탈리나 숙소가 있었다. 이 숙소에서는 소금과 물, 그리고 두 개의 담요가 있는 베드만을 제공했다. 특별히 아픈 순례자에게만 빵과 달걀, 버터를 주었단다. 이곳의 날씨는 아직까진 평온하다.

폰프리아의 알베르게 〈아 레볼레이라 Albergue A Reboleira〉에서 하는 식당은 훌륭했다. 오 세브레이로에 있는 파요사 건물과 비슷하게 생긴 이 식당은 벽을 따라 빙 둘러 식탁을 마련해 놓았는데, 분위기가 고급 레스토랑 같다. 식사가 시작되자 빵과 포도주가 나왔는데, 포도주병엔 이 알베르게 이름이 상표로 붙어 있다. 알코올 11%의 포도주를 원하는 대로 마음껏 마시게 해주어 순례자들을 만족시킨다. 이곳에서는 페레그리노 정식으로 스페인 전통 요리가 나오는 걸로 유명하다. 우거지 해장국 맛 수프 칼도 가예고, 삶은 고기와 피망과 콩으로 맛을 낸 우리 갈비찜 맛이 나는 두 번째 요리, 그리고 올리브 기름에 볶은 밥이다. 우리 입맛에 딱 맞다. 식사 시간에 옆에 앉은 우터라는 독일 여성 순례자는 10년 전에 처음 오고 올 7월에도 왔었는데, 오전 11시면 40도가 되는 날씨가 견디기 힘들어 벤토사에서 독일로 돌아 갔다가, 다시 9월에 부르고스에서 걷기 시작했단다. 음악 교사를 하다 은퇴한 분인데, 같이 온 불평 많은 남편과 떨어져 걷고 있다고 했다. 길을 걷다 남편과 만나면 처음 보는 순례자와 만나 인사하듯 '올라'하면서 지나갔다는 이야길 재미있게 들려준다.

운무가 가린 이곳과 저곳을 어찌 분간하랴! 다만 한 걸음씩 내디딜 뿐.
우리 인생길 같단 생각이 든다.
한치 앞도 알 수 없지만 매일의 삶을 살고 있는.

1	2
3	4

1. 오 세브레이로 가는 길, 일출
2. 기타를 연주하는 순례자 톰
3. 산 로케 정상 순례자 상
4. 폰프리아 가는 길, 봄

231

폰프리아 ▶▷▷▷▷▶ 사모스

30day 단단히 여며도 들이치는 비를 막을 수 없다

오늘 아침 폰프리아 알베르게의 아침은 모두들 부산했다. 어제 저녁부터 하늘이 심상치 않은데다 날씨 예보에 비가 온다고 했기 때문이다. 일찍 출발해도 비 때문에 어두워 길 찾기가 어려우니 모두 느지막하게 떠나는 분위기다. 많은 사람들이 아침을 먹고 떠나려고 하니 알베르게 식당은 만석이다. 한참을 기다려 아침 식사를 했다. 여기서 같이 묵었던 캔 아저씨는 사모스 Samos로 간다고 비옷을 단단히 챙겨 입더니 먼저 떠난다. 저녁식사 때 만났던 독일 여성 우터는 택시 타고 아예 사리아 Sarria까지 가려고, 느긋하게 책을 읽고 있다. 산악 지방이기 때문에 모두들 비를 몹시 두려워하는 것 같다.

우리는 비닐을 다리에 묶어 신발에 물이 들어가지 않도록 잘 여민 다음 출발했다. 아니나 다를까 비가 서서히 오기 시작하더니 바람까지 심하게 불어 빗물 피하기가 어렵다. 내 비옷은 짧아 손으로 아무리 단단히 여며 잡아도, 들이치는 비를 막을 수가 없다. 그러려니 하면서도 푹 뒤집어 쓰는 비옷을 입은 이들이 부럽다. 비바람이 치니 밤나무, 호두나무들이 정신 없이 열매를 떨어뜨린다. 그런데 그 빗속에서도 땅에 깔린 밤을 줍고 싶다. 비닐봉지를 꺼내 밤을 주워 담으니, 같이 가던 남편은 싫어하면서도 몇 개를 주워 올려준다. 밤이 정말 실하다. 출발하고 9km쯤에 있는 마을 트리아카스텔라 Triacastela는 레콘키스타 이후 비에르소 Bierzo지방에 사람들을 정착시키기 위해

사모스 베네딕토 수도원 회랑

9세기에 가톤 Gatón 백작이 세운 마을이다. 이 근방에는 석회석이 많아 중세 순례자들은 가끔 커다란 돌을 산티아고 근처 카스타녜다 Castañeda에 있는 석회 굽는 가마까지 가져왔다고 한다. 대성당 짓는 데 쓰기 위해서다. 생각만 해도 대단한 신앙심이다. 작은 돌도 힘든데 큰 돌이라니…

이 마을에서 사리아 Sarria까지의 루트는 두 개로 갈린다. 산실 San Xil 을 거치는 루트는 사모스 Samos를 지나는 루트보다는 6.5km 짧다. 두 군데 다 예쁜 시골 마을들을 지나가지만, 우리는 사모스에 있는 베네딕토 수도원을 보기 위해 사모스 쪽으로 향했다. 오늘 만나는 마을마다 카페는 없었다. 가이드북에는 렌체 Renche에 식당이 있다고 되어 있었지만, 열지 않았는지 눈에 띄지 않는다. 비도 오니 한 번쯤 쉬고 싶어 마을이 나올 때마다 기대했지만, 끝내 사모스에 다 올 때까지 카페를 만나지 못했다. 지친 어떤 이는 비를 조금 가릴 수 있는 처마 밑에서 배낭을 풀어놓고 쉬고 있다.

비가 오니 지나오는 마을마다 소똥 냄새가 진동하고, 골목마다 소똥과 빗물이 섞여 흘러내리고 있어 밑창이 두꺼운 신발이 아니었으면 꼴이 엉망이 되었을 뻔했다. 시골 마을에선 한 할머니가 우산도 없이 옷으로 머리를 가리고 양들을 우리 안으로 들이느라 애쓰고 있었.

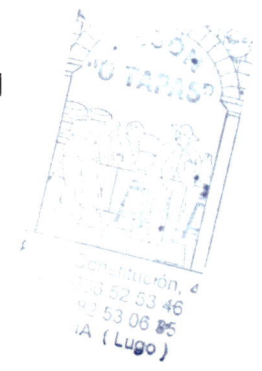

전형적인 시골마을 모습들이 물씬 향수를 일으킨다. 그런 중에도 마라톤 연습을 하는 건지 시합 중인 건지, 우리에게 눈길 한 번, 말 한마디 건넬 여유 없이 땀을 흘리며 뛰고 있는 단체복 차림의 사람들도 있었다. 시골에 어울리지 않는 도시적인 모습이었다.

드디어 사모스에 도착했다. 6세기에 세워진 베네딕토 수도원 건물은 사모스 전체나 다름 없었다. 강을 끼고 세운 수도원은 근사한 성처럼 보였다. 알베르게에 도착해 옷을 벗으니 속옷까지 다 젖었다. 다행히 이곳엔 세탁기와 빨래건조기가 있다. 식당에 가서 점심을 먹으려니 미국 아저씨 캔이 먼저 와 식사 중이다. 그는 음식이 최고라며 자기가 시킨 걸 먹으라고 권한다. 계란, 베이컨, 감자튀김이 한 접시에 나오는 한 끼 식사, 나는 너무 기름지게 보여 샐러드를 시켜 먹었다. 점심 식사 후에 마을 입구에 있는 상점으로 가 찌개에 넣을 재료와 과일, 달걀 등을 사서, 저녁 준비를 미리 해놓는다. 저녁밥을 지으면서 밤을 삶고 있으니, 독일에서 온 순례자 커플이 자기들도 밤을 좀 주웠는데 어떻게 먹는 거냐고 묻는다. 밤 먹는 법을 모른다니 내겐 그게 신기하다. 그냥 생으로 까서 먹거나 삶아 먹으면 된다고 알려주니, 저녁 준비를 하면서 그들도 밤을 삶는다. 여긴 떨어져 깔린 밤을 줍지 않고, 밟고 지나가는 사람도 많다. 밟힌 밤을 보면 마음이 아프다. 사람의 식량이 되지 않으면 다람쥐나 들쥐의 식량이 되거나, 아니면 씨가 되어 밤나무가 되거나 해야 하는 운명이, 이것도 저것도 아니게 없어지는 것이 내겐 정말 안타깝다. 밤을 주워온 독일 젊은 커플이 예뻐 보인다.

트리아 카스텔라

오후 세 시에 수도원 구경을 갔다. 여긴 일반 여행객도 많이 오는 곳이어서 세 시가 넘어 사람들이 많이 모이자 수도원에서 가이드가 나와 입장권과 기념품을 판다. 이곳에서 손가락에 끼거나 목걸이로 사용할 수 있는 링 묵주를 샀다. 작아서 가지고 다니기도 편하고 유용할 듯하다. 모두 표를 구입하자 수도원 입장을 시키고 가이드를 해준다. 네레이다스 회랑 Claustro de las Nereidas과 페이호오 회랑 Claustro de Feijóo, 2층에 있는 그림들을 보여주고, 불이 두 번이나 나서 심각한 손상이 있었다는 얘기도 해준다. 그 외의 이야기는 스페인어라 따라잡을 수가 없다. 2층 회랑에 있는 그림 중엔 수도원 회랑을 원근법을 이용해 그렸는데, 소실점을 두 군데서 한 곳으로 가게 만들어 이쪽에서도 저쪽에서도 회랑이 멀어져 가게 그린 재미있는 그림도 있다. 또 다른 그림에는 한 남자가 손으로 어느 곳을 가리키는 장면이 그려져 있는데, 보는 이가 이동하면 이 손가락이 그를 가리키며 따라오는 것처럼 보이는 그림이다. 요즘에야 미술 전시장에 가보면 조각한 사람의 눈이 보는 관람객을 따라오는 것처럼 보이게 만든 작품들을 종종 볼 수 있지만, 이 그림은 오래전 그림일 텐데 머리가 좋은 화가였지 싶다. 이 그림들은 갈리시아 불멸의 시인 라몬 카바니야스 엔리케스 Ramón Cabanillas Enriquez를 영원히 기억하기 위해 그가 살았던 이곳에 그의 뛰어남을 찬미하여 헌정한 것이라는 설명이 있다.

6세기에 세운 이 수도원은 11세기부터 순례자 숙소를 운영하고 있다. 그동안 해적의 침입과 1537년, 1951년 두 번의 화재로 건물 대부분이 소실되었다. 사모스는 19세기 베네딕토회의 수도원장직을 수행하는 곳이었으며 이곳에서 7명의 주교가 나왔다.

이곳 알베르게〈발 데 사모스 Val de Samos〉는 사설이다. 우린 4인실에 들어 모처럼 우리만의 공간을 갖게 되어 기뻐했다. 문제는 히터다. 저녁에 잠깐 히터를 틀어주어 따뜻하니 좋았는데 한 시간도 못되어 꺼버린다. 내 침대 바로 옆은 길로 나있는 큰 문이 있어 비 오는 날의 차가운 습기가 다 들어온다. 남편은 자기 몫의 담요까지 덮어준다. 그래도 춥기는 매한가지. 고된 밤이 되었다.

비바람이 치니 밤나무, 호두나무들이 정신 없이 열매를 떨어뜨린다. 그런데 그 빗속에서도 땅에 깔린 밤을 줍고 싶다. 여긴 떨어져 깔린 밤을 줍지 않고, 밟고 지나가는 사람도 많다. 밟힌 밤을 보면 마음이 아프다.

1	2
3	4
	5

1. 사모스 베네딕토 수도원에서 바라 본 하늘
2. 수도원 회랑 그림
3. 비두에도 마을
4. 아스파산테스 가는 길
5. 아스 파산테스 마을

사모스 ▶▷▷▷▶ 페레이로스

31day 자연을 몸으로 맛본다는 건 행복한 일이다

오늘 가야 할 먼 길이 염려되어 사모스에서 일찍 떠났다. 날은 어둡고 비가 뿌리고 있다. 내리는 게 아니고 거세게 뿌린다. 우린 도로 길을 택해 사리아까지 가기로 했다. 카미노 길을 따라 가지 않고 계속 도로를 따라가니 발은 편하고 시간은 조금 단축되었지만, 어긋난 길을 가고 있으니 카미노 길 표시가 있는 길을 계속 찾게 된다. 우리가 사는 것도 같을 것이다. 어긋난 길을 가고 있을 땐 늘 불안 속에서 바른 길을 향한 갈망을 가지게 된다. 바람에 대해서도 생각해본다. 바람에는 순풍과 역풍이 있어서 맑은 날 살랑살랑 불어주는 상쾌한 바람은 행복과 감사의 마음을 절로 일으킨다. 하지만 비 오는데 바람까지 갈 길을 방해하면 진퇴양난이다. 젊은 시절, 철 모르고 살아오는 동안 내 인생은 줄곧 달콤함과 희망에 찬 빛 속에 있었다. 하지만 인생길엔 때론 그 빛을 암흑으로 뒤덮을 일이 일어나기 마련이다. 10년 전 내게도 그런 일이 있었다. 믿었던 사람에게 배신당하고 가족과 주위 사람들이 모두 힘들어졌을 때, 하늘이 무너지는 기분이었다. 그땐 어찌해야 할지 암담하고, 몸도 마음도 모든 것이 빠져나간 듯 빈 깡통이 됐다. 매일 눈물 속에 나오는 말은 '어떡하라고요!' 뿐이었다. 주변의 어떤 위로도 가슴에 와 닿지 않고 차라리 죽고 싶던 그 때, 그분이 거기 계셨다. 나를 사랑하고 이해하고 기다려주는 분이, 나를 살게 해주신 분이. 종교가 그런 것이다. 가장 낮아졌을 때 가장 가까이, 가장 깊숙이 들어와 나를 살게 한다.

'행복하여라, 마음이 가난한 사람들! 하늘나라가 그들의 것이다.
행복하여라, 슬퍼하는 사람들! 그들은 위로를 받을 것이다.'

이 길을 걷는다는 건 나를 비워가는 과정과 같다. 종교가 있든 없든 걸으며 울컥하는 순간들을 경험하는 길, 순화되는 길, 감사하게 되는 길. 카미노 데 산티아고.

사리아에 도착해 카페에 들러 아침을 먹고, 카페 근처 상점에서 온몸을 다 덮을 수 있는 비옷을 샀다. 집에서 올 때 비옷을 가져오기는 했지만 짧은데다, 비옷 바지가 없어 오늘 같은 비는 감당이 안 된다. 오후쯤엔 속옷까지 젖어 기분이 불쾌해지기 마련이다. 비옷을 갈아 입으니 천군만마를 얻은 듯 빗속에서도 기분이 좋다. 얼마를 가든 괜찮을 듯이 산뜻하다.

사리아는 산티아고 순례자 사무실에서 주는 콤포스텔라 순례완주증를 받을 수 있는 마지막 100km이상 출발점이다. 이 도시부터는 단체 순례자가 늘어 카미노 길이 북적이기 시작한다. 사리아는 로마 시대 이전부터 정착민이 있었고, 1230년 이 도시에서 죽은 알폰소 4세가 도시 건립을 도와 산티아고 길의 중요한 포인트가 되었다. 이곳에는 중세 시대의 유적들이 남아있는 곳에서 열리는 엔틱 시장으로 유명하고, 매달 6일, 20일, 27일에는 우시장이 열린다. 이 지역의 유명한 소는 루비아 가예가 Rubia Gallega로 갈리시안 금빛의 털을 가졌다. 루아 마이오르 Rúa Maior 길을 따라가면 알베르게들이 많이 있다. 산타 마리나 성당 Iglesia de Santa Marína에서는 매일 저녁 7시 반에 순례자 미사가 있고, 로마네스크 양식의 산 살바도르 성당 Iglesia de San Salvador과 알베르게가 있는 막달레나 수녀원 Monasterio de la Magdalena도 있다. 거의 도시 끝에 있는 알베르게 막달레나의 입구 바닥은 로마 시대 모자이크 타일이 깔려 있다. 십자 형태로 만들어 놓은 타일 바닥은 시간을 거슬

바르바델로

러, 여전히 아름답다.

사리아 묘지를 들여다 본다. 비로 촉촉히 젖어 있는 묘석 위의 십자가가 음울한 하늘 밑에 의연하다. 자그마한 로마 다리를 건너 기찻길을 따라 걷다, 철길 건널목에 서니 렌페 Renfe-스페인 국철 고속열차가 지난다. 중세 도시를 최첨단 기차가 눈 깜빡할 사이에 지나가니, 타임머신을 타고 가는 사람들을 본 듯하다. 이제 작은 나무 다리를 지나 숲길로 들어선다. '부엔 카미노 Buen Camino'표지와 함께 무인 서비스된, 음료와 과일을 놓은 테이블이 있다. 바르바델로 Barbadelo마을에 들어서니, 알베르게 카사 바르바델로 Casa Barbadelo 입구에 흐르는 샘이 있다. 마실 수 없다고 적혀 있다. 갈리시아 지방에서는 가축 분비물이 마구 흘러 샘물을 그대로 마시지 말고, 사서 마시는 게 좋다.

이제 철책이 쳐진 과수원 길을 따라 간다. 사과나무 아래에는 떨어진 사과가 지천이다. 이 사과들은 사료용으로 쓰는 듯하다. 마을에 들어서니 어느 집 마당에 닭들이 제 세상을 만난 듯 즐겁게 돌아다니고 있다. 이곳에서는 모든 가축을 방목하나 보다. 오래된 나무들이 양 옆으로 터널을 만들어 주는 숲길을 지나다 길옆에 산티아고 조가비 마크가 붙은 철 울타리 안에, 미로의 작품인지 파랑, 빨강, 흰색을 칠한 순례자 모습이 있는 샘을 지난다. 마을 끝에 입구가 근사한 숲 속 알베르게〈몰리노 데 마르산 Molino de Marzán〉이 있다. 계속 가다 보면 맑은 물길을 만난다. 그 옆으로 돌로 만든 다리가 멋진 풍경이 되어 있다.

다시 평온한 마을 길이지만 비는 여전히 거세다. 높지 않은 언덕길 옆에는 이 지방 특유의 키가 큰 양배추 밭이 있다. 칼도 가예고 caldo gallego 수프 만들 때 넣는 야채 같다. 뽑아서 먹는 게 아니라 자라면서 잎만 계속 따서 먹는다. 이 마을들은 우리나라 제주도 시골 마을을 연상시킨다. 밭 경계에는 검은 돌담이 둘러 있고, 키가 낮은 전통 집들 지붕 위에는 납작한 돌기와가 덮여 있다. 밤나무 아래 바위 위에 하얀 구레나룻을 기른 할아버지 순례자가 쉬고 있다. 옛날 자연 속에 숨어 수도하던 은둔자의 모습이 그러했을까? 사진 한 장 찍자고 하니, 흔쾌히 응한다. 혼자 걷고 있는 미국인 순례자인데 건강이 안 좋은지, 걷는 한 걸음 한 걸음이 힘들어 보인다. 커다란 배낭을 지고, 그는 기도하듯이 느린 행보를 한다.

아 브레아 A Brea 마을에는 가이드북에는 나오지 않은 훌륭한 카페가 있다. 이곳에서는 식사도 가능한데 사리아에서 포르토마린 Portomarin까지 중간에 쉴 만한 곳은 이 집뿐이다. 들여다 보니 순례자들로 북적인다. 브레아는 국화과의 관목 혹은 타르, 송진이란 뜻이다. 이 지역에서 송진을 채취했던 건 아닐까 하고 추측해 본다. 산티아고 100km 표시석이 지나고 드디어 오늘의 도착지 페레이로스 Ferreiros가 나온다. 페레이로스 Ferreiros의 알베르게 〈카사 크루세이로 Casa Cruceiro〉에 도착할 때까지 여전히 비는 세차게 내렸다. 그래도 새로 산 우비 덕에 옷들이 뽀송하다. 어제는 속옷까지

사리아 외곽 중세다리

푹 젖어 감기 기운이 생긴데다, 난방도 잠깐 틀고 꺼버려서 아침에 몸이 힘들었는데 지금은 몸 상태가 가뿐하다.

빗속을 걷는 맛은 참 좋다. 바람이 불 때면 힘은 들지만 자연을 몸으로 맛본다는 건 행복한 일이다. 구름은 제 갈 길을 가고 우리도 우리가 가야 할 길을 간다. 다시 우리에게 다가오는 비구름을 반갑게 맞으면, 그 사이로 햇살이 내밀었다가 숨었다가 한다. 오는 길에 스페인 학생들 단체 순례자들을 만났다. 나이를 물어보니 13살이란다. 아마 우리나라 중학생쯤 되는 것 같다. 앞뒤로 선생님들이 지키며 가고, 배낭 메고 비옷 입고 웃고 떠들며 씩씩하게 가는 모습이 귀엽고 한편으로 부럽다. 우리 아이들에게도 이렇게 안전하게 자연 속을 걸을 수 있는 곳이 많으면 좋겠다. 이들과 오랫동안 같은 길을 걷기는 힘들다. 서둘러 앞지르거나, 쉬다가 떨어져서 가야 한다.

오늘도 오는 길 내내 열매들과 조우했다. 밤, 사과, 호두, 길에 즐비한 낙과들을 지나면서 밟을까 조심스럽다. 어쩌면 이리도 흔할까? 우리 조상들에게는 귀한 음식이었는지 조, 율, 이, 시 하면서 제사 때나 명절 때는 정성 들여 까서 올리던 밤과 호두는 아직도 내 느낌에 비싼 견과류로 생각되는데 여기 사람들은 지천에 떨어져도 별로 줍는 이도 안 보인다. 오는 들길마다 흔하디 흔한 도토리는 비바람에 떨어져 무리 지어 빗물 속으로 흘러가는데, 우리 동네 가로수에서 한두 알씩 떨어진 도토리 줍느라 위험한 줄 모르고 찻길로 내려서는 동네 할머니들 생각이 난다.

페레이로스 Ferreiros 에는 식당을 겸하는 이 알베르게 하나만 보인다. 식당에서 등록을 하고 길 건너 새로 지은 깨끗한 현대식 알베르게로 안내된다. 건물도 그렇고 건물 속 방들의 배치도 편리하고 깔끔하게 되어 있다. 복도에는 히터가 계속 들어와 빨래를 말리기도 편하고, 비 오고 바람 부는 산 마을에서 넓은 유리창을 통해 바라보는 풍경이 근사하다. 다음날 시몬 씨가 말한다. '휴식 공간에서 빈대 잡았어요' 라고. 유난히 벌레에게 잘 물리는 내가 알면 잠을 못 잘까 봐 이야기를 안 하고 있었단다. 아니, 이렇게 깨끗하고 잘 정돈된 집에서 빈대가 웬 말인가.

그분이 거기 계셨다. 나를 사랑하고 이해하고 기다려 주는 분이, 나를 살게 해주신 분이. 종교가 그런 것이다. 가장 낮아졌을 때 가장 가까이, 가장 깊숙이 들어와 나를 살게 한다..

1	2
3	4
	5

1. 떨어진 사과
2. 미로의 그림이 있는 샘
3. 사리아
4. 페레이로스 가는 길
5. 사리아 도시 묘지

페레이로스 ▶▷▷▷▶ 벤타스 데 나론

32day 빗길에서 예수님의 고통을 묵상하다

빗속에 길을 나서 집 몇 채를 지나가니 공립 알베르게가 있다. 그리곤 거기서 마을이 끝난다. 페레이로스 마을은 순례자가 없다면 정말 조용한 마을일 것 같다. 계속 뿌리는 비를 맞으며 7km쯤 갔을 때, 깃발을 세우고 불을 환히 밝힌 빌라차 Vilachá마을의 알베르게 〈카사 반데라스 Casa Banderas〉가 배고픈 나를 유인한다. 그대로 지나치자니 배가 고파 배낭에서 어제 까놓은 호두를 꺼내 먹는다. 그나마 조금 허기가 가시는 것 같다. 3km 정도의 들길을 지나니 미뇨 강 Rio Miño위에 놓인 포르토마린 다리가 나왔다. 다리를 보니 3년 전 이 다리를 건널 때, 현기증을 느꼈던 게 생각난다. '이번에는 어떨까' 걱정하며 다리에 오르니 이번엔 더 심하다. 다리는 긴데 난간이 낮아 바람이 몰아치니 다리 밑으로 떨어질 것만 같다. 남편 배낭을 꼭 붙들고 눈을 반쯤만 뜬 채 간신히 다리를 건넜다. 뒤에 오던 크리스티나 씨는 천천히 잘도 온다. 다 건넌 뒤에 무섭지 않았느냐고 물으니 '무섭긴 무섭죠' 한다. 그래도 의연한 모습이 참 용감해 보인다. 다리를 지나 도시로 들어가는 문으로 오르는 가파른 계단이 있다. 헐떡이며 오르니, 중국인으로 보이는 동양인 청년들이 산티아고 순례길을 소개하는 방송 프로그램을 위해 열심히 촬영 중이다. 이제 머잖아 이 카미노 길도 중국 순례자들로 붐비게 될지도 모르겠다.

포르토마린은 도시를 빙 둘러 강이 지나고 다리가 놓여있는데, 다리는 여러 번 파괴와 재건축을 거듭하다 지금의 다리는 우라카 Urraca여왕이 순례자 오스피탈과 함께 다시 놓은 것이다. 강 양쪽에 위치했던 옛 도시의 일부는 홍수로 소실되었다. 1956년 댐이 건설되고는 오늘날에는 물이 옛 도시의 흔적을 볼 수 있을 만큼 낮게 흐른다. 도시 입구에 있는 카펠라 데 비륵세 다스 네베스 Capela de Virxe das Neves 성당에는 침수로부터 보호해주는 수호 성녀상이 있다. 도시 중심에 있는 산 니콜라스 성당 Iglesia de San Nicolás의 문은 산티아고 성당의 영광의 문 Pórtico de Gloria을 만든, 마스터 마태오 Master Mateo의 작품이다. 포르토마린은 특산주 오루호 Orujo-포도즙을 짜고 난 포도껍질로 만든 술로도 유명하다.

시골마을 곤사르 Gonzar를 지나, 로마군 야영지가 있었다는 카스트로마이오르 Castro-maior 마을을 지난다. 무어인들이 살았던 이 마을에는 전설처럼 전해오는 이야기*가 있다.

* 돼지 기르는 처녀 하나가 돼지코를 잔뜩 담은 바구니를 성당에 봉헌하였다. 다음날 가 보니 돼지코들이 석탄으로 변해 있었다. 그 중 하나를 주머니에 넣고 왔는데, 나중에 보니 금으로 변해 있었다. 이슬람교를 믿는 무어인의 마을에서 기독교 신앙을 지키는 처녀에게 상을 주신 이야기다.

알베르게 하나가 있는 오스피탈 델 라 크루스 Hospital de la Cruz 를 지나면, 이제는 루고 Lugo지방을 떠나 아 코루냐 A Coruña지방으로 들어선다. 이어지는 산속의 작은 마을 벤타스 데 나론 Ventas de Narón은 820년 무슬림과 기독교도 간의 싸움터였다. 알베르게 옆에는 마리아 막달레나 성당이 있다.

카미노 길의 즐거움 중 하나는 오늘 잠자리는 어떤 곳일까에 대한 기대감이다. 매일의 날씨와 경치가 다르고, 만나게 되는 사람이 다르고, 빵 맛이 다르듯이 그날의 잠자리는 어떨까가 순례자들의 최대 관심사다. 겉보기와 다르게 안온하고 편리한 곳이 있는가 하면 겉은 좋은데 물이 미지근하거나 실내가 춥거나 부엌 시스템이 좋지 않은 곳도 있다. 매일 빨래를 하는 빨래터도 샤워장도 각양각색, 지켜야 할 규칙도 각기 다르다. 세탁기, 건조기, 주방의 전기레인지의 작동도 모두 다르다. 그날 만난 모든 새

포르토마린

로움에 재빨리 적응해야 하고 주변 사람들과도 금세 친해져야 한다. 그러니 언제든지 같은 방을 쓰게 되는 사람과 오래 본 듯이 활짝 웃으며 '올라~' 하고 인사하는 건 기본이다. 문화가 달라 남이 보는 앞에서 훌렁훌렁 벗어 젖히는 서양 남자들과, 남자들 앞에서도 거리낌없이 몸이 드러나는 셔츠와 스타킹, 짧은 반바지 차림으로 돌아다니는 젊은 여성들이 있어도, 다들 '그런가 보다' 하고 받아들이는 이곳은 흉이라고 할만한 게 없다. 다만 다름이 있을 뿐이다.

벤타스 데 나론 Ventas de Narón은 아주 작은 산골마을이다. 알베르게 〈오 크루세이로〉를 예약했는데, 사거리에서 카페 간판만 보고 알베르게 간판을 놓치고 계속 전진했다. 크루세이로란 이름은 보통 사거리와 관련된 이름인데, 사거리에서 나타나지 않아 이상하다고 생각했었다. 집들이 안 보이고 산길이 계속되어 돌아와 보니 간판이 눈에

산 니콜라스 성당

쉽게 뜨이지 않는 곳에 붙어 있다. 알베르게는 새로 지어 깨끗했고 모두 일층 침대여서 마음에 든다.

어제만큼 세찬 비는 아니었어도 오늘도 오락가락하는 비를 맞으며 걸었다. 이런 날은 기도 외에는 할 일이 별로 없다. 다른 날엔 기도 후에 사진도 찍고 앉아 쉬기도 하는데 오늘은 계속해서 걷기만 해야 했다. 그 길에서 고통의 신비 천주교의 중요한 기도 중 하나로 예수님 수난하신 생애를 묵상하는 기도를 묵상했다. 예수님의 자애심을 돌아보는 기도였다. 난 마음속으로라도 그런 자애를 품어본 적이 있던가? 그렇게 모든 걸 내어주고도 세상 끝날 때까지 함께 하겠다고 말할 수 있을까? 그리고 난 그 사랑을 받을만한 자격이 있는가? 오늘은 영 자신이 없다.

비 오고 바람 부는 날 호젓한 산길을 걸으니 당나라 시인, 도연명 365~427의 시 한 구절이 생각나 읊조린다.

> 인생은 뿌리도 꼭지도 없는지라, 길 위의 먼지처럼 흩날린다네.
> 바람 따라 이리저리 굴러다니는 이 몸, 영원한 존재 아니라네

오늘 묵을 알베르게는 식당을 겸하고 있다. 숙소가 너무 추워 앉아 있을 수가 없어 식당에 가서 차를 마시고 저녁을 먹었다. 한 접시에 여러 가지 음식이 섞어 나오는 메뉴를 라시오네스 Raciónes 혹은 콤비나도 combinado라고 하는데 남편은 유난히 베이컨과 계란이 든 콤비나도를 좋아한다. 5.5유로니 싼 편이다. 샐러드와 오징어튀김, 칼도 가예고 caldo gallego라는 이 지방 수프를 같이 먹으니 푸짐하다. 넓적한 시골 바게트도 서비스하는데, 고소하고 맛이 있다. 카미노 길의 음식은 맛도 있지만 싸서 즐겁다. 카페에서 저녁을 먹고 나니, 협소한 그곳에 오래 앉아있기도 민망하여 알베르게로 들어왔다. 마을에는 들러 볼만한 곳도 없고 이렇게 추운 날, 난방도 넣어주지 않고 실내의 전깃불은 책을 볼 수도 없는 미등이다. 잠이라도 일찍 자보려고 침대에 누우니 모기가 윙윙댄다. 이곳 알베르게 주인의 처사가 너무하다.

모든 걸 내어주고도 세상 끝날 때까지 함께 하겠다고 말할 수 있을까? 그리고 난 그 사랑을 받을만한 자격이 있는가? 오늘은 영 자신이 없다.

1	
2	3
4	5

1. 포르토 마린 가는 길
2. 포르토 마린 가는 길
3. 포르토 마린 다리
4. 계단으로 오르는 포르토마린 입구
5. 벤타스 데 나론 가는 길

벤타스 데 나론 ▶▷▷▷▶ 멜리데

33day 흙길을 걷는 즐거움

산마을 벤타스 데 나론을 떠나 내리막길을 걸어오면, 마을 라메이로스 Lameiros에 이른다. 이른 아침이지만 카페가 문을 열어 아침을 먹는다. 사과나무에서 떨어진 사과가 마당 가득하다. 작은 성당, 산 마르코스 San Marcos산 마르코스는 나쁜 날씨로부터 농작물을 보호하는 성인으로 알려져 있다를 지나 옛날 산 라사로 San Lázaro 성당 터의 돌 십자가를 만난다. 숲 속 마을 리곤데 Ligonde의 호젓한 공립 알베르게를 지나고, 13세기 성당이 있는 아이렉세 Airexe마을을 지나 고즈넉한 숲 속 길을 걸어 포르토스 portos 마을에 닿으면 큰 개미 조각이 정원에 놓인 인상적인 카페가 있다. 그리곤 로사리오 Rosario 마을을 지난다. 이 마을은 순례자들이 로사리오 기도 묵주 신공-카톨릭 교회의 중요한 기도 중 하나로 묵주를 돌리면서 하는 기도. 주로 묵주에 장미꽃이 새겨져 있다를 하면서 지나는 곳이라고 한다. 바로 이어지는 마을 오스 차코테스 Os Chacotes 의 공립 알베르게는 풀장을 갖췄다. 풀장이 있는 알베르게는 힘든 하루의 순례를 마친 순례자들이 아픈 발을 물속에 담가 통증을 덜 수 있고 둘러앉아 얘기를 나눌 수 있어 순례자들에게는 인기가 있다. 노천 카페에서 맨발로 걷고 있는 캐나다 여성 순례자를 만났다. 그녀가 보여준 발바닥을 보니 쩍쩍 갈라져 있다. 땅의 에너지를 직접 받을 수 있으니 몸에는 좋을 수도 있겠으나 자갈길의 통증을 생각하니 내 몸이 찌릿해진다. 진흙길을 맨발로 걸으면 정말 기분이 좋다며 웃는 그녀.

레보레이로 마을 산타마리아 성당 전설의 성모님상

팔라스 데 레이 Palas de Rei를 지날 땐 마침 장이 서 있어서 신선하고 맛있는 과일과 야채를 샀다. 광장 샘에서 복숭아를 씻고 있자니, 지난 순례 때 만났던 프랑스 여인 린이 생각난다. 여러 번 같은 숙소에 머물렀던 그녀는 혼자 순례 중이다가, 남편이 뒤늦게 합류해 함께 순례를 이어가고 있었다. 팔라스 데 레이에서 린은 남편과 함께 걷다가 나와 마주쳤다. 그녀가 남편이 와 준 것을 어찌나 자랑스러워하는지 내가 다 부러울 지경이었다. 팔라스 데 레이는 서고트 족의 이교도 왕 위티사 Witiza가 이곳에 궁전을 지었다고 한다. 산 티르소 San Tirso성당 빼고는 이곳엔 역사적 건물이 별로 없다.

사리아부터 순례객은 많아졌지만 알베르게에 와서 보면 그리 붐비진 않는다. 아마도 관광으로 짧게 온 순례자들은 호텔에 투숙하나 보다. 팔라스 데 레이에 들어서니 어제 만났던 학생 순례단이 이제 막 길을 떠나기 위해 준비 중이다. 왁자지껄 야단인 틈을 지나, 조금이라도 떨어져 조용히 걷고 싶어 길을 서두른다. 3.5km 지나 만난 산 수리안 San Xulián마을은 눈에 띄게 예쁜 마을이다. 산 수리안 마을은 수리안 성인과 관계된 전설*이 있다.

* 갈리시아 지방에서 수리안이 태어나던 날, 한 마법사는 이 아이가 어느 날 부모를 죽이게 될 거라는 저주를 한다. 수리안이 자라서 청년이 되어 사냥을 하고 있을 때, 그 마법사를 만난다. 저주를 알게 된 수리안은 이 저주로부터 도망치기 위해 부모로부터 되도록 멀리 떠나 산티아고에 살게 되었다. 그런데 어느 날 수리안의 부모가 산티아고 순례를 와서, 우연히 수리안의 아내를 만나 환대를 받게 되었다. 수리안이 사냥에서 돌아와 보니 자신의 침대에 아내와 아내의 애인이 자고 있었다. 화가 난 수리안은 두 사람을 칼로 죽였는데, 얼마 지나지 않아 자신이 죽인 건 부모님이라는 것을 알게 됐다. 그는 참회하며 남은 생을 순례를 위해 헌신하기로 마음 먹고 모두 7개의 순례자 숙소를 세웠다.

마을마다 나무로 만든 오레오 hórreo-갈리시아 지방의 곡식 저장 창고가 많이 보인다. 마을 카사노바 Casa nova는 3년 전엔 집 서너 채만 보였는데, 오늘은 지나면서 보니 근사한 알베르게를 겸하는 레스토랑도 생겼다. 카미노 길을 벗어나서 또 하나의 알베르게도 있다. 이 알베르게는 픽업 서비스도 제공한다. 겨우 3년이 지났을 뿐인데 산티아고 길엔 변화가 많이 보인다. 흙길이 포장된 길로 바뀌고, 산티아고가 가까워질수록 마을마다 새로운 알베르게가 많이 보인다. 그리고 거의 모든 알베르게가 와이파이 무료 서비스를 제공하고 있고, 시설이나 시스템도 기능적이다. 순례자 수가 늘어 수요가 있기 때문일 것이다. 알베르게가 많으면 숙소 걱정이 줄어들어 좋지만 흙길이 포장되는 건 일장일단이 있다. 비 오는 날에는 힘든 진흙이나 물 구덩이를 걷지 않아도 되는 것은 좋다. 하지만 날씨가 좋은 날엔 흙길을 걷는 것이 훨씬 부드러워 발의 피로감도 덜하고, 흙에서 전해오는 에너지도 느낄 수 있다. 스페인 정부에서 이 산티아고 길에 많은 관심을 가지고 투자를 하니 좋은 일이긴 하지만, 관광지화되고 있다는 느낌을 지울 수 없다. 스페인 정부도, 순례자들도 이곳이 순례길임을 잊지 말았으면 좋겠다.

다음 마을 레보레이로 Leboreiro의 산타 마리아 성당 Iglesia de Santa Maria에는 전해오는 이야기가 있다.

마을 사람들이 근처 샘에서 빛이 나고 좋은 향이 나서 가보니 성모상이 있었다. 동네 사람들이 이 성모상을 성당으로 모시고 갔다. 그러나 하룻밤이 지나자 그 성모상은 다시 그 샘에 가 있었다. 가져오고 돌아가고를 며칠 반복하다가, 마을 사람들이 팀파눔 tympanum -건축에서 박공 등의 삼각면을 만들고 성당을 성모상에 봉헌하자, 성당에 안치할 수 있었다고 한다.

성당 앞에는 풀로 엮은 오레오가 있다. 성당 안을 들여다보니 그 전설 속의 성모상이 있고, 성모상 앞에 많은 촛불이 밝혀져 있다.

아치가 멋있는 중세 다리를 지나 푸렐로스 Furelos마을로 들어간다. 이제 작은 자갈들로 만든 도로를 따라 멜리데 Melide로 들어간다.

팔라스 데 레이에서 멜리데 Melide까지의 루트에는 유칼립투스 Eucalyptus나무가 많이 심어져 있다. 이 길 뿐 아니고 갈리시아 지방엔 이 나무가 많다. 농작물을 경작하기는 환경이 좋지 않은 지역이라 빨리 자라는 유칼립투스를 심어 종이와 재목으로 쓰기 위한, 경제적인 이유에서다. 멜리데 주변에는 신석기 시대 고인돌과 역사 이전에 정착한 흔적이 있다. 중세에는 교역의 중심지였던 인구 8천 명의 이 도시는 북쪽 카미노 길과 합쳐지는 곳이라 8개가 넘는 순례자 숙소가 있다. 무너진 옛 성의 돌로 지은 15세기 산티 스피리투스 Iglesia de Sancti spiritus성당과 14세기의 산로케 성당 Iglesia de San Roque, 1755년에 지은 카펠라 데 카르메 Capela de Carme가 있다.

멜리데는 문어 Pulpo Gallego-풀포 가예고요리로 유명하다. 아침에 출발할 때 점심으로 풀포를 먹으려고 21.5km를 쉬지 않고 걸었다. 도시 입구에 있는 풀포 요리 전문 레스토랑은 순례자들로 북적거린다. 우린 배가 너무 고파 풀포와 칼도 가예고 수프, 오이 고추튀김 페피나 피미엔떼을 맛있게 먹었다. 풀포 요리에 있는 올리브 국물에 시골 빵을 찍어 먹으니 꿀맛이다. 열심히 온 보람이 있다. 산 안톤 알베르게로 돌아와 쉬고 있자니 호텔 같다는 생각이 든다. 어젯밤 숙소에서 고생을 해서일 것이다. 실제로 호텔 분위기가 나기도 한다. 주방 설비도 잘 되어 있고 이층 침실을 통해 지붕으로 나가면, 주변 건물과 길도 보이고 무엇보다 아름다운 하늘을 잘 볼 수 있다. 오늘 길은 3일 간의 비를 끝으로 약간 흐리지만 쾌청했다.

그녀가 보여준 발바닥을 보니 쩍쩍 갈라져 있다. 자갈길의 통증을 생각하니 내 몸이 찌릿해진다. 진흙길을 맨발로 걸으면 정말 기분이 좋다며 웃는 그녀.

1	2
3	4
	5

1. 폰테 캄파냐 마을 알베르게 카사 도밍고
2. 레보레이로 마을
3. 아이렉세 가는 길
4. 멜리데 하늘
5. 산 수리안

멜리데 ▶▷▷▷▶ 아르수아

34day 무엇이 그들을 이 길로 이끄는가

오늘 걷는 마을 길들은 안개가 끼어 고즈넉하다. 가끔씩 보이는 젖소들이 이 지방이 우유나 치즈 생산이 많은 곳이라는 걸 알려주고 있다. 보엔테 Boente마을엔 치유력이 있다는 샘 살레타 Fonte da Saleta가 돌기둥 옆에 있다. 봄에는 잔잔한 보라색 들꽃들이 천국의 느낌을 연출했던 곳이다. 특색 있는 둥글고 넙적한 돌다리를 지나 철책 쳐진 마을 길을 걸었다. 그러다 안개 속에서 해가 떠오르더니 나무 사이로 극적인 아름다움을 선사한다.

길가 커다란 나무 밑에서 '작은 오아시스 El Pequeño Oasis'라고 써 놓고 물과 과일을 팔고 있다. 다시 도로 길이 나올 쯤 보이는 빨간집이 하늘 아래 귀엽게 보인다. 이곳에서 보는 오레오들은 현대적인 모습이다. 다음 마을 카스타녜다 Castañeda는 돌을 굽는 가마가 있어 옛 순례자들이 산티아고 성당 짓는데 쓸 석회암을 트리아카스텔라부터 가지고 왔던 곳이다. 이제 돌 굽는 가마는 남아 있지 않다고 한다.

오늘 새벽, 아기 송아지를 낳고 있는 젖소를 만났다. 길 가던 순례객들이 사진 찍고 신기해 하면서 구경을 하는 것이 소에게 스트레스가 될 만도 하건만, 소는 호기심 많은 눈길을 아랑곳하지 않고 새끼를 핥고 돌본다. 어미의 마음이다. 인간에게나 짐승에게나 무엇보다 강한 본능, 모성. 혼자 있고 싶어할 것 같아, 소에게서 눈길을 돌려준다. 어쨌든 Happy Birthday to you! 세상에 나온 걸 축하해! 아기 송아지야.

보엔테 가는 길 일출

숲길을 막 벗어나니 다리 위에 중세 순례자 복장의 사람이 있다. 숲길과 딱 어울린다. 신기하기도 하여 사진을 찍고 보니, 이곳에서 걸어오고 있는 단체 순례자들을 기다리는 여행사 직원이라고 한다. 재미있는 발상이다.

6세기에 만들어진 다리 밑으로 맑은 물이 흐르고, 그 물가에 계단이 나 있다. 계단을 올라가면 이 마을 알베르게로 연결된다. 리바디소 다 바익소 Ribadiso da Baixo 마을이다. 이 알베르게는 16세기 산 안톤 오스피탈이었다가 1993년 다시 지어 공립 알베르게가 되었다. 하지만 골조는 그대로여서 옛 분위기를 느끼고 싶다면 하룻밤 보낼만한 곳이다. 침실은 한 공간에 일층과 이층으로 나뉘어 계단으로 연결되어 있고, 화장실은 건물을 나가 맞은편 건물에 있다. 샤워실과 빨래터는 뒤쪽 공터에 다시 지어 놓았는데 기능은 아주 좋다. 물가 계단에 나가면 시원한 바람과 맑은 공기, 깊은 숲이 영혼을 울린다.

비야노바 Villanova는 아르수아 Arzúa의 옛이름이다. 로마 전 시대 사람들과 로마인들의 거주지였던 이곳은 스페인 국토 회복 이후 바스크인들이 살게 되었다. 이 도시 산티아고 성당엔 클라비호 전쟁과 산티아고 마타모로스 Mata moros-무어인 살육자의 모습이 있다. 또 이 도시는 크림치즈로 유명한 곳이기도 하다. 산티아고가 가까워서인지 아르수아에는 산티아고 길에 관련된 기념품 가게들이 많다. 하지만 여기서부터 사기엔 아직 갈 길이 멀다.

아르수아의 알베르게〈오 알베르 데 셀모 O Alber de Selmo〉는 아르수아 초입에 있어 오늘 걷고 온 길이 너무 짧게 느껴진다. 새로운 가이드북 2015판 미쉐린에서 나온 카미노 데 산티아고에는 옛날 가이드북 2012년판보다 4km가 더 먼 곳으로 표시되어 있지만, 걸어 본 느낌은 예전 가이드북에 기록된 게 맞는 듯했다. 알베르게에 가보니 아직 정리 중이다. 시계를 보니 12시. 너무 일찍 도착하니 오히려 무얼 해야 할지를 모르겠다. 시몬 씨 부부는 아직 오고 있으니, 기다릴 겸 식당에 가서 점심을 먹었다. 얼마 지나지 않아 도착한 시몬 씨 부부와 모처럼 식당에 앉아 카톡으로 가족들에게 안부를 전하고 사진 정리도 한다.

알베르게 오픈 시간이 되어 가보니 우리가 일등이다. 알베르게는 시작한 지 1년밖에 되지 않아 깨끗하고, 세면실과 빨래터를 겸하게 되어 있는데 모양도 멋이 있고 기능적이다. 빨래하고 씻고 슈퍼에 가서 저녁거리를 사와 저녁 준비하고 있으니, 자전거로 온 순례자 일행이 들어온다. 산티아고 가까이 오면 알베르게가 만원일 듯해도 의외로 조용하다. 모든 순례자가 처음부터 끝까지 걷지 않아서인지, 아니면 알베르게가 너무 많이 생긴 건지 오늘 침대가 50개 있는 알베르게에 머무는 순례자는 겨우 8명이다. 오늘은 조용한 곳에서 일층 침대를 누리며 호강하겠다 싶어 기분이 좋다.

오후엔 동네 마실을 나갔다. 그냥 대로를 따라 일자로 된 마을이다. 걷다가 카페에 들

리바디소 다 바익소, 봄

어가 길에서 마주친 한국인 순례자 S양과 커피 한 잔을 하고 헤어졌다. 그녀는 피니스테레 Fisterra 까지 걸을 예정이란다. 아마도 산티아고에서는 만나기 어려울 것이다. 한국 가면 연락하기로 약속하고 그간 바욘에서 만나 곳곳에서 같이 걷고, 여러 번 같은 곳에서 잠을 잤던 인연과 작별 인사를 했다.

도로 옆, 흙길을 따라 걷는데 다리를 절면서 아주 천천히 걷고 있는 순례자가 있다. '올라'하니, 돌아온 말 '보크 미허??!!' 어느 나라 말인지 모르겠다. 그래도 느낌으로 안다. 그 말이 '부엔 카미노' 좋은 여행 되세요라는 걸. 카미노 길의 사람들은 설레임과 기다림으로 모두 열린 마음이 되어 있다. 누구에게나 말을 걸고 싶고, 친절을 베풀고 싶은 곳이기 때문이다. 가끔 순례자들끼리 이야기를 나눌 때면, 어디서부터 걸어 왔는지가 주된 화제다. 어떤 역순례자는 3000km를 걷고 있다는 사람도 있고, 어떤 이는 프랑스 리용 집에서부터 1500km를 걷고 있는 사람도 있다. 예전 순례 때 어떤 순례자는 아예 직장을 그만두고 1년 동안 걷고 있었고, 집 떠난 지 6개월이 되었다는 사람도 있었다. 어떤 젊은 부부는 이제 돌 지난 아기를 데리고 유모차에 태워 밀면서 걷고, 매년 이곳을 와서 이번이 열 번째라는 노부부도 있다. 무엇이 그들을 이 길로 이끄는 걸까? 김삿갓 같은 방랑자들이다.

순례길의 성인들에 대한 전설을 보면, 수도자로서 애긍의 마음으로 평생을 헌신하거나, 어려움 중에 성인들에게 전구 성인을 통해 바라는 바를 간접적으로 하느님께 전하는 기도한 후 새로운 삶을 살게 되어 나머지 삶을 순례자를 위해 살거나, 순간의 분노로 죄를 범한 후 참회하기 위해 평생을 이곳에 헌신한다는 내용이 대부분이다. 이 길은 한마디로 감사와 참회의 길이라고 해야겠다.

'올라'하니, 돌아온 말 '보크 미허??!' 어느 나라 말인지 모르겠다. 그래도 느낌으로 안다. 그 말이 '부엔 카미노' (좋은 여행 되세요) 라는 걸.

1. 보엔테 가는 길
2. 유칼립투스 숲
3. 아르수아 한살된 아기와 순례 중인 부부
4. 말타고 가는 순례자
5. 중세 복장의 순례자

아르수아 ▶▷▷▷▶ 오 페드루소

35day 카미노 길에
어울리지 않는 글

해가 불타는 듯이 올라온다. 언덕에서 마을을 바라보니 수확이 끝난 옥수수 밭 너머 아직 덜 걷힌 안개 사이로 어렴풋이 마을이 보인다. 큰 집 한 채가 숲길에 있다. 가까이 가니 벽을 빙 둘러 프린트한 글귀들을 붙여 놓았다. 무슨 글일까? 궁금해 읽어보니 엄청난 내용을 담고 있다.

예수님의 어머니 마리아가 동정이 아니고, 예수의 아버지는 마리아의 남편인 요셉의 아버지, 그러니까 마리아의 시아버지라는 것이다. 이유를 늘어 놓았다. 우리는 잘못된 성경의 해석으로, 또는 알아보려고 하지 않는 것 때문에 진리를 외면한다는 것이다. 성서 속의 여인들 라합, 바쎄바, 루쓰, 토마르는 혼외 자식을 낳았는데, 그 중 토마르는 시아버지의 자식을 낳았다고 쓰여 있다. 다윗의 계보를 들어 설명하면서, 마태오서에 요셉과 예수가 형제라고 밝히고 있다고 한다. **이 요셉이 마리아의 남편 요셉과 이름만 같은 다른 요셉이란 건 외면하고 있다.** 아버지와 형제이니 할아버지의 자식이라는 거다. 또 예수 본인이 스스로 처녀의 자식이라고 말하지 않은 점을 든다. **그 당시 사회상으로 처녀가 아기를 가지면 죽임을 당하는데, 그 자식이 입으로 처녀의 아들이라고 하겠는가?** 하여튼 이설을 만들기 위해 이리저리 엮어 놓았다. '알라는 위대하다'고 적어 놓은 이슬람교도보다 더하다.

글을 읽고 경악을 금치 못했다. 가톨릭 신자들이 순례의 전통으로 닦아 놓은 이 길에

산타 에우라리아 데 아르카 성당

왜 이런 회의론자의 글이… 그렇다고 뭐라도 달라지겠는가? 예수님의 행적과 마리아의 영광에 티끌이라도 얹을 수 있겠는가? 누구든 자신의 생각을 표현할 자유는 있겠으나 이 길에서 이런 글을 읽으니, 가톨릭 신자인 나로선 어이가 없다.

오늘 머무를 마을 오 페드루소 O Pedrouzo는 아르카 Arca라고도 한다. 한때 이곳에 산타 에울라리아 데 아르카 오스피탈 Hopistal de Santa Eulalia de Arca과 산 안톤 데 아르카 성당 Capilla de San Antón de Arca이 있었으나, 지금은 그 유적이 없다. 대신 산타 에울라리아 데 아르카 성당 Iglesia de Santa Eulalia de Arca이 새로 지어져 있다.

오 페드루소에 있는 알베르게에 도착할 무렵 남편은 점심부터 먹고 가자고 한다. 배가 몹시 고픈가 보다. 이 마을은 산티아고 길을 벗어나 마을로 들어가야 알베르게들이 있다. 우리가 가려던 알베르게 표시를 확인하고 식당에 갔다. 마침 점심 손님을 맞으려고 테이블마다 세팅을 해 놓았다. 자리에 앉자마자 종업원이 음식을 조금씩 접시에 담아 가져온다. '왜?'하고 물으니 메뉴판 대신에 음식을 보고 선택하란다. 재미있고 쉽기는 하다. 손으로 찍으면 되니까. 스페인어가 안 되는 많은 순례자에 대한 배려이자, 종업원의 편리를 위해서 고안한 방법인 듯하다. 그런데 단품 요리는 주문할 수 없고 무조건 오늘의 요리를 시켜야 한단다. 오늘의 요리 중에 첫 번째 요리와 두 번째 요리에 선택이 있다. 난 수프를 시키고 남편은 치킨과 누들이 들어간 요리를 시켰다. 두 번째 요리로 폭찹 스테이크와 생선을 시켰다. 빵 맛도 좋아서, 빵을 안주 삼아 내온 포도주를 연거푸 두 잔을 마셨더니 몸이 스르르 풀리며 눈이 감긴다. 기분이 좋아지며 피로가 가시고 행복감이 온다. 디오니 소스 술의 신의 즐거움을 맛본 셈이다. 후식으로 나온 멜론 맛이 일품이다. 알베르게 도착하자마자 나른한 잠에 빠졌다. 빨래를 널려고 해도 몸이 마음대로 움직여지지 않는다. 정량 초과를 했나 보다. 얼마 남지 않은 여정 탓에 잠시 나를 놓쳤다.

많은 사람들이 사리아부터는 약간 시끌벅적해진다. 젊은

이들은 평소에도 활기차지만 이쯤에선 약간 들뜬 모습도 보인다. 처음 순례를 시작하던 피레네 산에서처럼. 그 때도 순례자들 사이에서는 약간의 흥분된 분위기가 있었다. 춤을 추는가 하면 소리도 지른다.

어젯밤에 발가락들이 쑤시더니, 오늘은 몇 km 간격으로 신발을 벗고 주물러야 했다. 그동안 잘 견뎌 주더니, 한계가 왔나 보다. 발목도 시큰하다. 다행히 이제 하루 길만 남아있다. 좀 쉬면 회복될 것이다. 몸이 쉬라고 신호를 보내는 것이니까.

오는 길에선 49살의 나이에 카미노 길에서 하늘나라로 간 사람의 무덤을 보았다. 산티아고를 30km도 남기지 않은 곳에서 젊은 나이에 가버렸다. 그곳이 더 좋은 곳일 수도 있겠지만 여기 남은 내 눈엔 안타깝게 보인다. 사랑하는 친구들이 만들어 놓은 비석 옆에는, 선명한 빨간색의 난꽃이 예쁘게도 피어 있다.

저녁 7시, 산타 에울라리아 데 아르카Iglesia de Santa Eulalia de Arca 성당의 순례자 미사에 참석했다. 성당 제단에는 은은한 미색의 커다란 조개 장식을 배경으로 부활하시는 예수님 상이 있다. 마침 한국 단체 순례자들이 참석해 성당이 꽉 찼다. 미사는 스페인어로 진행됐고 미사 후 강복도 주신다. 여기까지 별 탈 없이 오게 된 것이 정말 감사하다고 기도한다. 내일이면 산티아고로 들어가려고 한다. 원래 몬테 데 고소에서 하루 머무르려고 했지만 그 곳이 알베르게 외에는 아무 것도 없다고 하니 다들 싫다고 해서다. 저녁 노을이 아름답다. 새벽에 별과 함께 출발했을 때 조용히 해가 뜨면서 아름답게 빛나더니, 오늘은 은은한 저녁 노을을 보여주고 서쪽으로 넘어간다. 행복하게 하루를 마감한다.

새벽에 별과 함께 출발했을 때 조용히 해가 뜨면서 아름답게 빛나더니, 오늘은 은은한 저녁 노을을 보여주고 서쪽으로 넘어간다.

1. 알베르게 빨래 건조대
2. 오 페드루소 일출
3. 오 페드루소 가는 길
4. 오 페드루소 가는 길
5. 오레오

오 페드루소 ▶▷▷▷▶ 산티아고 데 콤포스텔라

36day 카미노를 완성한 날, 모두 친구가 되어 있다

오 페드루소 O Pedrouzo를 떠나 마지막 산티아고 길을 걷는다. 작은 마을 두 곳을 지나, 바레이라 언덕 Alto de Barreira을 오르니 유칼립투스가 있는 숲길이다. 새벽 비로 촉촉해진 나무 사이로 총총거리는 별과 어느새 예쁜 초승달이 된 달이 그림처럼 빛난다. 나무 사이로 구름을 분홍빛으로 물들이며, 해가 떠오르고 있다. 산 파요 San Payo 마을 담벽에 누가 써 놓았다.

Me gustan las personas curvas	난 몸매가 아름다운 사람들이 좋고,
Las ideas curvas	유연한 생각들이 좋고,
Los Caminos curvos	굽은 카미노 길들이 좋다.

수긍이 가는 얘기다. 고개를 끄덕이는 나를 보면서 앞선 순례자와 소통을 하고 있음을 느낀다. 비록 그는 내 의견을 들을 수 없지만 말이다. 가끔 어떤 글귀들은 카미노 길에서 명상에 들게 하기도 한다. 이 길에서도 담장에 발을 올리고 물끄러미 지나가는 순례자를 바라보는 개와 말들이 부러운 눈을 하고 있다. 10km 마을 라바코야 Lavacolla를 지난다. 옛날에는 이 마을에서 몬테 데 고소 Monte de Gozo까지 달리기 시합을 하는 전통이 있었다고 한다. 몬테 데 고소에 첫 번째로 도착하는 사람은 왕의 영

예를 받았다.

잠깐 또 무지개가 보인다. 노아의 홍수 이후 다시는 물로 세상 모든 동물을 없애지 않고 땅을 멸하지 않으시겠다는 하느님의 약속의 표시이다. 이 길에서 유난히 약속의 표식을 자주 보여주신다. 무지개를 보는 것만으로 기쁨을 얻는다. 유칼립투스가 울창한 숲길과 마을 길을 지나 산 마르코스 San Marcos에 오면, 몬테 데 고소 Monte de Gozo-기쁨의 산 기념물이 크게 있다. 스페인 조각가 호세 마리아 아쿠냐 Jose Maria Acuña가 만든 이 기념물에는 산티아고를 다녀가신 교황 요한2세와 프란치스코 성인의 상이 있다. 그동안 힘들게 걸어 이제 산티아고를 바로 눈 앞에 두니, 기쁨이 산처럼 높다. 기념물 아래엔 산 마르코스 San Marcos에게 헌정된 작은 성당이 있다. 여기에 있는 검은 마르코스 성인의 흉상은 이상하게도 마음을 아프게 한다. 군인 막사나 학교를 연상시키는 대형 알베르게〈몬테 데 고소 Monte de Gozo-400개의 침대〉를 지나, 산 라사로 San Lázaro마을에 오면, 12세기 나병 요양소가 있던 곳에 세운 성당 산 라사로 Capilla de San Lázaro를 지난다. 이 성당 입구 위의 유리창으로 라사로 성인의 상이 보인다. 산 라자로는 1064년 산티아고 순례를 가던 스페인의 영웅 엘시드를 시험하고자 나병환자의 모습으로 그의 앞에 나타나 구원을 요청했다고 한다.

10/10/15

드디어 '산티아고 데 콤포스텔라' 라고 빨간 글씨가 크게 쓰인, 도시 입구에 들어선다. 산티아고는 로마 도시였다가 이어 서고트 족의 지배하에 있었다. 갈리시아와 레온 왕의 대관식은 산티아고 대성당에서 이루어졌고, 산티아고는 갈리시아 지방의 수도가 되었다. 도시는 11세기에 무어인, 알 안달루스 Al andalus의 침략 이후 강화되었다. 산티아고 구시가지는 1985년 세계문화유산 지역이 되었다. 지금의 산티아고 성당 자리엔 로마 시대 이전에 있던 건축물이 있었으나 9세기에 무어인 알 만수르 Al

산티아고 가는 길

Mansur가 침략해 모두 불태워 버렸고, 종과 문들은 기독교인 포로들에 의해 코르도바 Córdoba로 옮겨져, 알하마 모스크 Aljama Mosque에 속하게 되었다. 1236년 기독교왕 페르디난드 Ferdinand가 무어인들에게 복수하고, 이번엔 무슬림 포로들이 그것들을 톨레도 대성당 Toledo Cathedral으로 옮겨왔다.

카미노 길을 완성하는 오늘, 길 위에서 만난 사람들은 모두 친구가 되어 있다. 어느 날 우리와 한 방을 썼던 캘리포니아에서 온 할머니와 독일 아가씨 두 사람은 많은 나이 차이에도 불구하고 친구가 됐다. 밥도 같이 해먹고 길도 같이 가더니, 산티아고에 도착해 보니 완주의 기쁨도 같이하고 있다. 유난히 행동이 예뻐 보이던 독일 아가씨들의 따뜻한 모습이 아름다웠다. 우리도 그들과 기쁨을 같이 했다. 오 페드루소 알베르게에서 만났던 24살 프랑스 청년도 산티아고 대성당 앞에서 우리를 보고 손을 흔들고 있다. 몸에 문신이 많아 유난스럽게 보이는 그는 산티아고 길을 걷기 위해 직장을 그만두고 왔다고 했다. 그는 순례가 끝나면 집으로 돌아갔다가 네팔로 갈 예정이란다. 영적 스승을 찾기 위해서라고 말하는 그에겐 아닌 게 아니라 인도 요기들의 느낌이 있다. 머물렀던 알베르게 중 내게는 최악이라고 느껴졌던 벤타스 데 나론 알베르게에서 배가 아파 힘들어 했던 아일랜드 순례자 아이린 모란 Irene moran과 그녀의 친구 파트리샤 Patricia도 성당 뒤 계단에서 눈이 마주치자, 포옹하러 달려온다. 대만 아가씨 에마와 로즈도 성당 미사 때 만나니 반가워 포옹한다. 프랑스 순수 청년 토마 Toma도 대성당 뒤 골목에서 만나 마지막 인사를 나누었다. 순례길의 끝에서 본 그의 얼굴은 환해져 있다. 그밖에 눈 인사로 서로 지나쳤던 많은 인연들이 마주치면 손을 흔들고 반가워한다.

순례 초기에 만났었던 덴마크 아줌마 벤테와 미국 텍사스에서 온 실비아, 명랑한 이태리 순례자 루이지와 살바도르, 프랑스 할머니 할아버지 부부 폴과 뒤니지, 미국인 순례자 캔… 이 인연들은 순례를 잘 마쳤을까? 지금은 어디쯤 있을까? 그들이 오래된 친구처럼 그립다.

알베르게 〈세미나리오 메노르 Seminario Menor La Asunción en Santiago de Compostela〉로 오는 길은 대성당 오는 길과 약간 다르다. 대성당이 있는 중심가로 가기 전에 길이 갈라지기 때문이다. 알베르게로 가는 언덕 계단에 무거운 상자를 세 개씩이나 끌며 오르고 있는 사람 모양의 조각이 있다. 인간의 속성을 보여주는 조각이다. 하나도 아니고 세 개씩이나 끌고 있는 그 상자는 무얼 의미하는 것일까? 우리들의 수많은 욕심일까? 하나라도 버리면 수월할 텐데… 문득 나의 모습을 돌아보게 하는 조각이다.

알베르게는 한 시 반에 오픈 한다고 되어 있으나 한 시도 안되어 사무실은 열려 있다. 방을 배정 받으려고 줄을 서니 갑자기 사람들이 몰린다. 모레 피니스테레로 가기 위한 택시를 부탁하고 싶지만 뒤에 있는 줄이 너무 길어 하지 못했다. 땅끝 마을 피니스테레는 6월부터 9월까지만 버스투어가 있다고 안내서가 붙어 있다. 9월 초에 순례를

시작했지만 벌써 10월 10일이니 버스 투어는 없다는 얘기다. 노선버스를 탈까도 했지만 어차피 네 사람이니 택시로 가도 나쁘진 않을 듯하다. 알베르게 가격은 3년 전과 동일했다. 방을 각자 배정받고 중심가로 나간다.

배도 고픈 참에 중심가에 있는 시장에서 삶은 문어 한 접시를 사고, 근처 와인 바로 가서 와인을 고른다. 이 집은 와인과 자리만을 제공하는 곳이다. 문어와 와인 한 잔으로 허기를 달랜다. 어느 식당은 우리나라 정육점 딸린 음식점처럼 아예 고기와 해산물을 사 들고 가서 와인을 주문하면 음식도 만들어 준다. 테이블만 놓인 골목에 서서 먹는 사람들로 북적거린다. 시장의 정취와 사람들의 열기 속에서 여행의 즐거움을 느끼며, 시장 빵집에서 파이를 한 쪽씩 사서 커피와 함께 먹고 산티아고 도착 기념으로 아이스크림도 맛본다. 이만하면 훌륭한 점심식사를 한 셈이다.

대성당 근처 순례자 사무실로 카미노를 완주했다는 증명서, 콤포스텔라 Compostela를 받기 위해 간다. 오후에 등록을 하면, 다음날 12시 미사에서 호명하는 각자의 이름은 불리지 않더라도 코리안 몇 명 속에 들어가기 때문이다. 순례자 사무실 앞에는 줄이 길다. 캘리포니아에서 온 78세의 할머니 순례자는 한 시간을 기다렸어도 아직 멀었다고, 오늘은 포기하고 내일 아침 일찍 등록하겠다고 한다. 여름엔 아침 8시부터 저녁 8시, 겨울엔 아침 10시부터 저녁 7시까지라고 되어 있다. 줄을 서 있는데, 뒤에 있는 순례자가 네 명 이상은 옆 사무실에서 신청할 수 있다고 알려 준다. 그곳에 가니 정말 네 사람 이상은 단체 신청을 받는다고 한다. 서류를 작성하여 신청하니 30분 후에 오란다. 산티아고 성당 한 번 돌아보니 순례 완주증이 나와있다. 운 좋게 빨리 받아 기뻐하며 숙소로 돌아왔다.

〈세미나리오 메노르〉 알베르게는 식당은 지하에 있고 침실들은 2층, 3층에 있다. 건물이 워낙 넓어 방에서 식당 가려면 마음 먹고 가야 한다. 식당에는 예전에는 없던 작은 상점이 생겼다. 여는 시간은 정해져 있지만, 이 알베르게가 워낙 마을과 멀리 떨어져 음식 재료 사기가 몹시 힘들었었는데, 간단한 음식 재료를 갖추어 놓고 커피와 빵도 파니 참 편리해졌다. 식당은 휴게실도 겸하고 있어 길에서 간간이 만났던 사람들과 반가운 해후를 하고, 이곳에서 처음 본 얼굴과는 새로운 이야기꽃을 피운다. 휴게실에는 순례를 마친 사람들의 무용담이 수두룩하다. 다리를 절뚝거리면서 피니스테레까지 가면서 너무 아파 울며 걸었다는 사람, 피레네 산을 넘을 때 기절해 택시로 론세스바예스 숙소까지 옮겨졌다는 사람, 북쪽 길을 걸어 힘들게 왔다는 사람… 식탁에 앉으면 이야기 샘이 마를 새가 없다. 다들 어려운 고비를 넘긴 순간을 즐겁게 추억하는 것 같다.

인도 청년이 파예야 쌀로 만든 스페인 요리를 한다고 같이 먹겠냐고 한다. 자기는 여섯 사람 분을 준비하고 있으니 한 사람 더 먹어도 된단다. 그간 다른 알베르게에서 한국 순례자들이 준비한 밥을 몇 번 같이 먹어서, 이번엔 이 청년이 대접하는 것이었다. 걱정 말라고, 나도 일행이 있어 준비하고 있다고 하고 닭백숙을 만들었다. 여기 닭은 매

산티아고 대성당 서쪽문

우 큰데도 연하고 맛이 있다. 마늘만 넣었는데도 훌륭하다.

알베르게 사무실에 다시 알아보니 피니스테레 가는 관광 버스편이 내일 있단다. 아마 순례자 수가 많아 10월인데도 운행하는 것 같다. 내일은 12시 순례자 미사를 보고 월요일에 가려고 했지만 월요일에는 버스 편이 없다고 해서, 스케줄을 바꿔 일요일에 버스 여행을 가기로 했다. 예약하니 1인당 40유로 하던 게 할인되어 35유로다. 돈도 싸고 편할 것 같다.

피니스테레를 다녀온 다음날, 우리는 정식으로 순례자 미사 참례와 대성당 관광을 하기 위해 나섰다. 대성당 서쪽 문을 바라보는 광장, 오브라도이로 Praza do Obradoiro는 순례를 마친 순례자들이 처음 이곳으로 와서 산티아고 대성당을 보며 기쁨으로 환호하는 곳이다. 중세에는 산티아고에 도착하면 첫 밤을 이 광장이나 대성당 안 높은 제단에서 보냈다고 한다. 그런 이유로 좋은 자리를 차지하기 위한 경쟁이 심했고, 1207년에는 매우 난폭한 싸움이 일어나 성당을 다시 축성해야 했다고 한다. 순례를 마친다고 사람의 속성이 변하지는 않나 보다. 애써 30여 일 간의 순례길을 마친 성스러운 순간에 싸움을 해서 그동안의 노력을 수포로 돌려버리다니. 광장에서 대성당을 마주 보는 건물은, 1501년 페르디난드 Ferdinand 국왕과 이사벨라 Isabella 여왕이 지은 순례자를 위한 오스피탈 Hospital로 순례자숙소, 병원, 고아원으로 쓰였다. 프랑코 시절에 호텔 파라도르 Parador로 바뀌었다. 정식 명칭, 〈레예스 카톨리코스 파라도르 Reyes Catolicos Parador〉호텔에서는 내려오는 전통대로, 오는 순서대로 10명의 순례자에게 아침 9시, 12시, 저녁 7시에 무료 식사를 제공한다. 호텔을 지나 주차장 입구로 들어가면 호텔 스태프들이 먹는 곳에서 소박하지만 맛있는 음식을 와인과 함께 먹을 수 있게 되어 있다. 중세에는 순례 완주증 Compostela을 가진 순례자에게 3일간의 숙소와 간단한 식사를 제공했다고 한다.

오바도이로 광장 Praza do Obadoiro 에서 바라보이는 대성당 서쪽 문으로 들어가면, 마스터 마태오 Master Mateo가 만든 영광의 문 Pórtico de la Gloria으로 들어가게 된다. 가운데 기둥에 이새의 나무 Tree of Jesse가 있다. 지금은 만질 수 없지만 이 나무 조각에, 오랜 세월 동안 순례자들이 만진 다섯 손가락 자국이 선명하다. 대성당 서쪽 문 아래로 뮤지엄이 있다. 대성당 뮤지엄엔 야고보 성인의 삶의 장면을 보여주는 1544년의 성체 현시대 성체를 모시는 그릇를 비롯한 보물들과 아름다운 중세 태피스트리 여러 가지 색실로 그림을 짜 넣은 직물들이 있다. 이 뮤지엄 앞 광장에선 마녀 복장이나 중세 기사 복장을 한 사람들이 퍼포먼스를 하고 있다. 꼭 인형처럼 조금도 움직이지 않는 그들을 한동안 바라보고 있었다. 참을성이 좋기도 하다. 그러다 행여 누가 동전을 던지면, 그걸 핑계로 얼른 움직여 몸을 푸는 모습이 보인다. 그 옆, 골목 입구에선 한 사람이 악기를 꺼내 연주하고 있다.

성당 안은 12시 미사 준비로 바쁘다. 미리 온 순례자들은 자리를 잡고 기다린다. 우리는 그 시간에 가운데 제단 Altar Mayor에 있는 야고보 성인의 상 golden statue of Santiago에 가기 위해 제단 뒤 계단으로 줄을 서서 올라간다. 그곳은 야고보 성인 상의 어깨에 해당하는 곳이다. 어깨에 손을 얹고 짧은 기도를 한다. 줄이 너무 길게 있어서 오래 있을 수가 없다. 중세 순례자들은 그들이 쓰고 온 모자를 성인의 머리 위에 얹고, 망토를 성인의 어깨에 걸쳤다. 야고보 성인 상에는 금으로 만든 관이 씌워져 있어서, 순례자들이 관을 머리에 써 보기도 했었다. 어느 순간 금관은 도둑 맞고 없다. 반대편 계단으로 내려오니, 바로 야고보 성인과 두 제자의 무덤이 있는 지하실 crypt로 들어갈 수 있다. 전통적으로는 지팡이와 기념물을 이 지하실에 남기고 왔었다고 하는데, 지금은 그런 전통이 없어졌다. 1589년부터 거의 300년간 야고보 성인의 뼈들은, 침입자들로부터 보호하려고 대성당 다른 곳에 보관되어 있었다가, 1879년 이곳으로 옮겨졌다. 성년의 해 7월 25일이 일요일이 되는 해에는 동쪽에 있는 용서의 문 Puerta del Perdón이 열리고, 이곳을 통해 들어 왔다가 나가는 순례자는 전대사 카톨릭에서 모든 죄에 대한 벌을 사면 받음를 받을 수 있다고 한다.

지하실에서 나와 미사를 드리려고 가보니 이미 만석으로 기둥 옆자리들도 꽉 차있다.

기둥 한쪽에 자리를 잡는다. 미사가 시작되자 다 알아들을 수는 없지만, 오늘 등록된 순례자들의 수를 나라별로 호명한다. 꼬레아란 소리만 들린다. 우리들은 어제 미사에 포함되었을 것이다. 성체를 받아 모시는데, 어느 나라 사람인지 순례자 한 사람이 신부님이 주는 성체를 받는 모습이 서툴러 보였다. 신부님이 눈치를 채고 얼른
거두었는데, 순례자는 다시 달라고 한다. 다시 신부님이 주려는데 받는 모습이 신자가 아니다. 신부님이 다시 거두었는데도 그 사람은 조르고 서 있다. 찜찜해 하는 신부님이 결국 입에 넣어 주고 말았다. 원래 가톨릭에서는 세례를 받지 않은 사람에게는 성체를 주지 않는다. 그러나 순례길에서 가끔 성체가 어떤지 궁금해 받는 순례자들이 있다. 믿지 않고 받으면 그냥 빵 맛일 뿐이다.

미사가 끝났는데도 사람들은 가지 않고 기다린다. 향로예식 botafumeiro을 기다리는 거다. 옛날에는 씻지 않은 순례자에게서 나는 악취를 없애고자 이 예식을 했다고 하나, 이제는 하나의 세레모니가 되었다. 그렇다고 매일 하는 것은 아니어서, 그날 누군가 300유로의 기부금을 내야 한다고 한다. 이 커다란 향로는 80kg에 1.6m의 높이의 거대한 사이즈다. 이 향로의 진자 운동을 위해 밧줄로 매어진 도르레를 이용하는데 여덟 사람이 필요하다. 드디어 8명의 수사님들이 등장하고 대형 향로는 서서히 움직여 성당 천정 가까이 올랐다가 서서히 내려오며 향기를 성당 전체로 뿜어 낸다. 숨죽이고 이 예식을 지켜보던 우리는 향로의 진자 운동이 끝나자 참았던 한숨을 토해냈다. 가슴 속에 드디어 순례길을 마쳤다는 실감이 난다. 두근거리는 가슴으로 성당을 나선다.

하나도 아니고 세 개씩이나 끌고 있는 그 상자는 무얼 의미하는 것일까? 우리들의 수많은 욕심일까? 하나라도 버리면 수월할 텐데… 문득 나의 모습을 돌아보게 하는 조각이다.

1	2
3	4
	5

1. 몬테 데 고소 기념물
2. 순례를 마친 순례견
3. 산티아고
4. 산티아고 시장
5. 거리의 악사

산티아고 데 콤포스텔라 ▶▷▷▷▶ 피니스테레, 묵시아

37day 내 마음 속 다 비우고 찾아보면 언제나 계실 분

오늘 피니스테레 Finis Terre와 묵시아 Muxia여행을 하기 위해 아침 일찍 나섰다. 문을 나서니 대문이 저절로 잠긴다. 거의 모든 알베르게 숙소가 새벽에는 나가기는 쉬워도 다시 들어갈 수 없게 잠겨 버린다. 이곳도 마찬가지다. 여덟 시가 훨씬 넘어도 날은 어둡다.

어제 남편과 알베르게로 오는 도중에 슈퍼를 먼저 들리느냐, 나중에 다시 오느냐는 얘기로 마음이 많이 상했다. 남이 들으면 정말로 우스운 얘기지만, 언제나처럼 작은 일에서부터 시작해 근본적인 얘기들로 번지므로 마음이 상하고 만다. 이제는 감정의 소모가 부담스러워 남편이 결정하고 나는 그냥 따르기만 했으면 싶다. 이곳에 한 번 와봤다는 것과 말이 조금 통한다는 것 때문에 내가 앞에 나서니 부딪힐 일이 많이 생긴다.

남편이 퇴직한 지 1년. 같이 있는 시간이 많아지면서 서로 간섭도 심해지고 불편도 느끼게 되니 자주 다투게 되었다. 처음 1년은 으레 그러하다고 주위에서 말하지만, 둘 다 이제는 사고가 굳은데다 주말부부로 오랫동안 지내어 독립적으로 살다 보니 모든 일에 쉽게 양보가 되지 않는다. 난 이 순례길을 같이 걸으면서 그를 이해해 보았으면 했고, 그는 같이 오래 여행하게 되면 틀림없이 많이 다투게 될까 봐 걱정을 했었다. 초반 며칠을 빼고는 잘 해 왔는데, 마지막 드디어 세게 부딪혔다. 내가 보기엔 그가 하나도 변화한 것 같지 않고, 남편이 보기엔 내 고집이 대단해 보이는 것이다. 남편이나 나는 서로에게 상처를 받았다고만 느낀다. 내가 상처 주었던 부분은 인정하지 않고, 내 위주로 생각하기 때문인 것 같다. 하룻밤을 끙끙 속을 끓이고 다음날 아침에 골 난 표정으로 지내자니 힘이 든다. 반 나절로 시위를 끝내고 그와 화해를 했다. 어쩌겠는가 그는 곧 나인데. 성경의 황금률을 잊고 있었다.

'그러므로 남이 너희에게 해 주기를 바라는 그대로, 너희도 남에게 해주어라'

오늘 여행은 탁월한 선택이었다. 물론 다 알아 듣진 못해도 여행 내내 스페인어와 영어로 훌륭하게 설명을 해주는 가이드가 있어 모르던 것을 많이 알게 되었다. 또 생각지 않은 멋진 폭포와 해변을 만나고, 맛있는 해산물 요리를 맛보게 되어 즐거운 여행이 되었다.

카미노 길에선 주인과 먼 길을 걷는 애견들을 가끔 본다. 어떤 순례자는 아예 방으로 데려와 침낭 속에서 같이 자기도 한다. 같이 걷는 순례자들의 관심도 받으며 자연 속을 마음껏 걷는 개들은 사람보다 처지가 낫다는 생각도 든다. 피니스테레에서도 순례를 마친 애견을 보았다. 그 개들은 어떤 생각을 하면서 걸을까? 은혜를 받는 걸까? 동물에 대해 생각하다 보니 지난 순례 때 만난 앵무새가 생각난다. 산티아고 전 10km에 위치한 마을 라바코야 Labacolla의 호텔〈가르카스 Garcas〉에서 하루를 머물렀다. 이 호텔 로비 겸 카페에 앵무새가 있었다. 예쁘기도 해서 우리는 '올라'라고 말을 시켰다. 그런데 이 앵무새가 우리를 보면서 '컹컹컹, 으르렁' 개 짖는 소리를 계속한다. 우리는 너무나 시끄러워 호텔 밖 휴식공간으로 옮겼다. 호텔 종업원도 시끄러운지 이번엔 앵무새를 우리가 있는 쪽으로 가져다 놓았다. 그렇게 한참을 개 짖는 소리를 내던 앵무새가 문이 열리고 유럽 순례자들이 들어오자 자동으로 '올라'를 외친다. 어이

수산 시장이 있는 해변가

가 없다. 앵무새가 인종 차별을 하다니.

산티아고에서 피니스테레로 걸어서 가는 순례길의 시작은 대성당이다. 피니스테레 루트는 보통 3~4일 일정으로 걷는데, 오브라도이로 Obradoiro광장에 있는 파라도르 Parador호텔 쪽으로 가서 시작한다. 스페인 서쪽 해변, 피니스테레는 콜롬부스가 아메리카 대륙을 발견하기 전까지 세상의 끝으로 여겨졌다. 여름철엔 이곳에 있는 라이트 하우스에서 수평선으로 떨어지는 해를 보기 위해 사람들이 몰린다. 산티아고에서 피니스테레까지, 도중에 있는 마을 오스피탈에서 묵시아까지는 카미노 길 표시가 한쪽으로만 되어 있다. 하지만 피니스테레에서 묵시아는 양방향 길 표시다. 피니스테레와 묵시아 중 어느 곳이든지 먼저 들려, 다른 쪽으로 올 수 있다는 얘기다.

첫째 날, 산티아고~네그레이라 Negreíra (21.9km)

산티아고를 떠나 11.8km 지점의 마을, 아구아페사다 Aguapesada를 지나면 여기서 부터 가파른 언덕을 올라 유칼립투스 숲으로 들어간다. 카르바요 Carballo, 트라스 몬테 Trasmonte, 레이노 Reino를 지나면 탐브레 Tambre강 위의 폰테 마세이라 Ponte Maceira를 만난다. 이 다리는 야고보 성인과 제자들이 로마군에게 쫓기고 있을 때, 야고보 성인과 제자들이 이 다리를 지나자 다리가 무너졌다는 전설이 있는 곳이다. 다리 건너면 18세기 산 블라스 San Blas 성당이 있다. 더 내려가면 이곳의 영주의 저택 Pazo de Chancela이 나오고, 이제 마을 네그레이라 Negreira이다. 중세 벽이 있는 파소 델 코톤 Pazo del cotón이 보인다. 이 마을엔 갈리시아로부터 멀리 떠나는 사람들의 모습을 형상화한 현대 조각상이 있다. 널리 알려진 대로 갈리시아 지방의 일자리 부족 때문이다. 지금은 정부에서 이 지방 젊은 인구를 늘리기 위해 일자리 창출을 위한 많은 노력을 하고 있다고 한다.

둘째 날, 네그레이라 Negreira ~ 올베이로아 Olveiroa (33.3km)

포장길이 대부분이다. 사설 알베르게가 있는 12.3km 지점의 마을 빌라세리오 Vilaserío를 지나고, 20.9km 지점의 산타 마리냐 Santa Mariña에는 카페와 두 개의 알베르게가 있다. 31.5km 지점의 폰테 올베이라 Ponte Olveira에도 카페와 알베르게가 있다. 사야스 강 Rio Xallas 위의 다리 푸엔테 올베이라 Puente Olveira를 지나면, 33.3km에 올베이로아 Olveiroa마을이 있다. 이 마을엔 돌로 만든 곡물창고인 오레오 Horreo가 많다. 이 지방이 돌산이 많아서란다.

셋째 날, 올베이로아 Olveiroa ~ 피니스테레 Finis Terre
(31.4km 라이트하우스까지는 3.2km 더 간다.)

올베이로아에서 피니스테레 루트로 계속 가기 위해서는 카페가 있는 마을 로고소

Logoso를 지나 5km쯤에 길 건너 오스피탈 Hospital에서 왼쪽으로 간다. 오른쪽으로 가면 묵시아로 가게 된다. 10.3km 지점의 마을 카펠라 Capela에 들어서면, 피에타 이미지가 있는 돌기둥을 지나 18세기 눈의 성모님 성당 Capela da Nossa Señora das Neves 성당이 있다. 해변 길을 따라 19.6km에 마을 쎄 Cee에 도착한다. 쎄 Cee는 인구 8천의 항구 도시로, 어업도시였으나 이제는 바닷가 상업도시가 되어 있다. 아직도 고기잡이는 하지만 예전에는 고래사냥까지 하던 곳이란다. 로마군 침입으로 대부분이 소실되었으나, 산타 마리아 성당은 고딕 스타일로 다시 지었다. 이 성당 안의 돌로 만든 성수반에는 뱀 모양의 조각이 들어 있다. 24.7km의 사르디네이로 Sardiñeiro 마을 이름은 정어리 sardina와 관계가 있나 보다. 이 마을을 떠나 조금 지나면 모래 사장을 걸을 수 있다. 29.4km 지점의 마을, 안초아 Anchoa에 들어서면 항구 옆 버스정류소 옆에 피니스테레 공립 알베르게가 있다. 31.4km 지점 피니스테레의 바닷가 바위에서는 몇 천 년 동안이나 미스터리한 익사자가 많았다. 피니스테레가 있는 해변을 코스타 다 모르테 Costa da Morte라 하는데, 이는 죽음의 해변이라는 말이란다. 이곳에서 자살한 사람이 많아 붙은 이름인데, 돌아오는 길에 안내하던 가이드는 마지막 찬스이니 죽고 싶은 사람은 고려해 보라는 농담까지 한다.

몬테 파초 Monte Facho에 있는 라이트 하우스에서 끝없는 수평선을 바라본다. 이곳이 세상의 끝이라고 여긴 옛날 사람들은 이곳에 서면 그 수평선 너머 해가 지는 곳에, 우리가 죽으면 가야 할 세상이 있다고 여겼을 것이다. 여기서 죽은 사람들은 다 수평선을 찾아 떠난 사람들이다. 이 장소는 고대 켈트족이 태양신을 섬기려고 세운 제단이 있던 곳을 기독교 의식을 위한 곳으로 바꾼 곳이다. 몬테 파초 Monte Facho에서 서쪽으로는 피에드라스 산타스 Piedras Santas-신성한 돌가 있다. 이곳은 성모님이 성 야고보에게 나타나셔서 그를 위로하고 그의 예루살렘 여행을 알린 곳이다. 또 전설에 의하면, 이 근처 돌무덤에 켈트족 마녀 오르카벨라 Orcavella 가 살았는데, 양치기들을 유혹해 그들을 매트리스로 썼다고 한다. 11세기 산 기예르모 San Guillermo가 이 몬테 파초에 은둔처를 만들었었는데 그 유물이 아직 남아있다.

넷째 날, 피니스테레 Finis Terre ~ 묵시아 Muxia (28 km)

피니스테레에서 묵시아 가는 길 13.5km에 마을, 아스 리레스 As Lires가 있다. 묵시아에서 하루를 머무를 생각이라면 이 마을 카페 아스 에이라스 As Eiras에서 꼭 스탬프를 찍어가야 한다. 묵시아에 있는 공립 알베르게에서는 이곳 스탬프를 확인해야 묵을 수가 있기 때문이다. 이유는 버스 타지 않고 걸어온 순례자만 숙박하게 하기 위함이란다. 묵시아 마을은 작은 어촌으로, 손으로 짠 레이스가 특산품이다. 묵시아는 몬헤스 Monjes라고도 하는데, 수도자들의 장소 Place of monks이라는 뜻이다. 묵시아에 있는 배의 성모님 성당 Nosa Señora da Barca(Santuario de Virxe da Barca은 야고보 성인을 위로하러 돌로 된 배를 타고 오신 성모님을 기념하기 위해 지어진 성당이다. 2013년 크리스마스에 불이 나서 다시 지어졌다. 성당 안에는 무사항해를 감사하는 선원들이 보내온 모형배들이 있고, 성당 앞 해변엔 성모님이 타고 오셨다는 돌로 된 배와 닻이 있다. 2000년을 견뎌온 바위들이다. 배로 썼다는 바위는 흔들바위 Pedra da Abalar로 피니스테레에 있는 흔들바위와 유사하게 생겼다. 이 흔들바위는 1970년 폭풍우에 깨어진 후에도 계속 흔들리고 있다. 언젠가 성당에 도둑이 들었는데 이 흔들바위가 앞뒤로 심하게 흔들려, 동네 사람들을 깨우는 바람에 도둑을 쫓을 수 있었다는 이야기도 있다. 이 바위는 사람 서넛이 올라가 뛰면 흔들거린다. 바위 이름 페드라 도스 카드리스 Pedra dos Cadris는 돛이었고, 페드라 도 티몬 Pedra do Timón은 배의 키였다고 한다. 페드라 도스 카드리스는 콩팥 모양으로, 바위 홈 밑으로 9번 기어 나오면 등의 통증과 신장병에 효과가 있다고 전해진다. 믿거나 말거나 많은 사람들이 줄지어 기어 나온다. 이곳에는 또 페드라 도스 나모라도스 Pedra dos Namorados라는 바위가 있는데 이 바위는 커플들이 사랑 고백을 하기 위해 오는 곳이란다.

항구 도시 쎄에 산타마리아 성당

묵시아를 떠나 해변가 수산물 시장을 갔는데, 오늘은 일요일이고 내일은 피에스타 국경일여서 시장은 닫았지만 이 근처 해산물 전문 레스토랑들은 사람들로 가득하다. 비교적 싸고 맛있는 해산물 요리로 점심을 푸짐하게 먹었다. 모든 요리가 10~12유로다. 그 중 맛조개 navajas요리는 최고다. 매우 만족스럽다. 누구라도 이곳에 온다면 권하고 싶다.

몇 겹의 구름을 제치고 푸른 창공이 잠시 보인다. 암울한 마음같이 분간할 수 없는 하늘 저 너머로 근심을 버리면 맑은 창공은 항시 거기 있다. 바다 저 끝은 바다인지 하늘인지 짙은 구름만 온통 하얀 안개를 만들고 있다.

돌아와 알베르게 옆 수도원 성당에 들어가 두 손 모은다
저 높은 곳 깊은 곳에 성모님, 예수님 안고 고요히 계신다
세상 밖 시끌벅적 할 때 고요히 기다리시는 분
내 맘 속 다 비우고 찾아보면 언제나 계실 분
이제 보니 예수님 고통 위에 계시네
하느님의 은총 아래
다시 세상 속에서 힘들고 아파지면
오늘의 이 고요 속 성모님 모습 떠올려 만나 뵈야지

성경의 황금률을 잊고 있었다.
'그러므로 남이 너희에게 해 주기를 바라는 그대로, 너희도 남에게 해주어라'

1	2
3	4
	5

1. 피니스테레 몬테파초의 라이트하우스
2. 코스타 데 모르타(죽음의 해변)
3. 에사로강 폭포
4. 성모님이 타고 오셨다는 흔들바위(묵시아)
5. 피니스테레

에필로그

인간은 쉽게 변하지 않는다. 순례길을 걷더라도 오랜 기간 갖고 있던 나쁜 습관을 단기간에 떨쳐버리기는 쉽지 않다. 한 달 이상 더러는 몇 개월 이상 순례길을 걸어 산티아고에 도착한 중세 순례자들 중에는 산티아고 성당에서 지낼 하룻밤의 좋은 자리를 위해 폭력을 행사하는 사람도 있었다고 한다. 순례길을 걷는 동안 쌓아온 좋은 마음들이 한 순간에 무너져 버린 것이다.

내 모습은 어떤가? 남편과 잘 지내보려는 마음으로 시작한 여행이었지만 마지막 산티아고 길에선 그 어느 때보다 크게 다투고 말았다. 순례를 시작할 초반의 마음가짐을 돌이켜 보면, 나와 남편이 크게 변화하리라 기대하지는 않았던 것 같다. 다만 하루하루 같이 걷다 보면 나도 모르는 사이에 아주 조금이라도 서로를 더 이해하게 되지 않을까 하는 작은 소망은 있었다.

남편은 돌아오는 길에 마드리드 공항에서 잠시 동안 여권을 분실해서 본인은 물론 시몬씨 부부와 나를 몹시 당황하게 하였다. 그 사건 이후 난 남편에 대해 다시 생각하게 되었다. 어느덧 꼼꼼하고 철저한 모습의 남편이 아니게 된 것이다. 이제 조금 젊은 내

가 보호하고 양보를 해야 마땅한 시간이 된 듯하다. 언제나 나보다 앞서 나를 지키고 이끌던 사람도 이제 세월을 이길 수는 없게 되었나 보다. 산티아고에서 돌아온 우리를 보고 딸들은 평가를 내렸다. 이번 여행은 엄마 아빠에겐 성공적인 여행이 되었다고. 왜냐면 고생스러운 여행은 싫어하던 아빠가 그 묘미를 느끼게 되었고 무엇보다 돌아온 뒤 엄마에 대한 배려가 커진 것이 보인다는 것이다. 나를 이해하려고 노력하는 남편의 모습이 내게도 보인다. 감사한 일이다.

집으로 돌아오고 이 글을 쓰는 것이 내겐 큰 기쁨이었다. 순례길을 천천히 다시 음미하게 되어 그 시간에 다시 머무를 수가 있었기 때문이다. 사진을 한 장 한 장 넘기며 그 순간의 느낌을 되살리니 그 길이 가슴으로 다가와 더욱 깊이 자리를 잡는다.

글이라고는 메모 정도가 고작이던 내게 큰딸 내외는 냉철한 지적과 평가를 해주어 많은 도움을 주었고 친구 노정숙 작가의 격려도 큰 힘이 되었다. 또 출판사를 하고 있는 친구 윤희경, 고봉석 부부 덕에 감히 용기를 내어 출판도 결심할 수 있었다. 회사와 육아로 바쁜 작은 딸 내외의 능력 있는 자료 정리 덕에 쉽게 원하는 자료도 만들

수 있었다. 지난 순례를 동행했던 세 분 언니들의 배려로 봄철 싱그러운 순례길의 사진도 자료로 이용할 수 있었다. 무엇보다 글을 쓰는 동안 생활의 불편을 즐겁게 감수하고 내게 작은 도움이라도 주려고 노력해 준 남편에게 감사한다. 주변의 사랑과 격려로 만든 이 책은 내 삶에서 또 하나의 행복이 되었다.

남편은 순례 후 4kg이 빠졌다. 뱃살이 다 없어졌다. 나는 몸무게는 조금 줄었지만 군살은 많이 없어져서 옷입기는 예전보다 편해졌다. 건강 면으로는 많이 좋아진 셈이다.

또 언제 이런 여행을 다시 할 수 있을지는 모르겠다. 아마도 또 다시 내 마음이 소용돌이가 친다면 나서야겠지만 지금처럼 마음이 평화롭다면 당분간은 견딜 만 하겠다. 내가 갔다 온 순례길이 궁금한 내 주변에 있는 지인들과 이 순례길에 관심을 갖고 가보고 싶어하는 모든 이에게 이 글이 도움이 되었으면 좋겠다. 누구라도 갈 수 있고, 누구라도 꼭 가보길 권하고 싶은 아름답고 행복하고 평화로운 길, 카미노 데 산티아고가 당신을 초대하고 있다.

참고도서

'산티아고 거룩한 바보들의 길' 은 미국인 순례자 리 호이나키가 1993년 65세 되던 해 생장 피드포르에서 출발하여 피레네 산맥을 넘어 산티아고까지의 여정을 32일간 홀로 걸으며 사색과 묵상을 기록한 책이다. 종교에 대한 역사적 고찰과 현대 건축과 기술 발전에 대한 비판, 그리고 신학적 이해를 기술하여 영적인 통찰력을 보여준다. 눈으로 보는데 그치지 않고 가슴으로 새겨 나오는 여행의 깊이를 느끼게 해준다.(달팽이, 김병순옮김)

'순례자' 1947년 브라질 리우데 자네이루 태생의 저널리스트, 록스타, 극작가인 파울로 코엘료가 1986년 산티아고로 떠난 순례길의 경험을 작품으로 쓴 것이다. 이 경험은 코엘료의 삶에 커다란 전환점이 된다 "산티아고로 가는 길은 나를 변화시켰습니다. 그 길 위에서 나는 생에 대한 단순한 진리를 배웠습니다"라고 작가는 기술한다. 이 작품에서 코엘료의 순례길 안내자 페트루스는 산티아고의 길은 모든 이의 것, 평범한 사람들의 길이라고 한다. 코엘료 자신도 비범한 것은 평범한 사람들의 길 위에 존재한다는 것, 그것은 모든 위험을 무릅쓰고 내가 믿는 것의 궁극에 도달할 수 있도록 이끌어 준 깨달음이라고 했다. 독특한 구성으로 영적 체험을 이끌어 간 이 책도 단순하고도 평범한 순례길을 신비스럽게 만들어 준다. (문학동네, 박명숙옮김)

a Village to Village Guide to Hiking the Camino de Santiago

카미노 프랑스길 안내서로 생장 피드포르-산티아고-피니스테레 까지의 카미노길 전반적인 모든 정보와 안내, 역사 이야기, 전해오는 신화까지를 곁들여 순례길을 풍성하게 만들어 주는 좋은 가이드 책이다. 마을에서 마을까지의 거리 안내, 알베르게 정보 등이 상세히 나와 빈틈없는 여행을 계획하려는 사람들에겐 아주 좋은 정보를 주는 책이다. (Anna Dintaman, David Landis)

Camino de Santiago

미쉐린에서 나온 생장 피드포르에서 산티아고 데 콤포스텔라까지의 카미노 프랑스길 안내서로 1cm=1.5km척도의 지도 삽화가 총 34일간의 여정으로 나뉘어 있는 아주 얇은 가이드 책이다. 길의 고도와 마을간의 거리, 마을마다 서비스 받을 수 있는 알베르게 정보, 여행안내소, 상점, 버스편, 약국 등의 표시가 상세지도와 함께 잘 나와 있다. 물론 이 책은 스페인어로 적혀 있지만 모든 정보가 누구라도 한 눈에 알아보기 쉽게 되어 있어, 출발지점 도착 즉시 구입하여 지니고 다닌다면 편리한 가이드를 받을 수 있다.

부
록

일 정 (36day)

- **0day** St-Jean-Pied-de Port Auberge du pelerin 17EUR
- **1day** Roncevaux(Roncesvalles) 26km Refugio de Peregrinos de Roncesvallees 8EUR
- **2day** Roncesvalles-Auritz/Burguete-Aurizberri/Espinal-Alto de Mezkiritz-Bizkarreta. Gerendiain-Lintzoain-Zubiri 21.5km Ref. municipal 8EUR
- **3day** Zubiri-Larrasoaña-Akerreta-zuriain-Irotz-Zabaldika-Arleta-Trinidad de Arre(Villáva/Atarrabia)-Burlata/Burlada-Pamplona 22km Ref. Jesus y Maria. 8EUR
- **4day** Pamplona-Cizur Menor-Guenduláin -Zariquiegui-Uterga-Muruzábal-óbanos-Puente la Reina 24km. Ref. Padre Reparadores 5EUR
- **5day** Puente la Reina-Mañeru-Cirauqui-Lorca-Villatuerta-Ermita de San Miguel-Lizarra/Estella 22km Hospital de peregrines 6EUR
- **6day** Lizarra/Estella-Ayegui-Monasterio de Irache-Azqueta-Villamayor de Monjardin-Urbiola-Las Cruces-Los Arcos 22km Rf. Munic. Isaac Santiago 6EUR
- **7day** Los Arcos-Sansol-Torres del Rio-Ermita de la Virgen del Poyo-Viana 18.5km Ref. munic. Muñoz 8EUR
- **8day** Viana-Logroño-Alto de la Grajera-Navarrete 22.5km Ref.munic. Alb.Peregrinos 7EUR
- **9day** Navarrete-Ventosa-Nájera 18km Rp. Alb. Puerta de Nájera 15EUR
- **10day** Nájera-Azofra-Cirueña-Santo Domingo de la Calzada 21km Ref. Casa del Santo 7EUR
- **11day** Santo Domingo de la Calzada-Grañon-Redecilla del Camino-Castildelgado-Viloria de Rioja-Villamayor del Rio-Belorado 23km R.P.A. Santiago 7EUR
- **12day** Belorado-Tosantos-Villambistia-Espinosa del Camino-Monasterio de San Felices-Villafranca Montes de Oca-San Juan de Ortega 24km Ref. Paroiss. San Juan 7EUR
- **13day** San Juan de Ortega-Agés-Atapuerca-Villalval-Cardeñuela Riopico-Orbaneja-Riopico-Villafria-Burgos 27.5km. Ref. munic. Los cubos 5EUR
- **14day** Burgos-Villabilla de Burgos-Tardajos-Rabé de las Calzadas-Hornillos del Camino 20km Rp. Alb. Meeting Point 9EUR
- **15day** Hornillos del Camino-San bol-Hontanas-San Antón-Castrojeriz 20.5km R.P. Casa Nostra 6.5EUR
- **16day** Castrojeriz- Itero del Castillo-Itero de la Vega- Otero Largo-Boadilla del Camino-Frómista 23km Ref. municipal 8EUR
- **17day** Frómista-Población de Campos- Revenga de Campos-Villa mentero de Campos-Villalcázar de Sirga-Carrión de los condes 19km R.P. Espiritu Santo 5EUR
- **18day** Carrión de los Condes- Abadia de Benevivere-Calzadilla de la Cueza-Antiguo Hospital de Sta Maria de las Tiendas-Ledigos 23km R.P. El Palomar 7EUR

일 정 (36day)

19day Ledigos–Terradillos de los Templarios–Moratinos–San nicolás del Real Camino–Ermita de la Virgen del Puente–Sahagún–Calzada del coto–Bercianos del Real Camino 26.5km
R.p. Alb. Santa Clara 2인실 25EUR, 벙크침대. 8EUR

20day Bercianos del Real Camino– El Burgo Ranero–Reliegos 21km
R.p. La Parada 7EUR

21day Reliegos–Mansilla de las Mulas–Villamoros de Mansilla–Villarente–Arcabueja–Val de la fuente– León 26km Hostal Quevedo 2인실 50EUR

22day León–Trobajo del Camino– La Virgin del Camino 7.7km
Rf. Munic. Don Antonino y Doña cinia 6EUR

23day La Virgen del Camino–Valverde de la Virgen–San Miguel del Camino–Villadangos del Páramo–San Martin del Camino–Hospital de órbigo 25.5km R.p. San Miguel 10EUR

24day Hospital de Órbigo–Villares de Órbigo–Santibáñez de Valdeiglesias–San Justo de la Vega–Astorga 17km. R.p. Alb. San Javier 9EUR

25day Astorga–Murias de Rechivaldo– Santa Catalina de Somoza–El Ganso–Rabanal del Camino 20km R.p. Alb. La Senda 7EUR

26day Rabanal del Camino–Foncebadón–Cruz de Ferro–Manjarin–Acebo–Riego de Ambros–Molinaseca 24.5km R.P. Santa Marina 7EUR

27day Molinaseca–Campo–Ponferrada–Columbrianos–Nuevas–Fuentes Camponaraya–Cacabelos–Villafranca del Bierzo 31km. R.p. La Piedra 8EUR

28day Villafranca del Bierzo–Pereje–Trabadelo–Las Herrerias–La Portela de Valcarce–Ambasmestas–Vega de Valcarce 18km. Alb. El Paso 10EUR

29day Vega de Valcarce–Ruitelán–Las Herrerias– La Faba– La Laguna–O Cebreiro–Linares–Alto de San Roque–Hospital de la Condesa– Alto de poio–Fonfria 24km. R.P. Alb. Reboleira 8EUR

30day Fonfria–Biduedo–Filloval –As Pasantes–Triacastela–San Cristobo do Real–Renche–Samos 18km Alb. Val de Samos 9EUR

31day Samos–Teigun–Aian–Sarria–Barbadelo–Rente–Peruscallo–Belante–A Brea– Ferreiros 25.5km R.p. Casa Cruceiro 10EUR

32day Ferreiros–As Rozas–Vilachá–Porto marín–Gonzar– Castromaior–Hospital de la Cruz–Ventas de Nar'on 21km.. Alb. Cruceiro 8EUR

33day Ventas de Narón–Ligonde–Airexe–Abenostre–Palas de Rei–Casanova–Leboreiro–Furelos–Melide 21.5km Or 24.5km (책에 따라) Alb. San Anton 10EUR

34day Melide– Boente– Castañeda–Arzúa 13.5km or 17.5km(책에 따라) R.p. Alb. O. Alber de Selmo   10EUR

35day Arzúa–Pregontuño–Calzada–Calle–Boavista–Salceda–Santa Irene–O Pedrouzo 19km
R.p. Cruceiro de Pedrouzo 10EUR

36day O Pedrouzo–Monte do Gozo–Santiago de Compostela 20km
Seminario menor Asuncion 1인실 15EUR

알아두면 유용할 스페인어 단어 몇 가지

인사

· Hola	(올라)	안녕! 안녕하세요	· Adiós	(아디오스)	헤어질 때 하는 인사
· Hasta luego	(아스타 루에고)	헤어질 때 하는 인사	· Buenos días	(부에노스 디아스)	아침 인사
· Buenas tardes	(부에나스 타르데스)	오후, 저녁 인사	· Por favor	(포르 파보르)	부탁합니다. 영어의 Please
· Gracias	(그라시아스)	감사합니다.	· De nada	(데 나다)	천만에요.
· Disculpa	(디스쿨파)	죄송합니다	· Bienvenidos	(비엔베니도스)	환영합니다
· Mucho gusto	(무초 구스토)	만나서 반갑습니다	· Encantado,a	(엔칸타도, 엔칸타다)	만나서 반갑습니다

궁금할 때

· Qué	(께)	무엇?	· Cuando	(꽌도)	언제?
· Porqué	(포르케)	왜?	· Dónde	(돈데)	어디서?
· Cómo	(꼬모)	어떻게?	· Quánto	(꽌토)	얼마?

시간

· año	(아뇨)	해, 년	· mes	(메스)	달
· dia	(디아)	날	· hora	(오라)	시간
· minuto	(미누토)	분	· hoy	(오이)	오늘
· mañana	(마냐나)	내일	· ayer	(아예르)	어제
· la mañana	(라 마냐나)	오늘 아침	· anoche	(아노체)	어제 저녁

요일

· lunes	(루네스)	월요일	· martes	(마르테스)	화요일
· miércoles	(미에르콜레스)	수요일	· jueves	(후에베스)	목요일
· viernes	(비에르네스)	금요일	· sábado	(사바도)	토요일
· domingo	(도밍고)	일요일			

계절

· Primavera	(프리마베라)	봄	· Verano	(베라노)	여름
· Otoño	(오토뇨)	가을	· Invierno	(인비에르노)	겨울

나라

- Corea, Coreano, Coreana (코레아, 코레아노, 코레아나) 한국, 한국 남자, 한국 여자
- Japón, Japonés, Japonesa (하폰, 하포네스, 하포네사) 일본, 일본 남자, 일본 여자
- Chino, Chino, China (치노, 치노, 치나) 중국, 중국 남자, 중국 여자
- Los Estados Unidos, (로스 에스타도스 우니도스) 미국
- Estadounidense, Norteamericano (에스타도우니덴스, 노르테아메리카노) 미국인
- Canadá, Canadiense (카나다, 카나디엔세) 캐나다, 캐나다인
- Inglaterra, Inglés (인글라테라, 인글레스) 영국, 영국인
- Irlanda, Irlandés (이르란다, 이르란데스) 아일랜드, 아일랜드인
- Australia, Australiano, Australiana (아우스트랄리아, 아우스트랄리아노, 아우스트랄리아나) 호주, 호주 남자, 호주 여자
- Francia, Francés, Francesa (프란시아, 프란세스, 프란세사) 프랑스, 프랑스 남자, 프랑스 여자
- Alemania, Alemán, Alemana (알레마니아, 알레만, 알레마나) 독일, 독일 남자, 독일 여자

방향

- Este (에스테) 동
- Sur (수르) 남
- Todo recto (토도 렉토) 똑바로, 직선으로
- A la derecha (알라 데레차) 오른쪽으로
- lejos (레호스) 먼
- Oeste (오에스테) 서
- Norte (노르테) 북
- A la izquierda (알라 이스키에르다) 왼쪽으로
- Cerca (세르카) 가까운

숙소에서

- Hotel (오텔) 호텔
- Dormitorio (도르미토리오) 도미토리
- Una habitación (우나 아비타시온) 방 하나
- Una cama (우나 카마) 침대 하나
- Cocina (코시나) 부엌
- Completo (콤플레토) 만원입니다
- Una habitación doble (우나 아비타시온 도블레) 더블침대가 있는 방하나
- Tiene una habitación disponible? (티에네 우나아비타시온 디스포니블레) 빈 방 있어요?
- Tiene una habitación más barata? (티에네 우나아비타시온 마스 바라타) 더 싼 방 있어요?
- Lavadora (라바도라) 세탁기
- Secadora (세카도라) 건조기
- Detergente (데테르헨테) 세탁비누
- Piscina (피시나) 풀장

병원, 약국에서

- Hospital (오스피탈) 병원
- Ampolla (암포야) 물집
- Alergia (알레르히아) 알레르기
- Los chinches (로스 친체스) 빈대
- La espalda (라 에스팔다) 등
- La rodilla (라 로디야) 무릎
- Pie (피에) 발
- Farmacia (파르마시아) 약국
- Enfermo, a (엔페르모, 엔페르마) 환자
- Dolor (돌로르) 고통
- La cabeza (라 카베사) 머리
- Hombro (옴브로) 어깨
- La pierna (라 피에르나) 다리
- Mano (마노) 손

교통

- La estación de autobus (라 에스타시온 데 아우토부스) 버스 정류장
- La estación de tren (라 에스타시온 데 트렌) 기차역
- El aeropuerto (엘 아에로푸에르토) 공항
- Horario (오라리오) 시간표
- Llegada, Salida (예가다, 살리다) 도착, 출발
- Ida y vuelta (이다 이 부엘타) 왕복
- Ultimo (울티모) 마지막
- Tiempo (티엠포) 시간
- Billete (비예테) 티켓
- Ida (이다) 편도
- Primero (프리메로) 첫 번째

상점에서

- Super mercado (수페르 메르카도) 슈퍼마켓
- Tienda (티엔다) 작은 상점
- Carneceria (카르네세리아) 정육점
- Zapateria (사파테리아) 신발 가게
- Euro (에우로) 유로화
- Cuánto cuesta? (콴토 쿠에스타) 얼마에요?
- Panaderia (파나데리아) 빵집
- Libreria (리브레리아) 서점
- Dinero (디네로) 돈

용품

- Mochila (모칠라) 배낭
- Calcetines (칼세티네스) 양말
- Gafas del sol (가파스 델 솔) 선글라스
- Talla (타야) 사이즈
- Pequeño, a (페케뇨, 페케냐) 작은, 조그만
- Pilas (필라스) 밧데리
- Linterna (린테르나) 회중전등
- Bastón (바스톤) 지팡이
- Botas (보타스) 장화, 부츠, 등산화
- Chubasquero (추바스케로) 비옷
- Tienda (티엔다) 텐트
- Grande (그란데) 큰
- Saco de dormir (사코 데 도르미르) 슬리핑 백
- Botella de agua (보테야 데 아구아) 물병
- Navaja (나바하) 주머니칼

마을에서

- Camino (카미노) 길
- Flechas (플레차스) 화살표
- guia (기아) 가이드
- Puente (푸엔테) 다리
- Castillo (카스티요) 성,성채
- Iglesia (이글레시아) 성당
- Misa (미사) 성당 미사
- Monasterio (모나스테리오) 수도원
- Parque (파르케) 공원
- Plaza (플라사) 광장
- Casco antiguo (카스코 안티구오) 구시가지
- Prohibido el paso (프로이비도 엘 파소) 출입금지
- Peligro/Peligroso! (펠리그로/펠리그로소) 위험!
- Albergue de peregrinos (알베르게 데 페레그리노스) 순례자 숙소
- Cajero automatico (카헤로 아우토마티코) 자동현금지급기ATM
- Agua potable (아구아 포타블레) 마실수 있는 물
- Agua no potable (아구아 노 포타블레) 마실수 없는 물

- Banco (반코) 은행
- Servicios (세르비시오스) 화장실
- Meseta (메세타) 고원지대
- Fuente (푸엔테) 샘
- Cerrado (세라도) 닫힘
- Abierto (아비에르토) 열림
- Catedral (카테드랄) 대성당
- Centro (센트로) 중심가
- Carretera (카레테라) 하이웨이
- Calle (카예) 길

슈퍼에서

- Fruta (프루타) 과일
- Plátanos (플라타노스) 바나나
- Tomates (토마테스) 토마토
- Cebolla (세보야) 양파
- Zanahoria (사나오리아) 당근
- Pepino (페피노) 오이
- Huevo (우에보) 달걀
- Cerveza (세르베사) 맥주
- Café Americano (카페아메리카노) 카페아메리카노
- Té (테) 차
- Sal (살) 소금
- Jabón (하본) 비누

- Manzana (만사나) 사과
- Cerezas (세레사스) 체리
- Lechuga (레추가) 상추
- Patata (파타타) 감자
- Ajo (아호) 마늘
- Queso (케소) 치즈
- Mantequilla (만테키야) 버터
- Café sólo (카페 솔로) 커피
- Café con leche (카페 콘레체) 카페오레
- Azúcar (아수카르) 설탕
- Arroz (아로스) 쌀
- Dentifrico (덴티프리코) 치약

유용한 문장 몇 가지

. 영어 하세요? ?Habla Inglés 아블라 잉글레스
. 나는 스페인어(불어,영어)를 못해요. No hablo Español (Francés, Inglés) 노 아블로 에스파뇰 (프란세스,잉글레스)
. 천천히 얘기해 주세요. Por favor, hable más despacio 포르 파보르, 아블레 마스 데스파시오
. 잠시만요. Un momento, por favor. 운 모멘토, 포르파보르
. 몇 시에 열어요(닫아요)? ?A qué hora abre(cierra)? 아 케 오라 아브레(시에라)?
. 어디에 있어요?(화장실, 욕실) ?Donde está(n) los servicios? 돈데 에스타(탄) 로스 세르비시오스?
. 와이 파이 되나요? ?Tiene wifi? 티에네 위피?

스페인어 발음에서 유의할 곳

- ca(카), pa(파), ta(타)로 표기된 곳은 실제 발음시에는 까, 빠, 따로 한다.
  예: Santiago(산티아고)–싼띠아고, Pamplona(팜플로나)–빰쁠로나
- h는 묵음으로 발음이 없다.
- l이 두 개 있는 ll은 y와 같은 발음이다. lla(야), lle(예), llo(요)
  예: Roncesvalles–론세스바예스, sello–쎄요(우표), llamar–야마르(통화,호출)
- que, qui, gue, gui 에 있는 u는 발음을 안한다. 께,끼,게,기로 발음한다.
  예: Ayegui–아예기
- j는 ㅎ발음이다. 예: jabón–하본(비누), jamón–하몬(햄)
- z는 s와 같이 ㅅ발음이다. 예: nariz–나리스(코), arroz–아ㄹ~~ㅗㅅ(쌀)
- r, l은 똑같이 ㄹ발음이다. 단 r이 단어 앞에 오거나 단어 중간에 rr이 있으면 굴려서 ㄹ 발음을
  한다. 예: rosa–ㄹ~~ㅗ사(장미), arroz–아ㄹ~~~ㅗ스(쌀)
- ñ 이 있는 단어는 ña(냐), ño(뇨), ñe(녜) 로 발음한다.
  예:niño–니뇨(남자어린이), niña–니냐(여자어린이)

● 알베르게 정보를 보내드립니다.
도서출판 이서원 (books2030@naver.com) 메일로 요청해주십시오.
PDF파일의 알베르게 정보를 보내드리겠습니다.

오래된 기쁨 속으로
카미노 데 산티아고
Camino de Santiago

2 판 발행	2017년 4월 03일 (개정판)
초판 발행	2016년 2월 20일

글·사진	자 임
펴낸이	고봉석
책임편집	이신영
아트디렉터	윤희경
편집디자인	김규리
영업책임	신진섭
펴낸곳	이서원
	서울시 서초구 신반포로 43길 23-10 서광빌딩 3층
전화	02-3444-9522
팩스	02-6499-1025
이메일	books2030@naver.com
등록	2006년 6월 2일, 제22-2935호

ISBN 978-89-97714-64-3
ⓒ 자임, 2016, Printed in Korea

이 책은 저작권법에 따라 보호받는 저작물이므로 무단 전재와 무단 복제를 금지하며,
이 책 내용의 전부 또는 일부를 이용하려면 반드시 저작권자와 (주)이서원의 서면 동의를 받아야 합니다.

파본이나 잘못된 책은 구입하신 곳에서 바꿔드립니다.

이 도서의 국립중앙도서관 출판예정도서목록(CIP)은 서지정보유통지원시스템 홈페이지(http://seoji.nl.go.kr)와
국가자료공동목록시스템(http://www.nl.go.kr/kolisnet)에서 이용하실 수 있습니다.(CIP제어번호: CIP2016003334)